PSICOLOGIA DO DESENVOLVIMENTO

Teorias e Práticas Contemporâneas

O GEN | Grupo Editorial Nacional – maior plataforma editorial brasileira no segmento científico, técnico e profissional – publica conteúdos nas áreas de ciências humanas, exatas, jurídicas, da saúde e sociais aplicadas, além de prover serviços direcionados à educação continuada e à preparação para concursos.

As editoras que integram o GEN, das mais respeitadas no mercado editorial, construíram catálogos inigualáveis, com obras decisivas para a formação acadêmica e o aperfeiçoamento de várias gerações de profissionais e estudantes, tendo se tornado sinônimo de qualidade e seriedade.

A missão do GEN e dos núcleos de conteúdo que o compõem é prover a melhor informação científica e distribuí-la de maneira flexível e conveniente, a preços justos, gerando benefícios e servindo a autores, docentes, livreiros, funcionários, colaboradores e acionistas.

Nosso comportamento ético incondicional e nossa responsabilidade social e ambiental são reforçados pela natureza educacional de nossa atividade e dão sustentabilidade ao crescimento contínuo e à rentabilidade do grupo.

Camila Tarif Ferreira Folquitto
Mariana Inés Garbarino
Maria Thereza Costa Coelho de Souza

PSICOLOGIA DO DESENVOLVIMENTO

Teorias e Práticas Contemporâneas

- As autoras deste livro e a editora empenharam seus melhores esforços para assegurar que as informações e os procedimentos apresentados no texto estejam em acordo com os padrões aceitos à época da publicação, *e todos os dados foram atualizados pelas autoras até a data de fechamento do livro.* Entretanto, tendo em conta a evolução das ciências, as atualizações legislativas, as mudanças regulamentares governamentais e o constante fluxo de novas informações sobre os temas que constam do livro, recomendamos enfaticamente que os leitores consultem sempre outras fontes fidedignas, de modo a se certificarem de que as informações contidas no texto estão corretas e de que não houve alterações nas recomendações ou na legislação regulamentadora.
- Data do fechamento do livro: 05/12/2022
- As autoras e a editora se empenharam para citar adequadamente e dar o devido crédito a todos os detentores de direitos autorais de qualquer material utilizado neste livro, dispondo-se a possíveis acertos posteriores caso, inadvertida e involuntariamente, a identificação de algum deles tenha sido omitida.
- **Atendimento ao cliente: (11) 5080-0751 | faleconosco@grupogen.com.br**
- Direitos exclusivos para a língua portuguesa
  Copyright © 2023 by
  LTC | Livros Técnicos e Científicos Editora Ltda.
  Uma editora integrante do GEN | Grupo Editorial Nacional
  Travessa do Ouvidor, 11
  Rio de Janeiro – RJ – 20040-040
  www.grupogen.com.br
- Reservados todos os direitos. É proibida a duplicação ou reprodução deste volume, no todo ou em parte, em quaisquer formas ou por quaisquer meios (eletrônico, mecânico, gravação, fotocópia, distribuição pela Internet ou outros), sem permissão, por escrito, da LTC | Livros Técnicos e Científicos Editora Ltda.
- Capa: Danielle Medina Fróes da Silva
- Imagem de capa: © wildpixel | iStockphoto.com
- Editoração eletrônica: Hera
- Ficha catalográfica

CIP-BRASIL. CATALOGAÇÃO NA PUBLICAÇÃO
SINDICATO NACIONAL DOS EDITORES DE LIVROS, RJ

F731p

    Folquitto, Camila Tarif Ferreira
     Psicologia do desenvolvimento : teorias e práticas contemporâneas / Camila Tarif Ferreira Folquitto, Mariana Inés Garbarino, Maria Thereza Costa Coelho de Souza. - 1. ed. - Rio de Janeiro : LTC, 2023.
     192 p. ; 23 cm.

    Inclui índice
    Inclui referências bibliográficas
    ISBN 978-85-216-3850-6

    1. Psicologia do desenvolvimento. 2. Comportamento humano. 3. Desenvolvimento social. I. Garbarino, Mariana Inés. II. Souza, Maria Thereza Costa Coelho de. III. Título.

22-81221   CDD: 155
                             CDU: 159.922

Meri Gleice Rodrigues de Souza - Bibliotecária - CRB-7/6439

Prefácio

Nas últimas páginas deste precioso livro, as autoras escrevem que esperam ter tido *"êxito em demonstrar que a ciência do desenvolvimento humano é complexa, multidisciplinar, dinâmica e sensível aos muitos contextos que entremeiam o ciclo vital"*. Na minha condição de ex-professor e pesquisador na área da Psicologia do Desenvolvimento, não hesito em dizer que, do meu ponto de vista, o êxito é total. Somente tenho um, digamos, remorso: o de não ter podido empregar esse texto e aconselhar a sua leitura a meus alunos de graduação e pós-graduação!

A tarefa realizada por Camila Tarif Ferreira Folquitto, Mariana Inés Garbarino e Maria Thereza Costa Coelho de Souza possui, entre outras, três qualidades incontestáveis: riqueza teórica, atualidade e vínculo com temas sociais. Falemos um pouco de cada uma delas.

Queremos aprender a respeito das origens históricas da Psicologia do Desenvolvimento: lá estão as respostas. Queremos conhecer os objetos e métodos desta área do conhecimento: lá também estão as precisões, como também estão presentes as apresentações de algumas das teorias clássicas da referida área. Comparecem no livro as abordagens de Piaget, Vygotsky e Wallon, entre outras, além de desdobramentos da perspectiva psicanalítica criada por Freud que, como se sabe, adubou a procura do entendimento de diferentes etapas da vida dos seres humanos. Queremos conhecer as características principais de recém-nascidos, crianças, adolescentes, adultos e velhos: as autoras dedicam generosas páginas para nos informar. Mas não é só isso. As autoras não se furtam a penetrar em áreas difíceis e polêmicas, como, por exemplo, as comparações e articulações possíveis entre as diferentes abordagens teóricas, e o fazem de maneira ponderada, longe do que não raramente se vê entre psicólogos do desenvolvimento: a eleição exclusiva de uma teoria e a ignorância total, para não dizer desprezo, das demais. Elas também se debruçam sobre a delicada questão da singularidade e da universalidade e se propõe a *"refletir acerca do significado da afirmação do senso comum de que 'cada ser humano é diferente'"*.

Outra qualidade notável do livro que se vai ler é a sua atualidade, atualidade esta traduzida pela apresentação de inúmeros dados e reflexões teóricas contemporâneas, notadamente com a articulação da Psicologia do Desenvolvimento com outras áreas. E, note-se, as autoras dão grande valor às reflexões e pesquisas realizadas no Brasil, preenchendo assim uma lacuna que, creio eu, está presente entre nós.

Finalmente, lembremos do vínculo da Psicologia do Desenvolvimento com temas sociais. Tradicionalmente, a área mais interessada nas contribuições da Psicologia do Desenvolvimento é a Educação, até por motivos óbvios. Psicólogos desta área não raramente são convidados a dar palestras em instituições de ensino. O próprio Piaget escreveu vários textos a respeito da educação, procurando mostrar o quanto conhecimentos sobre a psicologia infantil podem ser úteis, notadamente para inspirar uma pedagogia humanista que preza a autonomia do sujeito.

vi Psicologia do Desenvolvimento

As autoras apresentam outras interfaces entre a Psicologia do Desenvolvimento e outras áreas, com um destaque que vale a pena sublinhar aqui. Escrevem elas: *"A Psicologia do Desenvolvimento é também uma ciência fundamental na promoção de saúde, na medida em que estuda os seres humanos em suas transformações, reunindo um conjunto de evidências que permite compreender e intervir no sentido de garantir condições para um desenvolvimento favorável, bem-estar e qualidade de vida"* (p. 166).

Como explicitado na Apresentação do livro, este foi escrito durante a pandemia de Covid-19 (2020-2021). Ora, sabe-se agora que o confinamento social e a suspensão das aulas presenciais trouxeram e trazem distúrbios psíquicos em várias crianças e adolescentes. Pode a Psicologia do Desenvolvimento ajudar na empreitada de ajudar os jovens, jovens estes que certamente foram e são as principais vítimas desta catástrofe sanitária e social que se abateu sobre o planeta? Camila, Mariana e Maria Thereza não somente mostram que sim como lembram que *"a pandemia influenciou também a escrita destas linhas sobre o desenvolvimento psicológico, provocando reflexões e escolhas"* (p. viii).

Agora, só me resta desejar ao leitor uma boa leitura. Seria melhor dizer: um bom estudo.

Yves de La Taille
Professor Titular aposentado do
Instituto de Psicologia da Universidade de São Paulo (USP)

Apresentação

Este livro foi escrito durante 2020 e 2021, anos marcados pela pandemia do Coronavírus no Brasil e no mundo, provocando milhões de mortes em todos os continentes, trazendo múltiplos efeitos para a saúde física e mental de todos nós, para a economia, as sociedades, a natureza e, principalmente, para as relações entre as pessoas, que precisaram ficar

viii Psicologia do Desenvolvimento

distanciadas umas das outras como medida de prevenção à contaminação. Esse contexto sanitário não foi apenas mais uma variável que afetou o desenvolvimento e o bem-estar das populações em todo o mundo, mas uma condição tóxica para toda e qualquer pessoa, alterando as expectativas em relação ao futuro. Assim, não é possível passar ao largo desses efeitos ao tratar do desenvolvimento humano nesta obra, por considerarmos que a pandemia configurou um contexto novo, inesperado e complexo no qual bebês, crianças, adolescentes, adultos e idosos, saudáveis ou não, tiveram que construir estratégias para dar andamento às suas vidas. No Brasil, a pandemia evidenciou cruamente as desigualdades sociais, mostrando-as ao vivo na TV e em redes sociais. Durante meses, assistimos entrevistas com especialistas, políticos, trabalhadores, economistas e muitos outros, explicando sobre o vírus altamente transmissível e letal, para o qual não havia imunização prévia (vacina) e como esse afetava o cotidiano. Argumentos apoiados em porcentagens indicavam que a maioria das pessoas contaminadas teria quadros leves da doença e que apenas uma pequena porcentagem mais vulnerável teria quadros mais graves e poderia morrer. Talvez, por isso, assistimos muitos tripudiando a respeito da necessidade das medidas sanitárias de higiene ou manifestando descaso quanto à proteção dos mais vulneráveis. A passagem do tempo e o conhecimento sobre esse novo vírus mostraram que os mais jovens também poderiam adoecer gravemente e morrer, em virtude da maior letalidade de novas cepas e maior transmissibilidade. Em 2021, chegaram poucas vacinas para a demanda da população e a imunização seguiu lenta, já que o planejamento para providenciar a compra de vacinas ocorreu de modo errático e envolvido em posicionamentos políticos desfavoráveis ao cuidado efetivo com a população, enquanto o vírus seguiu rapidamente em sua rota de destruição de muitas vidas. Do ponto de vista da consciência coletiva, nunca ficou tão evidente um modo individualista de viver em sociedade segundo o qual cada um se preocupa apenas consigo mesmo e o cuidado com o outro fica em segundo plano. A pandemia se estendeu por muitos meses, a economia sofreu forte impacto, tudo ficou diferente e os seres em desenvolvimento prosseguiram em suas trajetórias nesse novo contexto, no "novo normal". A Psicologia cumpriu seu papel, construiu novos modos para dar suporte e apoio às pessoas e realizou novas pesquisas para mapear os efeitos e os impactos do novo contexto no desenvolvimento de crianças e adultos e em suas vidas. A pandemia influenciou também a escrita destas linhas sobre o desenvolvimento psicológico, provocando novas reflexões e escolhas.

O que ressaltamos com esta apresentação é que, diante de eventos tão adversos, fica ainda mais evidente o caráter coletivo, social e interacional do desenvolvimento humano, o qual não pode ser negligenciado, considerando-se também que diferentes contextos fornecem diferentes limites e possibilidades de adaptação do ser humano, que parte de um plano biológico para se inserir em uma cultura e também transformá-la.

A obra se insere no campo da Psicologia do Desenvolvimento Humano e está voltada para o contexto brasileiro de pesquisas nessa área de conhecimento. Nasceu da intenção de apresentar abordagens e temáticas sobre o ciclo vital a partir de cinco eixos interdependentes e demonstrar a atualidade desse campo de estudos, para além da organização em fases e

Apresentação **ix**

estágios e da segmentação por idades cronológicas. Ressalta uma visão de continuidade e integração sobre o desenvolvimento humano, opondo-se ao reducionismo e à fragmentação quanto às várias dimensões psicológicas do indivíduo. Somos humanos, interagimos com os ambientes físico, social e cultural de modo distinto dos indivíduos de outras espécies e nos desenvolvemos de modo complexo e multifacetado. Constituímos, gradativamente, trajetórias peculiares e, ao mesmo tempo, semelhantes às dos outros de nossa espécie, em termos emocionais, sociais, físicos e cognitivos. É disso que pretendemos tratar.

Essa complexidade, inerente ao desenvolvimento humano, impõe desafios e limitações para a apresentação, em formato de livro, de um tema vasto e multidisciplinar, que se transforma continuamente com o avanço das pesquisas científicas e as mudanças socioculturais ao longo do tempo. A Psicologia do Desenvolvimento Humano é justamente o campo de estudo das mudanças e das permanências que ocorrem com os indivíduos ao longo do ciclo da vida, o que confere a essa área um aspecto intrinsecamente dinâmico e diverso. Como uma ciência do desenvolvimento humano, essa área de conhecimento se diferencia de outros campos teóricos e, ao mesmo tempo, articula-se com eles. As distinções se concentram nas diferentes perguntas que as áreas fazem sobre o ser humano, umas buscando compreender como se dá a relação com as instituições sociais e escolares, no caso da Psicologia Escolar/Educacional, o que envolve pesquisar as relações entre ensino e aprendizagem, entre professor e aluno, entre escola e aprendentes. Outras áreas focalizam seus estudos nos processos psicológicos responsáveis pela aprendizagem, no caso da Psicologia da Aprendizagem. Há ainda áreas dedicadas ao estudo dos modos típicos e atípicos das constituições da subjetividade e suas consequências para a saúde mental, no caso da Psicologia Clínica, enquanto outras enfatizam em suas reflexões os entremeados sociais e suas relações com os indivíduos em desenvolvimento, no caso da Psicologia Social. Há, também, áreas como a Medicina e outras do campo da saúde, que investigam e esclarecem sintomas e buscam as causas de desconfortos e doenças, do corpo e da mente (Psiquiatria). A Ciência do Desenvolvimento Humano se beneficia e contribui para essas e outras áreas, lançando luz sobre os processos psicológicos que se formam, transformam-se e consolidam-se ao longo da vida dos indivíduos, do nascimento à morte. Portanto, ao falar da Psicologia do Desenvolvimento como pretendemos, não ignoramos essa interdisciplinaridade; apresentamos, ao contrário, o que a distingue em sua especificidade e permite sua articulação com outros campos do saber.

Partindo desse dinamismo, há, então, um duplo desafio na escrita deste livro, que vale também para outras produções acadêmicas e científicas que se proponham a contribuir com o campo da Psicologia do Desenvolvimento Humano. É necessário definir os principais conceitos, temas e polêmicas dessa área, dentro do contexto da realidade brasileira, para evitarmos relativismos e indefinições acerca do que é, de fato, pertencente ao desenvolvimento psicológico. Por outro lado, tal tarefa só pode ser realizada de modo incompleto, a partir de recortes que pretendem estabelecer uma visão mais ou menos ampla do desenvolvimento psicológico, mas sempre limitada por determinados modelos teóricos ou pelas transformações de um campo de saber em constante mudança.

x Psicologia do Desenvolvimento

A obra é um convite para que o leitor revisite temas e modelos teóricos clássicos e volte a sua atenção especialmente para o contexto brasileiro de pesquisas e debates sobre o desenvolvimento humano e suas possíveis contribuições para o campo de políticas públicas para a promoção de saúde. Pretende-se destacar a importância da Psicologia do Desenvolvimento Humano como área de conhecimento que produz repercussões no cotidiano e que contribui para a reflexão e a solução de problemas relacionados com as transformações e as interações do ser humano com o seu meio, em suas diversas manifestações e contextos. Há, também, um esforço de síntese que expressa reflexões e questões ainda em aberto, para que o leitor possa também elaborar perguntas em função de seu conhecimento e área de atuação.

É destinada, pois, a estudantes de graduação, pós-graduação, pesquisadores e profissionais, dos campos da saúde e da educação, mas pode servir para estudiosos de outras áreas interessados nas explicações, nas sistematizações e nas discussões atuais sobre o ciclo vital. O conteúdo aqui apresentado não substitui a leitura das obras mencionadas, pois é um recorte intencional para focalizar a realidade brasileira no que tem sido mais frequentemente estudado e também no que ainda permanece em aberto.

Cabe destacar que, neste escopo, também consideramos os avanços realizados no Brasil no que diz respeito às traduções das obras originais de teorias clássicas. Essas atualizações são relevantes porque refletem o esforço de diversos pesquisadores brasileiros para realizar uma interpretação mais fidedigna de autores clássicos, evitando, assim, a perpetuação de deformações e/ou imprecisões oriundas da "tradução da tradução" (geralmente feita do inglês). Isso constitui um avanço recente e fecundo, especialmente nas traduções diretas para o português das obras de Freud (do alemão), Vygotsky (do russo) e Piaget (do francês).

Assim, o livro que ora se apresenta é composto de cinco Unidades, sendo as duas primeiras dedicadas à apresentação histórica da área, seus conceitos básicos e teorias clássicas, bem como do contexto brasileiro de pesquisas sobre o desenvolvimento psicológico ao longo do ciclo vital. A terceira Unidade abordará o tema da normatividade e da heterogeneidade no desenvolvimento humano, discutindo a relação entre o geral e o particular, os desenvolvimentos típico e atípico e a interdisciplinaridade como campo de pesquisa e atuação. A quarta Unidade apresenta uma visão integrada do ciclo vital a partir do tema da constituição do Eu e sua relação com o mundo, ressaltando a interdependência entre esses dois processos e entre as transformações e as reconstituições ao longo da vida, tanto do Eu quanto dos mundos físico e social. Por fim, a quinta Unidade tem como objetivo apontar debates e tópicos contemporâneos em Psicologia do Desenvolvimento. Passaremos por temas como gênero e sexualidade, parentalidade e família, vulnerabilidade social e realidade brasileira, qualidade de vida, bem-estar e políticas públicas no contexto brasileiro.

Nas Considerações Finais, retomamos os objetivos desta obra, as principais ênfases, contribuições, limites e indicamos algumas aberturas para novas reflexões e pesquisas, que certamente trarão mais elementos e pavimentações para essa estrada que é a produção científica.

No intuito de contribuir para a continuidade do que compõe este livro, apresentamos os boxes ao final dos capítulos. O material ali reunido se refere a sugestões de *links* de associações

Apresentação **xi**

científicas, grupos de pesquisa e laboratórios que se dedicam a estudos a respeito do desenvolvimento humano. O leitor poderá navegar nos respectivos *sites* e conhecer mais detalhadamente os temas investigados e as atividades científicas de grupos brasileiros e internacionais, assim como poderá entrar em contato para obter mais informações e materiais pertinentes a seus interesses. Foram reunidas também sugestões de materiais complementares aos conteúdos dos capítulos do livro, os quais poderão inspirar a elaboração de atividades acadêmicas e profissionais. Assim, cada leitor tomará os conteúdos e as sugestões como pontos de partida para seus estudos, cursos etc., de modo diverso e autônomo. Esperamos que muitos desdobramentos surjam a partir deste material.

No boxe final, indicamos *links* de sociedades científicas brasileiras e internacionais que promovem encontros, simpósios e congressos para a discussão e a divulgação de trabalhos científicos do campo da Psicologia do Desenvolvimento Humano.

Esperamos que este livro ofereça contribuições para o campo e gere novas questões e reflexões!

As autoras

Sumário

Unidade 1
PSICOLOGIA DO DESENVOLVIMENTO HUMANO: PRINCÍPIOS E MÉTODOS

Capítulo 1   Psicologia do Desenvolvimento: Definição e Percurso Histórico, 3

Capítulo 2   Pesquisa em Psicologia do Desenvolvimento: Fundamentos e Métodos, 15

Capítulo 3   Polêmicas e Controvérsias em Psicologia do Desenvolvimento, 21

Unidade 2
PRINCIPAIS MODELOS TEÓRICOS E SUAS CONTRIBUIÇÕES PARA A PSICOLOGIA DO DESENVOLVIMENTO

Capítulo 4   Epistemologia Genética de Jean Piaget, 31

Capítulo 5   Teoria Histórico-Cultural de Lev Vygotsky, 39

Capítulo 6   Teoria Sociointeracionista de Henri Wallon, 43

Capítulo 7   Teorias Psicanalíticas e o Desenvolvimento, 49

Capítulo 8   Teorias do Ciclo Vital, Contextos de Desenvolvimento e Individualidade Humana, 59

Capítulo 9   Interfaces entre Perspectivas Teóricas na Psicologia do Desenvolvimento Humano, 67

Unidade 3
VARIABILIDADE E NORMATIVIDADE NO DESENVOLVIMENTO HUMANO

Capítulo 10   Variabilidade e Tendências no Desenvolvimento Humano, 75

Capítulo 11   Trajetórias de Desenvolvimento no Ciclo Vital, 81

xiv Psicologia do Desenvolvimento

Unidade 4
A CONSTITUIÇÃO DO EU E SUA RELAÇÃO COM O MUNDO

Capítulo 12 A Constituição do Eu: Gestação, Nascimento e os Primeiros Anos de Vida, 91

Capítulo 13 A Constituição do Eu durante a Infância, 97

Capítulo 14 A Constituição do Eu na Adolescência, 105

Capítulo 15 A Constituição do Eu na Vida Adulta e no Envelhecimento, 117

Unidade 5
TÓPICOS E DEBATES CONTEMPORÂNEOS EM PSICOLOGIA DO DESENVOLVIMENTO

Capítulo 16 Gênero e Sexualidade, 133

Capítulo 17 Família, Parentalidade e suas Repercussões no Desenvolvimento Humano, 147

Capítulo 18 Desenvolvimento Humano, Desigualdades e Vulnerabilidades, 155

Capítulo 19 Promoção de Saúde, Qualidade de Vida e sua Interface no Desenvolvimento, 163

Considerações Finais, 171

Índice Alfabético, 175

PSICOLOGIA DO DESENVOLVIMENTO HUMANO: PRINCÍPIOS E MÉTODOS

2 Psicologia do Desenvolvimento

Nesta Unidade, definimos o campo de estudos da Psicologia do Desenvolvimento, seu percurso histórico e principais transformações. Conceituam-se princípios que definem a Psicologia do Desenvolvimento como uma área de conhecimento da Psicologia, diferenciando-a de outros campos do saber psicológico.

Portanto, a Psicologia do Desenvolvimento é apresentada destacando-se as principais perguntas e métodos de pesquisa utilizados, a fim de produzir conhecimento nessa área. Além disso, expõe-se como algumas teorias clássicas da Psicologia foram utilizadas para responder a perguntas acerca do desenvolvimento humano. Nesse caso, destacam-se os campos epistemológicos de cada teoria, suas perguntas de origem e seus métodos, procurando manter o rigor científico necessário ao tomar de empréstimo modelos teóricos originalmente destinados a outros fins.

Por fim, o terceiro capítulo desta Unidade promove o debate entre as principais polêmicas e controvérsias da área, tais como as relações entre os aspectos biológicos e culturais no desenvolvimento, o papel da maturação, da ontogênese e da filogênese, e a noção de estágio nas teorias de desenvolvimento.

1
Psicologia do Desenvolvimento: definição e percurso histórico

Ao longo da vida, os seres humanos percorrem trajetórias diversas, repletas de mudanças e transformações, desde a vida intrauterina até os últimos instantes de existência. Como espécie, sabemos que somos animais complexos, dotados de instintos e amplo potencial genético, que se expressam de modos diversos, a depender também de características sociais e históricas presentes em cada cultura. Não é possível definir os seres humanos apenas por seus potenciais ao nascer, do mesmo modo que é impreciso dizer que somos modelados por nosso meio social. Se compararmos os seres humanos a outras espécies, nascemos prematuros, mas ao longo de nossa trajetória desenvolvemos habilidades muito refinadas e diversificadas, em termos

4 Psicologia do Desenvolvimento

motores, cognitivos, afetivos e sociais. Qual é a interação complexa que se estabelece durante a constituição humana (seja em termos individuais, seja em termos coletivos) que produz transformações e construções tão impressionantes, tais como a inteligência, a noção de si mesmo, a linguagem, as habilidades sociais, entre tantas outras? Pode-se afirmar que esse processo complexo, vitalício e interativo, constitui a própria dinâmica do desenvolvimento humano.

A Psicologia do Desenvolvimento Humano, atualmente, pode ser definida como a área da Psicologia que se dedica ao estudo dos processos de mudanças e estabilidades que ocorrem nos indivíduos durante o ciclo da vida. É importante dizer que essa definição, longe de ser inalterável e fixa, é apenas uma conceituação aproximada de um campo interdisciplinar e em constante mudança. Em razão do próprio caráter dinâmico e multidisciplinar, esse campo é também denominado Ciência do Desenvolvimento Humano.[1]

Tendo como objetos de estudo os indivíduos e a análise de suas transformações psicológicas ao longo do tempo, a Psicologia do Desenvolvimento necessariamente debruça-se sobre a questão da condição humana como biológica e culturalmente determinada, ao mesmo tempo em que precisa considerar as mudanças decorrentes das interações dos indivíduos em suas histórias e contextos particulares. Trata-se, portanto, de uma área do conhecimento que, desde seu objeto, necessita articular conhecimentos complexos e não necessariamente convergentes. Como veremos posteriormente neste capítulo, essa articulação de conhecimentos está presente desde a constituição do campo da Psicologia do Desenvolvimento, que surge, historicamente a partir de contribuições de diversas teorias sobre a dinâmica do ser humano em seus diferentes momentos, especialmente os estudos sobre a criança.

Mas quais são os processos de estabilidade e mudança que interessam à Psicologia do Desenvolvimento? No mundo contemporâneo, no qual mudanças ocorrem em velocidade tão intensa, impactando até mesmo as relações humanas, como estudar aquilo que se transforma, e o que se conserva? Certamente essas perguntas interessam à área, porém é importante definir com mais exatidão quais são as mudanças e as estabilidades que são objetos de estudo do campo do desenvolvimento humano.

Pode-se afirmar que os processos de mudança e estabilidade estudados pela Psicologia do Desenvolvimento são aqueles que ocorrem em determinados grupos ou populações, e são relacionados, de certo modo, com a passagem do tempo e determinados momentos de vida. Isso significa dizer que a Psicologia do Desenvolvimento estuda mudanças mais gerais e não idiossincráticas, ou seja, interessa-se por fenômenos de mudanças que podem ocorrer em grupos de indivíduos, e não apenas para um indivíduo em particular (PALÁCIOS, 2004). Ainda que possa se ocupar do estudo de trajetórias individuais, no campo do desenvolvimento, essas serão estudadas a partir de marcos fundamentais considerados mais ou menos gerais, mas que não são necessariamente universais e podem variar dependendo de cada cultura e contexto.

---

[1] O termo "Psicologia Evolutiva" também pode ser encontrado na literatura científica como referência à área da Psicologia do Desenvolvimento.

Psicologia do Desenvolvimento: definição e percurso histórico **5**

Essas ressalvas quanto ao caráter universal e normativo das mudanças, bem como sua relação direta com a idade, são importantes para definir que o desenvolvimento não é estritamente dependente da maturação, ou ocorre da mesma maneira para todos em momentos específicos. Não é suficiente a passagem do tempo para que transformações surjam, pois o desenvolvimento é um processo ativo e interacional, no qual cada indivíduo, a seu modo, perpassa momentos e etapas que podem ser gerais e/ou comuns para uma espécie, sociedade, cultura ou comunidade particular. A adolescência, por exemplo, é um momento importante no desenvolvimento psicológico, que se estabelece em um momento determinado e no qual ocorrem mudanças corporais e hormonais, em razão da puberdade. Entretanto, não se pode afirmar que as transformações psicológicas e sociais que ocorrem com os indivíduos durante a adolescência são causadas pela idade ou pelas mudanças corporais, pois a própria conceituação do que é ser adolescente varia em função dos diferentes contextos e tempos históricos.

Portanto, a Psicologia do Desenvolvimento interessa-se pelas transformações que um indivíduo ou grupos de indivíduos sofrem durante o ciclo da vida, buscando descrever e compreender como e por que tais mudanças ocorrem. Nesse sentido, aquilo que permanece e o que muda ao longo do tempo são igualmente importantes, pois o desenvolvimento psicológico se dá tanto pelas mudanças quanto por funções e características importantes que permanecem inalteradas, ou participam de sistemas mais complexos, sendo aprimoradas no curso do desenvolvimento.

A definição do campo da Psicologia do Desenvolvimento é revisada e influenciada por estudos e modelos teóricos que são desenvolvidos para explicar as transformações pelas quais o ser humano passa ao longo da vida. Há, portanto, um percurso histórico e epistemológico dentro do campo atualmente conhecido como Psicologia do Desenvolvimento, que justifica e sustenta suas definições e diretrizes atuais.

A partir desse percurso, o desenvolvimento humano pode ser atualmente definido como um processo vitalício, ou seja, que ocorre em todos os momentos da vida e não somente na passagem da infância à adolescência e vida adulta. Outra característica importante é o entendimento de que o desenvolvimento envolve ganhos e perdas, podendo ocorrer em diferentes direções. Por exemplo, o modo como o desenvolvimento ocorre no envelhecimento ilustra que os processos de adaptação e mudança podem conter possíveis perdas na capacidade de atividade corporal e declínio cognitivo, quando comparamos o desenvolvimento do idoso com adultos, jovens ou crianças.

Essa visão situa o desenvolvimento como um processo de transformações psicológicas que não necessariamente está relacionado com aquisições e evoluções, mas também expressa os processos de mudança a partir das interações entre um plano biológico e as características socioculturais e individuais que se influenciam em um sistema. Para diferentes grupos de indivíduos, a partir de contextos e características diversas, o desenvolvimento segue trajetórias que não são predeterminadas, tampouco lineares.

Os primórdios da Psicologia do Desenvolvimento surgem a partir das primeiras teorizações acerca da infância. Por um longo período, a área do desenvolvimento humano foi

6 Psicologia do Desenvolvimento

compreendida como sinônimo do estudo do desenvolvimento da criança. Historicamente, a infância nem sempre foi compreendida como um momento especial no desenvolvimento, diferentemente da fase adulta, e que produz repercussões na vida futura. Ariès (2022) analisa a construção social da noção de infância, afirmando que, até a Idade Média, a criança era compreendida como um pequeno adulto, diferindo apenas no tamanho. As crianças da Idade Média tinham sobre elas deveres e expectativas com relação a suas atitudes que eram muito semelhantes aos depositados nos adultos. A partir do século XVII, surgem os primeiros indícios de compreensão da infância como um momento diferenciado na formação humana, como afirma Ariès (2022) a partir de suas observações das representações sociais das crianças na pintura da época. Nesse momento, as pinturas realizadas passam a retratar representações das crianças em situações diferentes do trabalho adulto, caracterizando situações de lazer e brincadeira em momentos com a família. Esse processo de surgimento da noção social da infância se deu com maior intensidade a partir dos séculos XVIII e XIX, em função do surgimento do Iluminismo e da Revolução Industrial, movimentos que produziram importantes impactos sociais e culturais. A valorização da razão e da autonomia dos indivíduos, em detrimento do determinismo da condição humana, abriu caminho para reflexões sobre as atitudes e suas consequências. Há, portanto, a partir desse momento, uma valorização da infância como momento crucial para a formação humana (PALÁCIOS, 2004). A clássica obra *Émile*, de Jean Jacques Rousseau (1712-1778), ilustra bem esse movimento de olhar para a infância como um período enriquecedor, e o dever social de educar esses seres em desenvolvimento. No referido texto, Rousseau apresenta uma visão da infância inédita, a qual se propõe a analisar com o intuito de desvendar o que seria a verdadeira natureza humana, muitas vezes corrompida pela sociedade. Embora, atualmente, a visão de Rousseau acerca da infância possa ser compreendida como excessivamente romântica, essa teve o mérito de apontar caminhos e reflexões para a educação e a formação das crianças, situando-as definitivamente como seres diferentes dos adultos.

O pensamento de Rousseau acerca da criança pode ser compreendido como inatista ou naturalista, ao destacar uma bondade natural do ser humano e valorizar os processos de maturação. Por outro lado, no mesmo período, surgiram também correntes filosóficas opostas, como o empirismo, que creditava à experiência toda a responsabilidade pela educação e formação dos indivíduos. John Locke (1632-1704) foi um dos mais importantes defensores do empirismo, ampliando o conceito de *tábula rasa*. Segundo Locke, a mente humana ao nascer pode ser compreendida como uma tela em branco, uma tábula rasa na qual serão inscritas, por meio das experiências e da educação, todo o conhecimento e as funções necessárias para o desenvolvimento.

O debate entre inatismo e empirismo deu origem a linhas de pensamento dicotômicas e, posteriormente, a polêmicas no campo da Psicologia do Desenvolvimento.[2] Ainda que atualmente essas polêmicas estejam superadas, é importante mencioná-las e retomar a necessidade de sua transposição, visto que a Psicologia do Desenvolvimento lida com diversas

---

[2]As principais polêmicas e controvérsias na Ciência do Desenvolvimento Humano são discutidas no Capítulo 3.

Psicologia do Desenvolvimento: definição e percurso histórico **7**

influências e conhecimentos epistemologicamente diferentes, que podem dialogar em um campo dialético de construção de novos saberes.

O surgimento da noção de infância promoveu uma mudança filosófica na visão de homem da Idade Média. Ao teorizar acerca da importância dos momentos iniciais de vida na formação humana, abre-se caminho para um entendimento de que o ser humano não nasce pronto nem permanece da mesma maneira, mas está sujeito a transformações na relação com seu meio que serão decisivas em sua vida. Nesse momento histórico (entre os séculos XVII e XVIII), não temos, ainda, uma visão consistente acerca do desenvolvimento humano, tampouco dos aspectos psicológicos do desenvolvimento. O início de estudos e teorias que podem ser compreendidas dentro do que hoje denominamos Psicologia do Desenvolvimento ocorreu entre o final do século XIX e o início do século XX, com o surgimento das primeiras correntes teóricas que compuseram a Psicologia como campo do saber independente. Em universidades na Europa e nos Estados Unidos, nomes como o filósofo Willian James (1842-1910) e Wilhelm Wundt (1832-1920), filósofo e médico, iniciaram pesquisas sobre os fenômenos mentais e o comportamento humano.

No conjunto de contribuições teóricas do início do século XX, podemos destacar as teorias sobre o desenvolvimento da criança, que assim prestaram contribuições à Psicologia do Desenvolvimento em função da análise desse momento do ciclo vital. Também foram de grande contribuição para a área algumas teorias que não foram construídas como teorias do desenvolvimento psicológico humano, mas prestam, indiretamente, contribuições para a compreensão dos processos de mudança e estabilidade dos indivíduos. Tais teorias foram desenvolvidas a partir de campos epistemológicos e perguntas de pesquisa específicas, que conduzem a uma construção de um sujeito psicológico bastante único em cada modelo. Apesar das diferenças, essas concebem o ser humano como um indivíduo sujeito a dinâmicas de transformações e mudanças ao longo da vida.

A respeito das teorias sobre o desenvolvimento da criança, nas primeiras décadas do século XX, os estudos concentravam-se na observação das condutas da criança e nos métodos experimental e correlacional (BIAGGIO, 1975). Essas pesquisas tiveram influência histórica e abriram caminho para estudos posteriores, ainda que atualmente seus achados possam ser questionados (PALÁCIOS, 2004). Pode-se citar como representativos os estudos de Alfred Binet (1857-1911), Granville Stanley Hall (1846-1924), James Mark Baldwin (1861-1934) e Arnold Gesell (1880-1961).

Na França, Binet realizou pesquisas experimentais, tendo como objetivo o desenvolvimento de escalas para a avaliação de fenômenos mentais, principalmente a inteligência. Seus estudos acerca das diferenças interindividuais relacionadas com a inteligência fundamentaram o desenvolvimento de testes sobre o coeficiente de inteligência (QI). Já Hall foi um nome proeminente no desenvolvimento da Psicologia norte-americana, conduzindo estudos sobre o desenvolvimento na infância e, principalmente, na adolescência.

A obra de Baldwin, dentro do contexto histórico das teorias sobre desenvolvimento nascentes no início do século XX, pode ser considerada uma das mais influentes no campo teórico posterior. A partir dos métodos observacionais e descritivos, Baldwin promoveu avanços

8 Psicologia do Desenvolvimento

ao tentar interpretar as transformações observadas, tentando conciliar aspectos herdados e adquiridos na experiência. Sua teoria procurou destacar, ainda que de maneira incipiente, aspectos interacionais do desenvolvimento (PALÁCIOS, 2004).

Os trabalhos de Gesell, na Universidade de Yale, foram pioneiros na observação de crianças e valorizavam essencialmente os aspectos descritivos e a maturação. Utilizando medidas fisiológicas, observação de comportamento e estudos comparativos entre gêmeos, Gesell objetivou determinar aspectos normativos do desenvolvimento, a partir da descrição de condutas que seriam típicas em cada idade, em termos motores, linguísticos e sociais, por exemplo. Muitas das escalas utilizadas para avaliar o nível de maturação e desenvolvimento, especialmente no âmbito motor, foram inspiradas nos trabalhos de Gesell (PALÁCIOS, 2004). Entretanto, conforme afirma Biaggio (1975), se as pesquisas de Gesell tiveram o mérito de descrever o processo de maturação ao longo do tempo, não explicam os fatores que intervêm para causar as mudanças de comportamento, tampouco a relação do indivíduo com o seu meio.

Contemporaneamente a essas teorias, a Psicologia se definia como campo de conhecimento a partir de autores que desenvolveram teorias dedicadas à compreensão de diferentes aspectos psicológicos do ser humano, até então pouco estudados. Surgiam, assim, teorias sobre o indivíduo que ainda fazem parte do *corpus* teórico da Psicologia, em suas diferentes vertentes. A Psicanálise, a Epistemologia Genética, a teoria Sócio-histórica, a teoria Socionteracionista e o Behaviorismo são exemplos de modelos teóricos clássicos importantes para o estudo e a pesquisa em Psicologia do Desenvolvimento.[3]

A Psicanálise, teoria desenvolvida por Sigmund Freud (1856-1939) como modelo terapêutico para tratamento das neuroses, tem contribuições significativas para a Psicologia do Desenvolvimento. A partir da hipótese do inconsciente, fonte das pulsões que movem o ser humano e determinam a vida psíquica, Freud desenvolve na Psicanálise a concepção de um sujeito historicamente determinado pelo registro inconsciente de suas experiências iniciais. No trabalho com seus pacientes, Freud conduzia a análise para as memórias de infância, a fim de analisar o que denominou fator infantil (FREUD, 1918/2010), situando, assim, a etiologia das neuroses a partir das representações inconscientes das experiências iniciais. Além disso, outra contribuição original e inovadora da Psicanálise foi considerar a existência e a importância das experiências sexuais infantis na formação da personalidade adulta. Para Freud, a sexualidade infantil é bastante diferente da sexualidade adulta, e há um desenvolvimento psicossexual guiado a partir da predominância da satisfação pulsional em zonas erógenas determinadas, nos diferentes momentos da constituição do indivíduo (FREUD, 1905/2016). Assim, a teoria freudiana, a partir dos estudos dos processos dinâmicos inconscientes e sua influência na vida psíquica, abriu caminho para que, posteriormente, psicanalistas como Donald Winnicott (1896-1971), René Spitz (1887-1974), Erik Erikson (1902-1994), entre outros, desenvolvessem pesquisas e teorizações próprias a respeito do desenvolvimento psíquico da criança.

---

[3]Nos parágrafos seguintes, há uma breve explanação das teorias citadas, que serão apresentadas de maneira mais detalhada na Unidade 2.

Psicologia do Desenvolvimento: definição e percurso histórico **9**

A Epistemologia Genética, teoria desenvolvida por Jean Piaget (1896-1980), é expressiva na área da Psicologia do Desenvolvimento, embora também não tenha sido concebida com essa finalidade. Piaget, biólogo de formação, tinha em sua teoria o objetivo de investigar como é possível o conhecimento, ou seja, como o ser humano, em diferentes momentos da vida, compreende e conhece o mundo. Uma das teses principais de Piaget era a de que o conhecimento é construído a partir de um processo de interação do sujeito com os objetos de seu mundo, e que, no desenrolar dessas interações, ocorreria também o desenvolvimento da inteligência. Assim, a construção do Eu e a do real são as duas faces de um mesmo processo, que se inicia ao nascer e é continuamente reconstruído a partir das novas experiências, conhecimentos e evolução da inteligência. Para Piaget, o conceito de inteligência é bem diferente do modo como esse termo é utilizado em outras teorias, sendo usado de maneira mais ampla para definir como o Eu se adapta à sua realidade (PIAGET, 1936/1987). O desenvolvimento seria, portanto, um processo de adaptação contínua, por meio da interação dialética do indivíduo com o mundo, buscando o equilíbrio, progressivamente, em patamares mais elevados (PIAGET, 1980/1996). No intuito de investigar esse processo de construção de conhecimento, Piaget elege como objeto de análise a criança, a fim de estudar as origens (gênese) e a evolução do pensamento infantil. Realizou, junto a seus colaboradores, inúmeras pesquisas e observações empíricas, para compreender os processos de construção do conhecimento, o desenvolvimento da inteligência, da afetividade e do juízo moral na criança (PIAGET, 1932/1994; 1936/1987; 1954/2005).

Ainda na primeira metade do século XX, Lev Vygotsky (1896-1934) desenvolveu uma importante teoria a respeito da psicogênese das funções psicológicas especificamente humanas. O desenvolvimento é compreendido como um processo dialético de interação entre o indivíduo e a cultura. Os signos e símbolos culturais que mediam essa interação, presentes na linguagem, conduziriam progressivamente a processos de abstração e à formação da consciência humana. A teoria vygotskyana é contrária à ideia de desenvolvimento linear e harmônico, ocorrendo em estágios fixos. Assim, o desenvolvimento da criança seria um processo dialético complexo, caracterizado pela periodicidade e pela desigualdade no desenvolvimento das diferentes funções. Para Vygotsky, uma ideia de mudança evolucionária de desenvolvimento deveria ser substituída por um conceito de mudança revolucionária, que expressaria com mais clareza a noção de que o desenvolvimento não é necessariamente harmônico, nem segue um plano predeterminado (VYGOTSKY, 1984).

Na França, Henri Wallon (1879-1932), médico neurologista, propôs uma concepção de desenvolvimento psicogenética, a partir de um processo funcional cujo foco é o desenvolvimento integral da pessoa, por meio de suas relações com o outro ao longo da vida. Wallon estabelece uma concepção não linear de desenvolvimento, marcada pelas alternâncias funcionais, oposições e conflitos, em busca da integração entre aspectos afetivos, da inteligência e da motricidade no desenvolvimento do Eu. Defende uma visão "não adultocêntrica" da criança (WALLON, 1941/2007), pois acredita que, embora a infância tenha valor funcional na vida do indivíduo, já que seria o período no qual se desenvolvem as características

10 Psicologia do Desenvolvimento

singularmente humanas, a criança não vive sua infância com base nessa meta, e deve ser considerada em sua vivência e especificidade única. A teoria de Wallon privilegia, ainda, a interação entre os aspectos biológicos e culturais no desenvolvimento humano.

O behaviorismo também teve importância no percurso histórico da Psicologia do Desenvolvimento, já que foi uma corrente teórica amplamente difundida nas pesquisas norte-americanas no início do século XX. Esse modelo elege o método experimental como referência para pesquisas e o comportamento observável como objeto de estudo. Desde os trabalhos iniciais de J. B. Watson (1878-1957), sobre o condicionamento das emoções de medo, até a teoria do comportamento operante de B. F. Skinner, o behaviorismo prestou contribuições ao campo, por meio da análise dos elementos que favorecem a aprendizagem. Posteriormente, em meados da década de 1960, a teoria da aprendizagem social, desenvolvida por Bandura, amplia a visão behaviorista, admitindo que há um tipo de aprendizagem especificamente humana. O conceito de aprendizagem social possibilitou o surgimento de pesquisas sobre os elementos que influenciam a personalidade infantil, como as práticas parentais e suas repercussões no desenvolvimento dos filhos (PALÁCIOS, 2004).

Na segunda metade do século XX, especificamente a partir da década de 1970, grande parte das teorias psicológicas acerca do desenvolvimento humano privilegiou, com maior ênfase, a pesquisa e análise dos processos de desenvolvimento para além da infância. Com o avanço dos estudos, a Psicologia do Desenvolvimento, que inicialmente surgiu atrelada às concepções do desenvolvimento e crescimento infantil, avança no sentido de compreender o desenvolvimento humano como um processo vitalício. Tal avanço não significa necessariamente uma oposição às teorias anteriores, apenas ressalta o entendimento de que processos de transformação e manutenção/permanência fazem parte da dinâmica dos seres humanos em todos os momentos da vida.

Em termos conceituais, é comum encontrar na literatura especializada uma divisão entre teorias em Psicologia do Desenvolvimento, destacando-se a década de 1970 como o ponto de início de teorias de desenvolvimento denominadas de Teorias do Ciclo Vital (BIAGGIO, 1975; PALÁCIOS, 2004). São compostas por modelos que destacam a importância do contexto, os estudos da vida intrauterina e do envelhecimento, além da incorporação de achados das neurociências, como as evidências da plasticidade cerebral. Certamente, as teorias emergentes a partir desse período contribuíram para descentrar o foco dos estudos sobre o desenvolvimento da criança, ampliando a concepção de desenvolvimento como um processo mais amplo e duradouro. Entretanto, é válido mencionar que muitas das teorias clássicas anteriores a esse período, embora tenham suas evidências empíricas obtidas a partir de estudos com crianças, não foram desenvolvidas para responder a perguntas relacionadas diretamente com os processos de desenvolvimento humano, mas possuíam hipóteses e métodos muito diferenciados, que buscavam respostas para outros objetivos no campo científico.

Além disso, é importante destacar que, anteriormente a esse período, há autores que já consideravam o desenvolvimento nessa perspectiva. A teoria do desenvolvimento psicossocial de Erik Erikson (1902-1994) pode ser considerada o primeiro modelo teórico que contempla

Psicologia do Desenvolvimento: definição e percurso histórico   **11**

o desenvolvimento humano a partir da perspectiva do ciclo vital, já que abrange etapas do desenvolvimento da infância à velhice, considerando também os fatores sociais e culturais associados a esse processo (PALÁCIOS, 2004).

Um dos fundamentos importantes da perspectiva do ciclo vital está na consideração de que, ao longo do desenvolvimento, há um investimento de recursos e esforços para diferentes objetivos, que variam em função do momento de vida. Esse conceito foi amplamente preconizado por Paul Baltes (1939-2006), psicólogo alemão que desenvolveu uma teoria com importantes contribuições para o desenvolvimento humano, com especial destaque para a compreensão dos processos de envelhecimento. Ao estudar um momento do ciclo vital até então pouco observado pelos estudiosos do desenvolvimento humano, Baltes trouxe contribuições originais sobre o modo como indivíduos de diferentes idades se desenvolvem. Para esse autor, o desenvolvimento humano é compreendido como um processo contínuo, multidirecional e multidimensional, no qual se relacionam as influências genético-biológicas e socioculturais, tanto as de natureza normativa quanto as não normativas (NERI, 2006). Sua teoria descreve o que seriam princípios do desenvolvimento, marcados pelas múltiplas dimensões e influências mencionadas. Baltes postulou que o desenvolvimento humano é vitalício (principalmente ao estudar o desenvolvimento da população idosa, algo bastante incomum à época); teorizou, também, que esse é um processo que envolve ganhos e perdas, o que significa dizer que se desenvolver não é um acúmulo progressivo de habilidades, e sim que há perdas, regressões e novas construções nesse caminho. Entre essa dinâmica de perdas e ganhos, os indivíduos buscam otimizar e compensar esses fenômenos, por meio da alocação de recursos em diferentes domínios, dependendo de seus momentos de vida. Por exemplo, na infância, segundo essa teoria, haveria uma ênfase no crescimento e no envelhecimento, uma ênfase na manutenção dos ganhos e na regulação das perdas (NERI, 2006).

Entre as teorias de desenvolvimento do Ciclo Vital, a abordagem Bioecológica de Bronfenbrenner tem grande relevância no campo de pesquisa atual, inclusive no Brasil. Nessa perspectiva, o contexto de desenvolvimento é fundamental e possui uma conceituação ampla e bastante detalhada.[4] Assim, não há um único contexto, mas diversos contextos de desenvolvimento, que se constituem em sistemas, a partir dos níveis de interação com o indivíduo. O microssistema seria o contexto físico de interação mais imediata de um indivíduo com seus semelhantes. A família, por exemplo, faz parte do microssistema de uma pessoa. Os seres humanos interagem em ambientes diversos, que também são, dessa maneira, contextos sociais diferentes. A relação entre os diferentes microssistemas aos quais um indivíduo pertence dá origem ao mesossistema. Exemplos de mesossistema são a comunidade de um bairro e os parentes próximos do núcleo familiar. Acima desse nível contextual, temos contextos sociais organizados, que são formados por diversos conjuntos de microssistemas, dos quais o indivíduo pode ou não participar diretamente, por meio de interações face a face, mas que o

---

[4] A teoria Bioecológica, bem como a teoria ao longo da vida de Baltes, serão apresentadas com maiores detalhes na Unidade 2, no capítulo sobre as teorias contemporâneas do desenvolvimento humano (Capítulo 8 – Teorias do ciclo vital, contexto de desenvolvimento e individualidade humana).

12 Psicologia do Desenvolvimento

influenciam e são influenciados por ele. São denominados de exossistemas. As instituições de ensino, como universidades e escolas, e o ambiente corporativo de trabalho são exemplos desse nível contextual. Em um nível mais amplo de contexto, e no qual os outros se incluem, há o macrossistema, representado pelos sistemas institucionais e culturais de determinada sociedade, englobando os aspectos econômicos, jurídicos, educacionais e políticos. Além disso, o modelo proposto por Bronfenbrenner destaca as transformações desses diferentes contextos e sistemas no ciclo da vida, sendo o tempo o cronossistema que regula o processo de desenvolvimento humano, processo este sempre ativo e bidirecional (PALÁCIOS, 2004; COSCIONI *et al.*, 2018).

A Etologia é outra área que também contribui para o campo do desenvolvimento humano. Partindo da teoria da Evolução das espécies de Darwin e dos trabalhos de observação do comportamento animal realizados por teóricos como Lorenz, a Etologia clássica trouxe contribuições para corroborar a premissa de que o ser humano não é uma tábula rasa. O experimento de *imprinting* (ou estampagem) realizado por Lorenz demonstrou que filhotes de algumas espécies de aves possuem uma tendência filogeneticamente herdada em seguir sua mãe (ou o primeiro ser visto) nos momentos após o nascimento. Mediante os estímulos adequados, alguns comportamentos adaptativos podem aparecer nos seres humanos, dentro de uma janela temporal específica, denominada período crítico (PALÁCIOS, 2004).

Embora a Etologia esteja presente na Psicologia desde o início do século XX, foi a partir dos estudos do então psicanalista John Bowlby que os conceitos etológicos foram inicialmente mais diretamente aplicados ao campo da Psicologia do Desenvolvimento. Bowlby (2015) forneceu importantes contribuições, principalmente a partir de sua teoria do apego, que, segundo o autor, seria derivado de tendências selecionadas evolutivamente a partir da necessidade de vinculação humana. Analisando o comportamento de outros animais, especialmente primatas, o autor postulou os conceitos de fases sensíveis de desenvolvimento e regulação de conflitos.

Perspectivas atuais têm sido desenvolvidas no campo da Etologia, e no contexto brasileiro de pesquisas, destacam-se estudos sobre a função social da brincadeira e sua importância evolutiva (OTTA, 2017), as interações mãe e bebê e suas repercussões no desenvolvimento e os impactos da depressão pós-parto (SERVILHA; BUSSAB, 2015; MORAIS; LUCCI; OTTA, 2013).

Concluímos afirmando o caráter interdisciplinar e dinâmico da Psicologia do Desenvolvimento, presente desde seus momentos iniciais até a atualidade. Com contribuições de diferentes campos epistemológicos, o debate acerca do desenvolvimento humano é enriquecido e ampliado por diferentes perspectivas, que expressam a complexidade da constituição humana. Por meio da pesquisa científica e apoiada em teorias psicológicas, a Ciência do Desenvolvimento Humano busca contribuir com respostas e alternativas para pensar os processos de transformações humanas em diferentes contextos, e formular novas perguntas e questionamentos que permitam manter esse campo do saber vivo e em constante evolução.

Psicologia do Desenvolvimento: definição e percurso histórico **13**

PARA SABER MAIS

E Elaborar Atividades, Sugerimos os Seguintes Materiais Complementares:

Apresentamos, a seguir, alguns *links* com sugestões para complementação e aprofundamento do conteúdo exposto neste capítulo.

1. Documentário *O começo da vida* (2016). Direção: Estela Renner.

2. Livro *Primeiríssima infância*. Disponível para *download* em: https://www.fmcsv.org.br/pt-BR/biblioteca/primeirissima-infancia-interacoes-comportamentos-pais-cuidadores-criancas-0-3-anos/. Acesso em: 30 set. 2022.

3. Covid-19: cuidados parentais. Disponível em: https://www.fmcsv.org.br/pt-BR/biblioteca/cuidados-parentais-covid-19/. Acesso em: 29 set. 2022.

4. Guia Informativo sobre cuidados na primeira infância. Disponível em: https://www.fmcsv.org.br/pt-BR/biblioteca/primeiros-anos-suas-maos/. Acesso em: 30 set. 2022.

5. Programa É de Casa, com Drauzio Varella. Disponível em: https://www.fmcsv.org.br/pt-BR/noticias/serie-quanto-mais-cedo-maior-estreia-programa-e-de-casa-rede-globo/. Acesso em: 30 set. 2022.

REFERÊNCIAS BIBLIOGRÁFICAS

ARIÈS, P. **História social da criança e da família**. 3. ed. Rio de Janeiro: LTC, 2022. 400p.

BIAGGIO, A. **Psicologia do Desenvolvimento**. Petrópolis (RJ): Vozes, 1975.

BOWLBY, J. **Formação e rompimento dos laços afetivos**. 5. ed. São Paulo: Martins Fontes, 2015. 232p.

COSCIONI, V. *et al*. Pressupostos teórico-metodológicos da Teoria Bioecológica do Desenvolvimento Humano: uma pesquisa com adolescentes em medida socioeducativa. **Psicologia USP**, v. 29, n. 3, 2018.

FREUD, S. **História de uma neurose infantil**. São Paulo: Companhia das Letras, 2010. 432p. Original publicado em 1918.

FREUD, S. **Três ensaios sobre a teoria da sexualidade**. São Paulo: Companhia das Letras, 2016. 408p. Original publicado em 1905.

MORAIS, M. L. S.; LUCCI, T. K.; OTTA, E. Postpartum depression and child development in first year of life. **Estudos de Psicologia (Campinas)**, v. 30, p. 7-17, 2013.

NERI, A. L. O legado de Paul B. Baltes à Psicologia do Desenvolvimento e do Envelhecimento. **Temas em Psicologia**, v. 14, n. 1, p. 17-34, 2006.

OTTA, E. Brincar na perspectiva psicoetológica: implicações para pesquisa e prática. **Psicologia USP** (Impresso), v. 28, p. 358-367, 2017.

PALÁCIOS, J. Psicologia Evolutiva: conceito, enfoques, controvérsias e métodos. In: COLL, C.; MARCHESI, A.; PALÁCIOS, J. **Desenvolvimento Psicológico e Educação**: psicologia evolutiva. Porto Alegre: ArtMed, 2004.

14   Psicologia do Desenvolvimento

PIAGET, J. **As formas elementares da Dialética**. Trad. Fernanda Mendes Luiz. São Paulo: Casa do Psicólogo, 1996. Original publicado em 1980.

PIAGET, J. **Inteligencia y afectividad**. Buenos Aires: Aique, 2005. Original publicado em 1954.

PIAGET, J. **O juízo moral na criança**. 3. ed. São Paulo: Summus, 1994. Original publicado em 1932.

PIAGET, J. **O nascimento da inteligência na criança**. 4. ed. Rio de Janeiro: LTC, 1987. Original publicado em 1936.

SERVILHA, B.; BUSSAB, V. S. R. Interação mãe-criança e desenvolvimento da linguagem: a influência da depressão pós-parto. **Psico**, v. 46, n. 1, p. 101-109, 2015. Disponível em: https://doi.org/10.15448/1980-8623.2015.1.17119. Acesso em: 30 set. 2022.

VYGOTSKY, L. S. **A formação social da mente**. São Paulo: Martins Fontes, 1984.

WALLON, H. **A evolução psicológica da criança**. 1. ed. São Paulo: Martins Fontes, 2007. Original publicado em 1941.

2

Pesquisa em Psicologia do Desenvolvimento: fundamentos e métodos

16 Psicologia do Desenvolvimento

O campo da Psicologia do Desenvolvimento Humano compartilha seu objeto de estudo com a área de conhecimento da Psicologia, ou seja, dedica-se ao entendimento dos "fenômenos mentais" (JAMES, 1890-1989), tais como memória, atenção, desejos, crenças, pensamentos e sentimentos, inserindo-os no curso da vida, ou ciclo vital, e considerando as características que se transformam e as que se mantêm, constituindo a identidade dos indivíduos, do nascimento até a morte. Os fatores responsáveis pelas transformações são de várias naturezas: biológica, social, emocional, cultural, e se referem às interferências sobre o desenvolvimento, seja em seu ritmo, seja em sua forma. Essas influências são mútuas, o que leva a afirmar que a separação entre os fatores é apenas didática para permitir a compreensão da evolução psicológica, encarando-os como condições necessárias, mas não suficientes, sozinhas, para explicar a progressão mental ou psicológica em sua totalidade. O sentido da progressão é integrativo, complexo, abrangente e sequencial, como será apresentado pelos diferentes modelos teóricos na Unidade 2 deste livro. Cada um, a partir de suas indagações iniciais sobre o desenvolvimento humano, elege uma variável, fator ou aspecto para acompanhar ao longo do ciclo vital, sem desconsiderar que esses estão em interação mútua com outros e que pensá-los separadamente não levará ao entendimento dos mecanismos evolutivos gerais. Considerando essa apresentação do campo, pode-se dizer que as perguntas mais frequentes da Psicologia do Desenvolvimento são aquelas que buscam compreender como os processos mentais se caracterizam em termos biológicos, sociais, culturais e emocionais, nos diferentes momentos da vida; e como se expressam no comportamento dos indivíduos.

Definidos o objeto de estudo e as perguntas típicas dessa área de conhecimento, é importante salientar os métodos de pesquisa que mais se harmonizam com essa visão desenvolvimentista: o método longitudinal (que permite acompanhar, ao longo do tempo, a manifestação dos processos mentais de modo observável, em um ou mais grupos de indivíduos) e o método transversal (que compara, em menor tempo, grupos distintos de indivíduos, representantes etários das características focalizadas). A diferença evidente entre os dois tipos de método é a possibilidade de seguir por mais tempo certos indivíduos detectando como as características eleitas se mantêm e se transformam no caso do método longitudinal, em vez de destacar da trajetória momentos específicos para a observação dos fenômenos. Os alcances e os limites desses dois tipos de método são distintos e, por essa razão, o pesquisador deverá avaliar qual deles se harmoniza mais tanto com sua pergunta de pesquisa quanto com o tempo disponível para a realização da investigação.

Os estudos transversais geralmente são utilizados para a comparação pontual de grupos de indivíduos com relação a um domínio específico do desenvolvimento, por exemplo, para investigar o desenvolvimento do raciocínio lógico em crianças de ensino fundamental ou concepções de idosos acerca do processo de envelhecimento. Nesses casos, o método transversal consiste em avaliar, em curto período de tempo, um número variado de participantes, a fim de buscar regularidades e tendências de respostas sobre os parâmetros estudados. Portanto, esse método tem como objetivo a comparação de diferentes indivíduos, com

Pesquisa em Psicologia do Desenvolvimento: fundamentos e métodos **17**

relação a um domínio específico, em um mesmo momento. Estudos transversais são geralmente práticos e de menor custo, porém há limitações importantes para a pesquisa em desenvolvimento humano, como a dificuldade em controlar variáveis e possíveis efeitos de coorte, que são as mudanças que podem ocorrer no grupo estudado e por fatores que não são controláveis ou observáveis, uma vez que, nesse método, os indivíduos não são acompanhados ao longo do tempo (MOTA, 2010).

Por outro lado, os estudos longitudinais permitiriam acompanhar com maior clareza as mudanças e as permanências de grupos e coortes específicas ao longo do desenvolvimento. Por acompanhar a trajetória dos indivíduos estudados, o método longitudinal é um recurso que elucida com maior fidedignidade as diversas variáveis que atuam como condições determinantes em diferentes contextos. Algumas limitações desse método são a baixa adesão e a desistência de participantes ao longo do tempo, o custo maior de execução da pesquisa e a pouca generalização dos resultados obtidos no estudo para outras populações.

Sobre os objetivos do método experimental de pesquisa no campo do desenvolvimento humano, Mota (2010) ressalta a importância de compreender o estabelecimento de relações de causa e efeito nas pesquisas. Como o desenvolvimento envolve a interface complexa de múltiplas variáveis (biológicas, psicológicas, sociais e culturais), geralmente é pouco provável estabelecer relações causais diretas entre as variáveis estudadas, e em muitos estudos esse não deve ser o objetivo, uma vez que muitas variáveis de pesquisa em desenvolvimento humano não são totalmente controladas pelo pesquisador (MOTA, 2010). A abordagem sistemática é utilizada nos casos em que o objetivo é acompanhar as trajetórias de desenvolvimento dos grupos, sem necessariamente estabelecer vínculos causais, mas coletando dados que permitam uma análise compreensiva da situação. Para o estabelecimento de relações causais, métodos estatísticos de correlação podem ser empregados. Outra estratégia importante para a análise de elementos do desenvolvimento é a investigação desses em momentos considerados cruciais, por exemplo, nos períodos geralmente considerados iniciais para o desenvolvimento de uma habilidade ou recurso. Analisar as condições e os fatores que intervêm nesses casos pode ajudar a elucidar os elementos que interferem, positiva ou negativamente, no desenvolvimento.

Em ciência, analisar questões metodológicas é um aspecto crucial para a compreensão dos fenômenos e a elaboração rigorosa e consistente de teorias. Métodos inadequados para determinados objetivos comprometem a investigação das hipóteses de pesquisa e podem conduzir a vieses ou conclusões equivocadas sobre a realidade estudada.

Na Psicologia do Desenvolvimento, o debate sobre os métodos que fundamentam as investigações científicas ainda é incipiente, especialmente se considerarmos a realidade brasileira (MOTA, 2010). Autores importantes para o campo do desenvolvimento humano destacaram em suas teorias a importância do método como recurso fundamental e intrínseco à própria construção epistemológica que desenvolveram; entre estes, podemos destacar Piaget (1926/2005) e seu método clínico, e os estudos de Bronfenbrenner (2005), enfatizando um contexto ecológico de pesquisas.

18   Psicologia do Desenvolvimento

Outro desafio metodológico desse campo refere-se à construção de métodos de pesquisa que se adequem às perguntas relacionadas com o ciclo vital, uma vez que grande parte dos estudos em desenvolvimento humano historicamente concentrou-se na infância, desenvolvendo hipóteses e métodos de pesquisa para essa população que nem sempre podem ser replicados para indivíduos em outros momentos do desenvolvimento, ou em contextos diversos (MOTA, 2005).

O fato de que o desenvolvimento é afetado pelas circunstâncias sociais e culturais de cada contexto enfatiza a necessidade de pesquisas que atendam às demandas de populações e culturas específicas, o que nem sempre se faz presente nos estudos e nas pesquisas nessa área. Ainda é frequente, por exemplo, que estudantes brasileiros tenham contato com a Ciência do Desenvolvimento Humano por meio de referências bibliográficas internacionais que não retratam a realidade brasileira. Para Seidl de Moura e Moncorvo (2006), é necessário maior visibilidade das pesquisas em desenvolvimento humano representativas de contextos e populações diversas, especialmente daquelas de países com menos representatividade político-econômica, como países africanos, asiáticos e latino-americanos.

Na literatura da área, particularmente no que se refere à realidade brasileira, é possível detectar os temas mais frequentemente estudados, tais como desenvolvimento cognitivo, emocional, da linguagem e da socialização, assim como as lacunas, isto é, aqueles temas que ainda deverão ser mais investigados. Alguns desses últimos serão abordados na Unidade 5 deste livro, tais como gênero, qualidade de vida, fracasso escolar, e bem-estar e políticas públicas para o desenvolvimento integral da infância.

Conhecer as pesquisas que retratem a realidade na qual estudantes e pesquisadores em desenvolvimento humano estão inseridos é fundamental, uma vez que não se trata, como afirmamos anteriormente, apenas de conhecer técnicas metodológicas de pesquisa e aplicá-las, ou, ainda, replicá-las aguardando um resultado. O campo de pesquisa em desenvolvimento humano requer um olhar amplo e acurado para a diversidade de fatores que intervêm no desenvolvimento dos indivíduos em diferentes contextos. Os métodos de pesquisa a serem empregados demandam análise criteriosa da realidade da população a ser estudada, seus alcances e limites, bem como adequação à pergunta. Mediante essas considerações, pode haver combinações metodológicas, como métodos mistos, combinando dados qualitativos e quantitativos, ou os métodos transversal e longitudinal.

Esses pressupostos, que fundamentam a pesquisa em Psicologia do Desenvolvimento, refletem o dinamismo do próprio campo do saber, em constante construção, no qual o rigor científico é fundamental para a construção de novos modelos teóricos e metodológicos que futuramente se reverterão em conhecimento aplicado para a sociedade, seja na formação profissional, no estabelecimento de políticas públicas ou na construção de novas práticas que incorporem o desenvolvimento humano como fundamental para a promoção de saúde e a qualidade de vida.

PARA SABER MAIS

E Elaborar Atividades, Sugerimos os Seguintes Materiais Complementares:

1. Associação Brasileira de Psicologia do Desenvolvimento (ABPD). Disponível em: https://www.abpd.psc.br/. Acesso em: 02 out. 2022.
2. O canal da Universidade Virtual do Estado de São Paulo (UNIVESP), no YouTube, apresenta uma entrevista com a Prof.ª Zelia Ramozzi Chiarottino, sobre a teoria de Piaget. Disponível em: https://www.youtube.com/watch?v=Svzs8UWVwAo. Acesso em: 25 out. 2021.

REFERÊNCIAS BIBLIOGRÁFICAS

BRONFENBRENNER, U. **Bioecologia do Desenvolvimento Humano**: tornando os seres humanos mais humanos. Porto Alegre: ArtMed, 2011. Original publicado em 2005.

JAMES, W. **Princípios de Psicología**. Fondo de Cultura Econômica. México. 1989. Originalmente publicado em 1890.

MOTA, M. M. P. Metodologia de Pesquisa em Desenvolvimento Humano: velhas questões revisitadas. **Psicologia em Pesquisa (UFJF)**, v. 4, n. 2, p. 144-149, 2010.

MOTA, M. M. P. Psicologia do Desenvolvimento: uma perspectiva histórica. **Temas em Psicologia**, v. 13, n. 2, 2005.

PIAGET, J. **A representação do mundo na criança**. Ideias & Letras, 2005. Original publicado em 1926.

SEIDL DE MOURA, M. L.; MONCORVO, M. C. A Psicologia do Desenvolvimento no Brasil: tendências e perspectivas. In: COLINVAUX, D.; BANKS LEITE, L.; DELL'AGLIO, D. (orgs.). **Psicologia do Desenvolvimento**: reflexões e práticas atuais. São Paulo: Casa do Psicólogo, 2006. 272p.

3
Polêmicas e controvérsias em Psicologia do Desenvolvimento

22 Psicologia do Desenvolvimento

De que depende o desenvolvimento humano? Quais são os fatores que influenciam as transformações ao longo do ciclo vital? O que tem mais "peso" em seus processos: as bases orgânicas ou as ofertas do ambiente? Essas perguntas estiveram presentes na Psicologia do Desenvolvimento desde as suas origens, permeando o modo de conceber seus modelos teóricos, seus métodos de pesquisas e, muito especialmente, a interpretação de seus resultados. Ainda sendo tão antigo como a própria Psicologia, o histórico debate entre as abordagens inatistas e ambientalistas do desenvolvimento, que retoma questões clássicas colocadas pelos antigos gregos e pela filosofia, perpetua-se até nossos dias de maneira mais ou menos explícita.

O pensamento dicotômico entre as explicações inatistas e empiristas se projetou em outras duplas clássicas frequentemente presentes no campo da Psicologia, tais como: sujeito/objeto, biologia/cultura, estrutura/função, cérebro/mente e instinto/aprendizagem. Contudo, a dicotomia "inatismo × empirismo" foi progressivamente superada por um terceiro modelo de pensamento denominado interacionista. Essa abordagem não constitui apenas um meio caminho intermediário entre os polos do inatismo e do empirismo, mas uma contínua busca para descrever e explicar o que acontece no "entre" do sujeito e seu meio, ou seja, na interação de processos intra e intersubjetivos.

Jean Piaget, Lev Vygotsky e Henri Wallon, autores clássicos do campo do desenvolvimento, são conhecidos como expoentes do interacionismo. Tal como é aprofundado na Unidade 2, suas teorias enfatizam que é no "entre" da relação do sujeito com o mundo físico e social que se constituem as transformações dos seres humanos. Nesse sentido, os três se distanciaram de perspectivas inatistas, maturacionistas e empiristas. Desde essa ótica interacionista, os sujeitos não são meros fantoches do seu entorno, modelados à imagem e semelhança do contexto social da sua época, nem são tábulas rasas nas quais se imprimem formas de reação e condutas. Mas o contrário também não é verdadeiro, porque, nas suas teorias, o sujeito não "desabrocha" de maneira espontânea habilidades e aptidões já prontas à espera da maturação do seu organismo para emergir.

Mesmo sendo autores interacionistas, a dicotomia "biologia × cultura" com frequência reflete na apresentação simplificada desses modelos clássicos. Algumas das atuais polêmicas que apresentam as teorias de Piaget e Vygotsky como contrárias ou excludentes se centram em leituras parciais e limitadas de seus corpos conceituais, colocando ao primeiro no campo do cognitivismo maturacionista e ao segundo em uma perspectiva empirista. Assim, é comum o erro de interpretar que Piaget é um autor que não se interessou pelo ambiente socioafetivo e cultural como fatores do desenvolvimento. Outro equívoco frequente é lhe adjudicar propostas pedagógicas, tais como o construtivismo, que deixariam o educador em um lugar passivo de simples observador do desenvolvimento "espontâneo" da criança. Também a Psicologia histórico-cultural (nome com que é conhecida a teoria de Vygotsky) pode se apresentar de modo deformado em posições empiristas que superestimam a educação e suas intervenções em relação a outras variáveis da aprendizagem.

Os modelos interacionistas do desenvolvimento são ampliados e verificados em numerosas pesquisas contemporâneas inspiradas no marco teórico desses autores. Além disso, há

Polêmicas e controvérsias em Psicologia do Desenvolvimento **23**

evidências dessa vigência em estudos interdisciplinares que dialogam com o campo das neurociências, especialmente com base na plasticidade cerebral, conceito-chave que evidencia a força da interação como matriz do desenvolvimento. A partir de outro enfoque metodológico e conceitual, esses trabalhos no âmbito do neurodesenvolvimento corroboram vários dos pressupostos desses três modelos clássicos. Os avanços nas tecnologias de neuroimagem contribuíram para as descobertas que permitem entrelaçar novos fatores às explicações sobre o comportamento humano a partir de um modelo biopsicossocial.

Os resultados desse recente campo de pesquisas vêm evidenciando tendências de organização cerebral em diferentes níveis, tanto inferiores, no caso do sistema límbico, quanto das funções psicológicas superiores, na área do córtex frontal. Ao mesmo tempo, esses avanços instalam novas perguntas sobre o funcionamento e as estruturas neuronais desse complexo órgão que é o cérebro humano. As pesquisas de Olivier Houdé e sua equipe, na Universidade da Sorbonne, ilustram esse diálogo interdisciplinar realizando estudos "neopiagetianos" envolvendo a interpretação das clássicas provas operatórias piagetianas com subsídio em técnicas de neuroimagem.[1]

A plasticidade cerebral quebrou com a ideia do determinismo orgânico. A biologia humana, incluindo genes e cérebro, apresenta-se simultaneamente como limite e possibilidade. Desse modo, ao longo do desenvolvimento de cada sujeito, há um caráter de virtualidade do que pode vir a ser, algo da ordem da potencialidade e do enigma que escapam do total controle. A expressão das diversas transformações ao longo do ciclo vital estará sobredeterminada pela confluência de inúmeros fatores, biológicos e sociais. Os estudos com gêmeos são uma ilustração crescente de como um contexto socioafetivo com os mesmos pais e ambiente socioeconômico não resulta em desenvolvimentos homogêneos, podendo haver, inclusive, variações expressivas. Nesse sentido, também o que é da ordem do não antecipável e do "não programado" faz parte do desenvolvimento neurocerebral (OLIVERIO, 2013).

No cenário filogenético, a plasticidade cerebral se expressou na evolução de estruturas cerebrais que foram usufruídas pelos seres humanos em funções e atividades diferentes das originárias. Na ótica das neurociências, a escrita é uma atividade paradigmática dessa fecunda interação cérebro-cultura, diferentemente da linguagem oral, que se aprende "naturalmente" e de forma espontânea pelo contato com cuidadores e com o ambiente cultural. A fala depende desse contato, da maturação do aparelho fonador e de bases cerebrais específicas que são fruto da evolução da espécie. Já no caso da linguagem escrita, não há estruturas neuronais específicas, mas uma combinação de áreas cerebrais que foram cooptadas e utilizadas para uma função distinta da originária. A escrita se ensina de maneira explícita em situações criadas especialmente para esse fim e tem "apenas" 7 mil anos, diferentemente da fala que acompanha a espécie desde suas origens. Vemos, assim, como as estruturas cerebrais são utilizadas de maneira plástica e podem ser reorganizadas conforme mudanças e demandas da cultura (OLIVERIO, 2013).

---

[1] Esse tema será abordado com relação ao pensamento operatório descrito na Unidade 4.

24 Psicologia do Desenvolvimento

A tese da "natureza via criação" salienta a concepção de uma genética agente de criação evidenciada nos avanços dos estudos do genoma humano acerca da variabilidade no uso de material genético similar. Essa variação é ilustrada nos estudos comparativos entre espécies, e os seres humanos compartilham estruturas de DNA com outros animais não humanos, desde chimpanzés até ratos. Assim, a genética e o comportamento instintivo, que costumavam ser pensados a partir de modelos deterministas e estáticos, são hoje repensados na perspectiva dialética que articula o comportamento instintivo e aprendido (RIDLEY, 2004). Estudos acerca do neurodesenvolvimento de bebês no campo da intersubjetividade primária e da inteligência social verificam que já na vida intrauterina o cérebro apresenta estruturas e funções neuronais específicas para interagir com cuidadores de maneira empática (TREVARTHEN, 1997).

Essas constatações trazem novos olhares para a ontogênese (desenvolvimento de cada indivíduo ao longo do ciclo vital) e colocam em xeque os enfoques que concebem o indivíduo como uma tábula rasa. Em um prisma filogenético (evolução da espécie), esses dados levam a inúmeras repercussões de pesquisa interdisciplinar, tais como novas articulações conceituais das neurociências com as clássicas contribuições evolutivas darwinianas e procedimentos metodológicos para observar e analisar as interações mãe-bebê. Nesse sentido, a "protoconversação" que denomina a comunicação do bebê anterior à fala convencional com palavras, e foi estudada pela Psicanálise (por autoras como Françoise Dolto e Piera Aulagnier) e pelo modelo walloniano no contexto do diálogo tônico, atualmente é analisada à luz do neurodesenvolvimento. Pesquisas sobre o manhês, ou "fala dirigida ao bebê" (TREVARTHEN, 1997), mostram que a prosódia e a melodia típica que os adultos utilizam para se comunicar com crianças pequenas é uma característica presente em todas as culturas. Essa tonalização quase inconsciente da fala é um traço evolutivo constitutivo dos cérebros de bebês e adultos que permite melhor interação entre ambos. Assim, processos intrapsíquicos e intersubjetividade são reciprocamente desenvolvidos.

Destarte, essa discussão permanece vigente e incontornável porque a interpretação do desenvolvimento humano, a partir de modelos dicotômicos ou holísticos, impacta políticas públicas do âmbito da educação e da saúde. Essas posições também refletem em diretrizes, conselhos e orientações formais e informais apresentados na mídia e nas redes sociais, que perpassam e modelam hábitos cotidianos da população relacionados com a educação dos filhos ou as condutas que melhorariam a qualidade de vida ao longo do ciclo vital. Um fenômeno que ilustra essa dinâmica são os crescentes sobrepeso e obesidade, que atualmente atingem todas as faixas etárias da população brasileira e que dependem tanto de tendências genéticas quanto da escolha de estratégias pedagógicas de grupos educativos promotores de saúde sobre alimentação que podem limitar ou favorecer essa predisposição (BOTELHO *et al.*, 2016).

No campo das trajetórias atípicas do desenvolvimento ou da psicopatologia, a superação da dicotomia "biologia × ambiente" promoveu avanços nos estudos etiológicos.[2] A etiologia

---

[2] A etiologia é o estudo das causas e origens de uma doença ou transtorno. Esse tema será retomado na próxima Unidade, que aprofunda questões referentes aos desenvolvimentos típico e atípico.

do Transtorno do Espectro Autista (TEA) é um exemplo significativo para entender os impactos dos reducionismos na interpretação das causas da diversidade do comportamento humano. Na década de 1940, o psicanalista Bruno Bettelheim popularizou a teoria proposta por Leo Kanner acerca de "mães geladeiras", depressivas e/ou distantes que seriam responsáveis pelo autismo dos filhos. O postulado descrevia o devir do autismo em bebês em função do contato com mães frias que seriam as causas ambientais externas do transtorno. Esse enfoque não só conduziu a intervenções limitadas e reduzidas, como também gerou intensos sentimentos de culpa nas mães responsabilizadas pelo diagnóstico, o que, consequentemente, prejudicava ainda mais a qualidade das interações com seus filhos. Atualmente, sabe-se que o TEA é um transtorno do neurodesenvolvimento e há diversas hipóteses acerca das suas causas, sendo uma das mais fortes a que o vincula com uma disfunção dos neurônios espelhos.[3]

Ainda que no âmbito discursivo seja comumente aceita a ideia de que a dicotomia **natureza × cultura** precisa ser superada, as explicações sobre o desenvolvimento e a divulgação das descobertas das pesquisas psicológicas com frequência tendem a privilegiar um desses polos. Vários são os exemplos que mostram a perpetuação de representações que tendem a colocar o peso causal de determinados comportamentos e fenômenos, seja na perspectiva do inato, seja na perspectiva do ambiente. As análises e as interpretações das dificuldades de aprendizagem são um caso notável dessa separação. Elas podem ser entendidas como problemas individuais oriundos de disfunções cerebrais, como manifestações de conflitos emocionais vivenciados no contexto familiar, ou como problemas institucionais, pedagógicos e relacionais gestados no interior da escola. O foco reducionista e fragmentado de qualquer uma dessas possibilidades dará o tom das intervenções a serem realizadas.

Outro ponto de polêmica frequente no campo da Psicologia do Desenvolvimento diz respeito à noção de **estágio**. A periodização do ciclo vital foi organizada, por diversos autores, em estágios, crises, fases, etapas ou períodos. Mas, tal como será retomado no Capítulo 10, esses recortes temporais constituem uma escolha epistemológica construída com base na observação de certas tendências normativas. Ou seja, eles poderiam ser outros, conforme o olhar do pesquisador e do contexto sociocultural onde está inserido. Essa ressalva é importante para evitar o entendimento dos estágios como "caixas" classificatórias de sujeitos a serem avaliados, perspectiva que reduz não só a contribuição das diversas teorias da Psicologia do Desenvolvimento, mas também a concepção de ser humano implícita nessa prática (sujeito rotulado, classificado e, frequentemente, estigmatizado).

O desenvolvimento é uma passagem, ao mesmo tempo, contínua e descontínua, marcada por conflitos entre o antigo e o novo, entre a permanência e a transformação. Tudo é, ao mesmo tempo, obstáculo e instrumento com relação aos períodos anterior e posterior. Costuma-se lembrar disso a respeito da periodização realizada por Jean Piaget, que denominou como período pré-operatório a organização cognitiva, socioafetiva e moral precedente ao período

---

[3]Os neurônios espelhos permitem a aprendizagem por imitação e estão ligados ao movimento e à visão envolvidos na leitura de intenções necessárias para o desenvolvimento de habilidades sociais.

26 Psicologia do Desenvolvimento

operatório concreto. Na organização intuitiva pré-operatória, a criança manifesta avanços e conquistas com relação ao período sensório-motor, mas também entraves e impasses com relação à estruturação cognitiva, socioafetiva e moral do período seguinte (isso será aprofundado na Unidade 4).

No contexto das teorias interacionistas, as etapas da periodização do desenvolvimento não podem ser justapostas ou homologadas com faixas etárias, o que daria um tom rígido e estático à periodização. As idades são apenas referências para o desenvolvimento típico. No caso da teoria piagetiana, por exemplo, o que é imutável para o autor é a sequência, a ordem temporal de sucessão dos estágios, mas as idades e duração de cada período são variáveis e singulares. Isso significa que, para Piaget, um sujeito não pode passar do período pré-operatório ao operatório formal sem passar pela organização do período operatório concreto. Além disso, cabe lembrar que as exigências do meio fazem com que em alguns contextos (não urbanos, nem escolarizados, por exemplo) um adulto possa não precisar do pensamento formal, interagindo de forma satisfatória com seu entorno a partir de esquemas operatórios concretos ou, inclusive, pré-operatórios.

Os trabalhos de Fainblum (2008) sobre o desenvolvimento atípico ilustram essa visão ampla dos estágios. A autora utilizou os períodos piagetianos para determinar níveis de domínio em sujeitos com deficiência intelectual (leve, moderada e severa), independentemente da idade do sujeito avaliado. Nesse prisma, um adolescente com deficiência severa pode interagir com o mundo a partir de esquemas sensório-motores ou intuitivos pré-operatórios, e não por isso deixa de ser um adolescente (ainda que na nossa sociedade prevaleça a infantilização de jovens e adultos com deficiências).

Por último, um comentário lexical acerca da nomenclatura da área diz respeito à alternativa do uso do vocábulo **estádio**, muitas vezes escolhido em algumas obras e traduções, em detrimento do termo **estágio**. A justificativa dessa escolha remete à sua origem do grego *stadion*, lugar destinado às práticas esportivas, percursos ou lutas e que posteriormente foi deslocado para o âmbito médico e das ciências biológicas (REZENDE, 2000). Essa etimologia destaca o dinamismo do embate e do conflito. Em linhas gerais, o termo **estágio** remete à aprendizagem, ao tempo de trabalho e de exercício, enquanto **estádio** está mais relacionado com fase evolutiva, período ou intervalo. A usual utilização do termo **estágio** originou-se na divulgação de textos de língua inglesa que acabaram fomentando esse último vocábulo (REZENDE, 2000).

Em síntese, as discussões até aqui elencadas explicitam o caráter multidimensional e interdisciplinar inerente às pesquisas e às contribuições teóricas da Psicologia do Desenvolvimento. Essa questão será aprofundada a seguir, nas Unidades 2 e 3.

Polêmicas e controvérsias em Psicologia do Desenvolvimento **27**

PARA SABER MAIS

E Elaborar Atividades, Sugerimos os Seguintes Materiais Complementares:

1. Filmes clássicos, baseados em fatos reais que relatam a experiência de indivíduos criados em condições extremas de isolamento social
   - *O enigma de Kaspar Hauser* (1974). Direção e produção: Werner Herzog. Alemanha: Versátil Digital Filmes. DVD.
   - *O garoto selvagem* (1970). Direção: François Truffaut. Produção: Marcel Berbert. França. DVD.
   - *A maçã* (1980). Direção: Samira Makhmalbaf. Irã. Disponível no YouTube, no canal "Cine History", em: https://www.youtube.com/watch?v=Iv2IiH85dc4. Acesso em: 02 out. 2022.

2. Sobre Kaspar Hauser, uma criança encontrada no século XIX após supostamente ter vivido os primeiros anos de vida sem nenhum contato humano, é possível assistir a uma análise do caso no YouTube, no canal "Psicolomidia", disponível em: https://www.youtube.com/watch?v=SUdZoVTmpME. Acesso em: 02 out. 2022.

3. Para aprofundar a definição da Psicologia do Desenvolvimento, seus dilemas, desafios e limites, é possível assistir à entrevista com Yves de La Taille (Instituto de Psicologia – Universidade de São Paulo – USP) no YouTube, no canal "UNIVESP", disponível em: https://www.youtube.com/watch?v=JhqQ3hvfyr0&t=73s. Acesso em: 02 out. 2022.

REFERÊNCIAS BIBLIOGRÁFICAS

BOTELHO, F. C. *et al*. Estratégias pedagógicas em grupos com o tema alimentação e nutrição: os bastidores do processo de escolha. **Ciência & Saúde Coletiva**, v. 21, n. 6, 2016.

FAINBLUM, A. **Discapacidad, una perspectiva clínica desde el psicoanálisis**. Buenos Aires: La Nave de los Locos, 2008.

OLIVERIO, A. **Cerebro**. Buenos Aires: Adriana Hidalgo, 2013. 204p.

REZENDE, J. M. Estádio e Estágio. **Revista de Patologia Tropical**, v. 29, p. 113-115, jan./jun. 2000.

RIDLEY, M. **O que nos faz humanos**: genes, natureza e experiência. Rio de Janeiro: Record, 2004.

TREVARTHEN, C. Racines du langage avant la parole. **Devenir**, v. 9, n. 3, p. 73-93, 1997.

PRINCIPAIS MODELOS TEÓRICOS E SUAS CONTRIBUIÇÕES PARA A PSICOLOGIA DO DESENVOLVIMENTO

30 Psicologia do Desenvolvimento

Nesta Unidade, apresentamos sucintamente as principais abordagens teóricas que fundamentam as pesquisas no campo da Psicologia do Desenvolvimento, apontando suas ênfases e contribuições. As perspectivas aqui apresentadas serão complementadas com referências aos textos dos respectivos autores para detalhamento das fontes conceituais. O modo de apresentação das teorias segue a seguinte estrutura: apresentação dos princípios organizadores dos modelos (noção de desenvolvimento quanto a transformações e conservações, estatuto de criança, relação indivíduo-mundo, processos psicológicos enfatizados); problemas de pesquisa; método de pesquisa. Com isso, é possível contemplar o panorama geral das perspectivas, suas aproximações e distanciamentos e as linhas de pesquisas delas decorrentes.

Encerrando a Unidade, o Capítulo 9 aborda algumas aproximações entre perspectivas teóricas que fundamentam estudos a respeito do desenvolvimento humano, discutindo interfaces possíveis entre teorias.

4 Epistemologia genética de Jean Piaget

Este capítulo se dedica a expor, sinteticamente, a teoria psicogenética de Jean Piaget (1896-1980), clássica no campo da Psicologia do Desenvolvimento, destacando sua contribuição para essa área de conhecimento, suas ênfases e seus principais eixos de estudos. Um modelo teórico é elaborado visando responder a problemas de pesquisa oriundos da observação empírica e da reflexão teórica. Nasce de um contexto de ideias da época em que foi concebido indicando o panorama científico das diversas áreas de conhecimento, os focos de análise, as divergências quanto aos métodos e o cenário de resultados. Esses elementos se relacionam de modo dinâmico e definem as escolhas feitas pelos autores, tanto do ponto de vista teórico quanto metodológico.

No caso de Jean Piaget (1896-1980), biólogo interessado na adaptação dos organismos às transformações do ambiente físico, foram definitivos para a construção da epistemologia genética o tempo passado em Zurique, onde estudou Filosofia e, especialmente, Epistemologia, bem

32 Psicologia do Desenvolvimento

como o tempo passado no laboratório de Binet, em Paris, no qual acompanhou a aplicação de testes de inteligência em crianças de diferentes idades. Do primeiro período, esse autor trouxe suas principais perguntas: "Como se dá o conhecimento?", "Como o conhecimento se transforma ao longo da vida?", e concluiu que a adaptação ao mundo, tão conhecida em termos biológicos, seria também possível, em termos mentais. A adaptação mental seguiria os mesmos mecanismos da adaptação biológica, ou seja, ao mesmo tempo com uma transformação do organismo para se adaptar à novidade e desta para ser incorporada pelo organismo? Seus trabalhos iniciais sobre a evolução dessa adaptação de um ponto de vista biológico o levam a se interessar pelo estudo da adaptação racional do ser humano ao mundo e sobre a relação entre sujeito e objeto. Sofreu a influência de filósofos renomados para suas elaborações teóricas, especialmente Kant (1724-1804). Kant realizou na epistemologia uma interessante síntese crítica entre o racionalismo de Descartes, Espinosa e Leibniz e a tradição empirista de Locke e Hume. É possível notar claramente essa influência nas obras iniciais do jovem Piaget, de modo especial no livro *A construção do real na criança* (1937/2002). Nesse livro, o autor apresenta o desenvolvimento da inteligência nos anos iniciais de vida ao lado do desenvolvimento das noções de objeto, espaço, tempo e causalidade, que definem o "real". Pode-se resumir essa evolução com as palavras do autor: a criança neste período "passa do caos aos cosmos" (PIAGET, 1937/2002, p. 21).

Do tempo passado em Paris, Piaget traz a inspiração para seu método denominado "clínico", em que, por meio de perguntas abertas e gerais, é possível saber como a criança pensa e a origem de suas ideias, crenças e hipóteses. A criança é, portanto, para esse autor, a expressão da inteligência, sendo esta seu interesse legítimo de pesquisa. A Psicologia da época em que começa a escrever sobre esse tema lhe oferece, assim, o método para que possa responder às perguntas sobre o conhecimento e observar a evolução mental. Sua perspectiva epistemológica torna-se também psicológica, ao colocar a criança no centro para compreender a evolução da inteligência, inserindo-se, assim, no campo da Psicologia do Desenvolvimento. Durante sua vida e obra, Piaget, em vários momentos, refere-se à sua teoria como uma psicologia da inteligência. No entanto, o trabalho conjunto (cerca de 50 anos) com sua colaboradora mais frequente, Barbel Inhelder (1913/1997), psicóloga, o encaminha simultaneamente para estudos sobre a psicologia da criança. Essas informações biográficas explicam por que a teoria de Piaget ficou conhecida como uma teoria psicológica sobre a criança, ainda que seja, na origem, uma epistemologia genética. A criança ocupa lugar central em seu modelo teórico porque "encarna" a evolução da inteligência, desde seu início (gênese). É também a partir da observação de grupos de crianças que jogam jogos de bolas de gude e amarelinha que o mesmo autor apresenta sua teoria sobre o desenvolvimento do juízo moral na criança (PIAGET, 1932/1994). É ainda com crianças que realizará entrevistas e experiências empíricas que lhe permitem inferir as formas de organização da atividade (estruturas), assim como os procedimentos e as estratégias. Podemos concluir, portanto, que o estatuto de criança é central na teoria piagetiana, tanto do ponto de vista teórico quanto metodológico, pois as investigações com crianças e adolescentes oferecem o *corpus* empírico dessa perspectiva, durante cerca de 60 anos (dos anos 1920 até o final da década de 1980).

Epistemologia genética de Jean Piaget **33**

O problema da adaptação ao mundo de um sujeito geral (epistêmico), o qual se transforma (pela acomodação de suas estruturas mentais) e transforma o mundo de objetos (pela assimilação às estruturas), construindo conhecimentos e inteligência enquanto age e organiza sua atividade, dirige os trabalhos desse autor. Na década de 1960, escreveu duas obras de síntese de sua abordagem sobre a evolução mental da criança: *Seis estudos de Psicologia* (PIAGET, 1964/1976) e *A psicologia da criança* (PIAGET; INHELDER,1966/2013). Explicita a sequência geral da evolução mental e os fatores do desenvolvimento mental: maturação, experiência, interação social e equilibração, em uma demonstração de que o entendimento da evolução psicológica é um exercício dialético, não sendo possível apontar um único fator que explique a sucessão de construções mentais, do nascimento à vida adulta. Os períodos gerais do desenvolvimento mental são: período sensório-motor, período pré-operatório, período operatório concreto e período operatório formal, caracterizados por formas gerais de organização da atividade, idades médias e configurações cognitivas, afetivas, de socialização e morais. É importante ressaltar que dos esquemas sensório-motores até as operações formais, passando pela função semiótica e pelas operações concretas, o desenvolvimento se daria pela busca de equilíbrio, movido pelas necessidades e pelas demandas interacionais com os mundos físico e social. A teoria do desenvolvimento mental corresponde à grande parte da vida e da obra desse autor, o qual criou também o método clínico para permitir a observação e o acesso às diferentes características dos períodos evolutivos. É ainda relevante destacar que as idades não são o único fator responsável pelo desenvolvimento das estruturas mentais, as quais são também construídas, como já foi dito, sob influência da experiência, da interação social e da equilibração. Nos anos 1930 e 1950, o autor apresentou a temática sobre as relações entre afetividade e inteligência em cursos na França e em eventos científicos, sem, no entanto, desenvolver pesquisas empíricas sobre esse tema, mas deixando reflexões e teorizações importantes para estudos científicos nos campos da Psicologia e da Educação. A partir dos anos 1970, dedicou-se ao estudo sobre o funcionamento da inteligência quanto aos meandros das interações entre o sujeito e os objetos, definidos em termos dos observáveis e das coordenações. Partindo da ideia de que desenvolver-se é adaptar-se ao mundo, apresenta um modelo sobre equilibração das estruturas cognitivas, no qual a relação entre assimilação e acomodação poderia ser desequilibrada por resistências do objeto ou lacunas do sujeito (perturbações), demandando regulações (reações às perturbações) as quais, por sua vez, compensariam as perturbações iniciais de três modos possíveis: negando-as (condutas Alfa), compensando-as parcialmente (condutas Beta) ou de modo completo, inclusive antecipando perturbações de mesma natureza (condutas Gama). O modelo da equilibração explica, assim, o que se passa entre sujeito (S) e objetos (O), entre o que é observável e o que é interno (coordenações). A intenção de compreender e explicar as passagens de um nível de ação a outro levou o mesmo autor à ideia de que as interações poderiam ser entendidas desde a sua periferia (P) para duas direções concomitantes: o centro do sujeito (C) e o centro do objeto (C'). Denominou-se tomada de consciência a construção, em um novo nível, das ações e de seus resultados do nível anterior, assim como Piaget apresentou a diferença entre o fazer (ter êxito na ação) e o compreender

34 Psicologia do Desenvolvimento

(explicar a relação entre a ação e sua consequência). Quando se aprecia a obra de Piaget, é possível afirmar que essa se refere ao sujeito epistêmico, que constrói conhecimento a partir das interações entre suas estruturas mentais e o mundo, por meio das assimilações e das acomodações, e ao sujeito psicológico, a partir de seus trabalhos sobre o funcionamento das estruturas mentais e dos procedimentos diante de situações perturbadoras do equilíbrio, apresentadas nas interações. A parceria com Barbel Inhelder propiciou a Piaget a articulação da macrogênese das estruturas à microgênese dos procedimentos, o sujeito epistêmico ao sujeito psicológico. Merecem destaque, no período a partir dos anos 1970, as obras *A equilibração das estruturas cognitivas: problema central do desenvolvimento* (PIAGET, 1974/1976), *Tomada de consciência* (PIAGET, 1974/1977), *Fazer e compreender* (PIAGET, 1974/1978) e *As formas elementares da Dialética* (PIAGET, 1980/1996).

Na Unidade 4, a sequência do desenvolvimento será retomada, sob a ótica da constituição do Eu, para demonstrar as transformações ao longo do ciclo vital.

É importante ressaltar duas características principais da abordagem piagetiana: o interacionismo e o construtivismo. O conhecimento e a inteligência são, portanto, resultado da interação entre sujeito e objeto, por meio da ação. Essa mediação diferencia o construtivismo e o interacionismo de Piaget dos de outros dois autores, Vygotsky e Wallon, cujas teorias serão apresentadas em seguida, nos Capítulos 5 e 6 desta Unidade. A ação é, então, essencial para que o sujeito conhecedor descubra o mundo, conhecendo-o e, simultaneamente, desenvolvendo-se psicologicamente. A sequência apresentada por Piaget para o desenvolvimento mental indica o melhor nível possível que os sujeitos podem atingir – no caso, o do pensamento operatório formal. É fundamental distinguir o caráter universalista desse modelo teórico, ao afirmar que os indivíduos seguem trajetórias gerais de desenvolvimento, da ideia (incorreta) de que todos comporiam suas trajetórias com os mesmos conteúdos e atingiriam uma espécie de ponto de chegada ou meta, do mesmo modo. Como teoria universalista, a teoria de Piaget indica que é possível chegar ao pensamento abstrato (operatório-formal) a partir de uma sequência integrativa de construções. Trata-se, assim, de uma hipótese geral, organizadora de observações empíricas sistemáticas relativas aos percursos reais de desenvolvimento, resultantes das influências mútuas da maturação, da experiência, da interação social e da equilibração, como já mencionado. De acordo com a "lógica" integrativa, o autor define, como dito anteriormente, estágios ou períodos de desenvolvimento da inteligência, que serão também referência para a sua teorização sobre a evolução da afetividade.

Essa perspectiva se difundiu no Brasil não somente na área de Psicologia do Desenvolvimento, mas também nas áreas de Filosofia, Física, Educação e Educação Física, com estudos realizados em instituições públicas e privadas. As dimensões do desenvolvimento mais frequentemente estudadas são: desenvolvimento cognitivo, moral e social, com investigações que utilizam intervenções baseadas no método clínico e nos conceitos de equilibração, tomada de consciência, moralidade, inteligência e afetividade. Merecem ênfase as investigações brasileiras desenvolvidas por grupos de pesquisa do Instituto de Psicologia da Universidade de São Paulo (IPUSP), do Departamento de Psicologia Social e do Desenvolvimento do Centro de Ciências

Humanas e Naturais (CCHN) da Universidade Federal do Espírito Santo (UFES), da Faculdade de Educação da Universidade Estadual de Campinas (FE-Unicamp) e da Universidade Estadual Paulista (UNESP), *campus* de Marília. Podem ser apontados, entre os temas estudados nessas instituições, os seguintes: relações entre moral e ética no desenvolvimento (LA TAILLE, 2006); relações entre afetividade e inteligência no desenvolvimento psicológico (DE SOUZA, 2017); intervenção com jogos, tomada de consciência de procedimentos e atitudes favoráveis à aprendizagem e ao desenvolvimento (DE SOUZA *et al.*, 2014); educação pelos valores; *bullying* (VINHA; TOGNETTA, 2009); jogos e transtornos do desenvolvimento (MISSAWA; ROSSETTI, 2008); intervenções escolares, contexto familiar e desenvolvimento moral (CAETANO, 2004), e o prazer de aprender: dimensões afetivas e intelectuais (GARBARINO, 2017). Entre os pesquisadores aqui mencionados, destacamos os estudos de La Taille sobre a moralidade, a distinção entre moral (ligada às regras e ao dever) e a ética (ligada à Vida Boa), bem como sobre a construção da personalidade ética e o si-mesmo moral, a partir dos valores e das complexas relações entre as dimensões afetivas e intelectuais do desenvolvimento. Essas investigações formam um *corpus* empírico que orienta estudos sobre a gênese da moral na criança, as transgressões e as ações morais, não somente no contexto da pesquisa psicológica, mas também em outras áreas, como Educação e Direito. É possível notar que a perspectiva de Piaget fundamenta tanto estudos empíricos quanto teóricos, assim como investigações que utilizam intervenções baseadas nos princípios da epistemologia genética piagetiana, anunciando novos temas pertinentes ao contexto contemporâneo. Os resultados desses trabalhos são divulgados regularmente em eventos nacionais e internacionais, bem como em publicações sob a forma de artigos científicos, livros, capítulos de livro e outros produtos de divulgação impressos e *on-line*. O leitor interessado nesses estudos pode acessá-los por meio de ferramentas de busca acadêmica, tais como Google Acadêmico, Web of Science, SciELO, entre outras.

PARA SABER MAIS

E Elaborar Atividades, Sugerimos os Seguintes Materiais Complementares:

1. Universidade Estadual Paulista (UNESP), *campus* de Marília

   - Grupo de Estudos e Pesquisas em Aprendizagem e Desenvolvimento na Perspectiva Construtivista (GEADEC). Disponível em: http://www.dgp.cnpq.br/dgp/espelhogrupo/836763500389711. Acesso em: 29 set. 2022.

   - Grupo de Estudo e Pesquisa em Epistemologia Genética e Educação (GEPEGE). Disponível em: http://www.dgp.cnpq.br/dgp/espelhogrupo/9960155130261480. Acesso em: 29 set. 2022.

   - Grupo de Estudos e Pesquisas em Psicologia Moral e Educação Integral (GEPPEI). Disponível em: http://www.dgp.cnpq.br/dgp/espelhogrupo/4275597831045244. Acesso em: 29 set. 2022

36 Psicologia do Desenvolvimento

2. Faculdade de Educação da Universidade Estadual de Campinas (Unicamp)

- Grupo de Estudos e Pesquisas em Psicopedagogia (GEPESP). Disponível em: http://dgp.cnpq.br/dgp/espelhogrupo/3663470625935485. Acesso em: 29 set. 2022.

- Laboratório de Psicologia Genética (LPG). Disponível em: http://dgp.cnpq.br/dgp/espelhogrupo/608426. Acesso em: 29 set. 2022.

3. Instituto de Psicologia da Universidade de São Paulo (IP-USP)

- Laboratório de Estudos sobre Desenvolvimento e Aprendizagem (LEDA). Disponível em: https://www.ip.usp.br/site/laboratorio-de-estudos-sobre-desenvolvimento-e-aprendizagem-leda-lapp/. Acesso em: 29 set. 2022.

- Grupo de Pesquisa em Psicologia do Desenvolvimento Moral (GPDM). Disponível em: https://lucianacaetano.com.br/site/gpdm-ipus/. Acesso em: 29 set. 2022

4. Universidade Federal do Espírito Santo (UFES). Departamento de Psicologia Social e do Desenvolvimento do Centro de Ciências Humanas e Naturais (CCHN)

- Laboratório de estudos do desenvolvimento humano (LEDHUM). Disponível em: https://psicologia.ufes.br/pt-br/laborat%C3%B3rios-e-n%C3%BAcleos-do-departamento-de-psicologia-social-e-do-desenvolvimento. Acesso em: 29 set. 2022

5. Jean Piaget Society – entidade internacional de estudos e pesquisas sobre o desenvolvimento humano, a partir de diferentes perspectivas teóricas. No *site* da instituição, há um interessante material acerca da biografia e da obra de Piaget. Disponível em: https://piaget.org/. Acesso em: 29 set. 2022.

6. Archives Jean Piaget. Esse arquivo, instalado na biblioteca da Universidade de Genebra, reúne escritos originais de Piaget, traduções de seus livros e livros escritos por autores de todo o mundo sobre a epistemologia genética. É possível encontrar também imagens e vídeos a respeito das pesquisas do autor, além de material bibliográfico. Disponível em: Piaget Archives. https://archivespiaget.ch. Acesso em: 29 set. 2022.

7. Filme *Jean Piaget* (2006). Coleção Grandes Educadores. Produção: Atta Mídia. Texto e apresentação: Prof. Yves de La Taille. Disponível no YouTube, no canal "NPDGirassol", em: https://www.youtube.com/watch?v=rRLukE2HGzA&t=10s. Acesso em: 29 set. 2022.

REFERÊNCIAS BIBLIOGRÁFICAS

CAETANO, L. Relação escola e família: uma proposta de parceria. **Dialógica**, 2004. Disponível em: http://www.revistaintellectus.com.br/artigos/1.6.pdf. Acesso em: 29 set. 2022.

DE SOUZA, M. T. C. C. Relações entre afetividade e inteligência no desenvolvimento psicológico da criança: perspectivas teóricas e investigações empíricas. **Schème – Revista Eletrônica de Psicologia e Epistemologia Genéticas**, v. 9, número especial, 2017. Disponível em: www.marilia.unesp.br/scheme. Acesso em: 29 set. 2022.

Epistemologia genética de Jean Piaget 37

DE SOUZA, M. T. C. C. *et al*. Does playing games contribute to develop better attitudes? **Psychology Research**, v. 4, n. 4, p. 301-309, 2014.

GARBARINO, M. I. **Construção do prazer de pensar e desenvolvimento**: um estudo teórico-clínico com crianças em dificuldade escolar. Tese (Doutorado) – Instituto de Psicologia, Universidade de São Paulo, São Paulo, 2017.

LA TAILLE, Y. **Moral e Ética**: dimensões intelectuais e afetivas. Porto Alegre: ArtMed, 2006.

MISSAWA, D. D. A.; ROSSETTI, C. B. Desempenho de crianças com e sem dificuldades de atenção no jogo Mancala. **Arquivos Brasileiros de Psicologia**, v. 60, n. 2, 2008.

PIAGET, J. **A construção do real na criança**. São Paulo: Ática, 2002. Original publicado em 1937.

PIAGET, J. **A equilibração das estruturas cognitivas**: problema central do desenvolvimento. Rio de Janeiro: Zahar, 1976. Original publicado em 1974.

PIAGET, J. **As formas elementares da Dialética**. Trad. Fernanda Mendes Luiz. São Paulo: Casa do Psicólogo, 1996. Original publicado em 1980.

PIAGET, J. **Fazer e compreender**. São Paulo: Melhoramentos; EDUSP, 1978. Original publicado em 1974.

PIAGET, J. **O juízo moral na criança**. São Paulo: Summus, 1994. Original publicado em 1932.

PIAGET, J. **Seis estudos de Psicologia**. Trad. Maria Alice Magalhães D'Amorim e Paulo Sérgio Lima Silva. 25. ed. Rio de Janeiro: Forense Universitária, 1976. Original publicado em 1964.

PIAGET, J. **Tomada de consciência**. São Paulo: Melhoramentos; EDUSP, 1977. Original publicado em 1974.

PIAGET, J.; INHELDER, B. **A psicologia da criança**. Rio de Janeiro: Difel, 2013. Original publicado em 1966.

VINHA, T. P.; TOGNETTA, L. P. Construindo a autonomia moral na escola: os conflitos interpessoais e a aprendizagem dos valores. **Revista Diálogo Educacional**, Curitiba, v. 9, n. 28, p. 525-540, set./dez. 2009.

5 Teoria histórico-cultural de Lev Vygotsky

Lev Vygotsky (1896-1934) teve formação multidisciplinar: Artes, Medicina, Psicologia, realizando um trabalho de caráter interdisciplinar. A morte prematura aos 37 anos e a censura de seu país de origem (Rússia) para que seus estudos fossem amplamente divulgados em outros países, restringiram a possibilidade de diálogo com outros autores, por exemplo, Piaget. Suas ideias enfatizaram o interacionismo e a importância da relação entre a genética e a cultura, entre a filogênese e a ontogênese, ressaltando o papel do que denominou funções mentais superiores, características dos seres humanos e responsáveis pelo desenvolvimento tanto do pensamento quanto da linguagem. Seus colaboradores mais frequentes, Luria e Leontiev, dirigiram seu olhar para as bases genéticas da mente e as funções do gesto, da palavra e do pensamento em diferentes espécies. Do conjunto dos trabalhos de Vygotsky é possível

40 Psicologia do Desenvolvimento

compreender seu interesse principal: o estudo sobre a consciência humana. Podem ser destacadas três obras desse autor que contribuem para o entendimento do desenvolvimento psicológico: *A formação social da mente* (1930/1999), *A construção do pensamento e da linguagem* (1934/2001) e *Desenvolvimento psicológico na infância* (1932/1999). As caracterizações de Vygotsky a respeito da formação de conceitos, assim como sobre as relações entre pensamento e linguagem e a mediação histórico-cultural na interação entre indivíduo e mundo, conferem a essa perspectiva o caráter desenvolvimentista descrito neste livro. Também devem ser apontadas as contribuições dessa abordagem para as relações entre desenvolvimento e aprendizagem, bem como entre ensino e aprendizagem, sendo a mediação do professor fundamental para o que denominou zona de desenvolvimento proximal. Esse conceito, segundo o qual a criança poderia construir conhecimentos e executar ações com a mediação do outro, é relevante para o contexto educacional e pode contribuir para a atividade didática. Nota-se, então, nesse ponto, uma importante diferença entre as teorias de Piaget e de Vygotsky: o tipo de mediação privilegiada, nesse caso, a histórico-cultural, cujo representante principal é a linguagem. Essa última apresenta importância central na abordagem do autor, especialmente no que se refere à palavra como unidade de encontro ou interseção entre pensamento e linguagem.

Tomemos a esse respeito a teorização sobre as relações entre pensamento e linguagem. No âmbito da apresentação sobre essas relações, o autor focaliza as raízes genéticas do pensamento e da linguagem por meio de duas dimensões: a comparação entre o ser humano e os macacos e gorilas, demonstrando que esses últimos utilizam ferramentas para a comunicação incluindo mímicas, sem que se possa dizer, no entanto, que possuam pensamento; e a apresentação da formação de conceitos, em uma progressão gradativa e integrativa desde os amontoados de objetos de modo sincrético, passando pelo pensamento por complexos de diferentes tipos (cujos critérios ainda são subjetivos) e pelos pseudoconceitos, até chegar aos conceitos construídos de modo objetivo. A função da comunicação e da linguagem por meio de sons está presente e tem papel fundamental no grupo dos primatas, mas não está relacionada com funções intelectuais nem é intencional, tendo como função a expressão de reações instintivas. Essas comparações permitem ao autor argumentar que o ser humano se diferencia de outras espécies justamente pela capacidade representacional e racional, o pensamento, o que confere outra natureza ao desenvolvimento.

Vygotsky argumenta que o estudo filogenético é importante para a compreensão da ontogênese, diferenciando pensamento, linguagem e comunicação. Afirma que as raízes genéticas do pensamento e da linguagem são diferentes e sua evolução é definida por curvas distintas, as quais possuem pontos de contato/encontro, dos quais se destaca a palavra e o pensamento verbal. Diferentemente de Piaget, o autor apresenta o desenvolvimento do pensamento como consequência do desenvolvimento da linguagem, uma vez que esta lhe oferece ferramentas para a comunicação. Ambos têm uma função "desenvolvimentista", permitindo a evolução do que denominou funções mentais superiores. Essa perspectiva indica fatores interacionais e culturais como determinantes para a evolução psicológica, o que fica muito claro na obra citada com a apresentação detalhada de estudos experimentais. O método experimental, aliado ao de observação, é enfatizado por Vygotsky como o único capaz de produzir dados replicáveis de um ponto de vista científico. Seus colaboradores mais frequentes, Luria e Leontiev, também focalizam a produção experimental de resultados de pesquisa em investigações extensas. A criança não é o foco principal de estudos de Vygotsky a não ser como representante humano e de sua espécie, seguindo o curso de seu desenvolvimento. No entanto, a abordagem do desenvolvimento das relações entre pensamento e linguagem, bem como sobre a formação social da mente, indicam como a criança em desenvolvimento e em contextos de aprendizagem expressa as trajetórias de seu funcionamento mental. No Brasil, há inúmeros grupos de pesquisa fundamentados na perspectiva vygotskyana, alocados em diferentes instituições públicas, por exemplo, a Faculdade de Educação da Universidade de São Paulo (FEUSP), o Instituto de Psicologia da Universidade de São Paulo, a Faculdade de Educação da Universidade Estadual de Campinas (FE/Unicamp) e a Faculdade de Filosofia da Universidade de São Paulo, *campus* de Ribeirão Preto. Destacam-se, entre as temáticas investigadas nessas instituições, as seguintes: brinquedo e Educação Infantil, indisciplina na escola, Vygotsky e uma perspectiva educativa, ensino e aprendizagem escolar.

Assim, apoiados na abordagem sócio-histórica (que é outra forma de denominar a teoria histórico-cultural de Vygotsky), merecem destaque os trabalhos de Rego (2012), sobre uma perspectiva sócio-histórica da Educação, e de Amorim, Anjos e Rossetti-Ferreira (2011), sobre as redes de significações que perpassam as relações entre pares. A primeira autora discute em seus trabalhos a aplicação dos conceitos e princípios vygotskyanos aos contextos educacionais. E as últimas são conhecidas no campo da pesquisa brasileira pelos estudos das interações de crianças pequenas em creches e das práticas educacionais nesse contexto de desenvolvimento. O foco nos processos de significação de crianças pequenas é recorrente em suas pesquisas e publicações. Em Rossetti-Ferreira, Amorim e Oliveira (2009), as autoras apresentam reflexões sobre práticas pedagógicas mediadoras da aprendizagem e do desenvolvimento de crianças em creches e pré-escolas, focalizando as contribuições das pesquisas sobre o desenvolvimento humano para essa discussão. A capacidade de significação como condição especificamente humana, fundamentada na perspectiva sócio-histórica de Vygotsky, é utilizada para investigar os processos de significação em bebês, em suas relações afetivas e vínculos. A partir dessa ideia, foram realizados estudos de casos múltiplos, exploratórios, longitudinais, em contextos diversos (casa, creche, abrigo).

42 Psicologia do Desenvolvimento

PARA SABER MAIS

E Elaborar Atividades, Sugerimos os Seguintes Materiais Complementares:

1. Faculdade de Educação da Universidade Estadual de Campinas (FE/Unicamp):
   - Grupo de Pesquisa Pensamento e Linguagem (GPPL). Disponível em: http://dgp. cnpq.br/dgp/espelhogrupo/7477781652186553. Acesso em: 29 set. 2022.

2. Faculdade de Educação da Universidade de São Paulo (FEUSP):
   - Grupo de Pesquisa: Temas da Educação Contemporânea e a Perspectiva Histórico-Cultural. Disponível em: http://dgp.cnpq.br/dgp/espelhogrupo/757038. Acesso em: 29 set. 2022.

3. PPG em Psicologia do Desenvolvimento e Aprendizagem. Departamento de Psicologia, Faculdade de Ciências/UNESP, *campus* de Bauru. Disponível em: https:// www.fc.unesp.br./grupos de pesquisa. Acesso em: 29 set. 2022.

4. Laboratório Interinstitucional de Estudos e Pesquisas em Psicologia Escolar (LIEPPE). PPG Psicologia Escolar e do Desenvolvimento Humano. IPUSP. Disponível em: www. ip.usp.br/site/laboratórios/103. Acesso em: 29 set. 2022.

5. Filme *LEV VYGOTSKY* (2006). Coleção Grandes Educadores. Produção: Atta Mídia. Texto e apresentação: Prof.ª Marta Kohl de Oliveira. Disponível no YouTube, no canal "NPDGirassol", em: https://www.youtube.com/watch?v=T1sDZNSTuyE. Acesso em: 29 set. 2022.

REFERÊNCIAS BIBLIOGRÁFICAS

AMORIM, K. S.; ANJOS, A. M.; ROSSETTI-FERREIRA, M. C. Processos interativos de bebês em creche. **Psicologia: Reflexão e Crítica**, v. 25, n. 2, p. 378-389, 2011.

REGO, T. C. **Vygotsky**: uma perspectiva histórico cultural da Educação. Petrópolis, RJ: Vozes, 2012.

ROSSETTI-FERREIRA, M. C.; AMORIM, K. S.; OLIVEIRA, Z. L. Olhando a criança e seus outros: uma trajetória de pesquisa em Educação Infantil. **Psicologia USP**, São Paulo, v. 20, n. 3, p. 437-464, jul./set. 2009.

VYGOTSKY, L. **A construção do pensamento e da linguagem**. São Paulo: Martins Fontes, 2001. Original publicado em 1934.

VYGOTSKY, L. **A formação social da mente**. São Paulo: Martins Fontes, 1999. Original publicado em 1930.

VYGOTSKY, L. **Desenvolvimento psicológico na infância**. São Paulo: Martins Fontes, 1999. Original publicado em 1932.

6 Teoria sociointeracionista de Henri Wallon

Henri Wallon (1879-1962) foi um autor que muito influenciou os campos da Psicologia, da Educação, da Filosofia e da Psiquiatria. Seus estudos sobre as influências dos fatores orgânico e social no desenvolvimento da criança são clássicos na Psicologia do Desenvolvimento, contribuindo para a compreensão do que o autor denominou construção da pessoa (*personne*, em francês). Esta depende essencialmente do desenvolvimento do sistema nervoso e do contexto sociocultural. Sua teoria é classificada como uma psicologia da criança, concebida do ponto de vista psicogenético. Para ele, neurologista, o desenvolvimento, em grande parte determinado pelas condições neurológicas, também depende das interações sociais, iniciando-se com a completa imersão do indivíduo, desde o início da vida, no meio social para, gradativamente, tomar uma posição de oposição ao mundo exterior, no sentido de tornar-se alguém distinto e íntegro.

44 Psicologia do Desenvolvimento

Merece destaque a ideia walloniana de que o percurso de uma criança até se tornar adulto não acontece sem obstáculos, bifurcações e voltas, sofrendo a influência do meio (pessoas e coisas). O autor indica que a linguagem é, ao mesmo tempo, um obstáculo e um acesso à criança.

Ao caracterizar os fatores do desenvolvimento psíquico, aponta aqueles que são biológicos e os sociais, afirmando que eles se contrapõem e se complementam mutuamente. Afirma que a história de um indivíduo é dominada, então, por seu genótipo e também é constituída por seu fenótipo. É interessante notar que Wallon busca manter um ponto de vista dialético ao tratar da relação entre fatores biológicos e sociais, ressaltando que entre os dois há uma margem de variação, sendo o genótipo, o intermediário entre o indivíduo e a espécie. Essa discussão se relaciona à visão sobre a relação entre filogênese e ontogênese, opondo-se à ideia apresentada por outras perspectivas, de que a segunda repetiria a primeira, o que negaria, a seu ver, o papel das aprendizagens e das transformações individuais.

Wallon define fases para o desenvolvimento da pessoa, postulando que haveria, em cada período, uma alternância entre a preponderância afetiva e a cognitiva no curso do desenvolvimento, quando ocorreria tanto a construção de conhecimento quanto da pessoa, sendo a evolução concebida como dialética, movida por conflitos, podendo haver, inclusive, regressão a comportamentos de fases anteriores ao estágio atual. De um momento inicial denominado confusionismo, a criança passa a uma fase de oposição do Eu ao mundo (personalismo), que possui também uma fase de afirmação do Eu, para chegar à fase categorial na qual se coloca em diferentes grupos para atuar socialmente. Wallon não aponta detalhadamente idades para as fases, opondo-se à indicação de idades fixas, mas, como veremos, indica algumas idades representativas de mudanças importantes; é possível, assim, reconhecer uma sequência integrativa nas fases apresentadas para que a criança chegue ao que denomina "pessoa completa". Esse desenvolvimento se dá por meio de domínios funcionais, entre os quais o mais importante é o motor, com estágios e tipos.

O ato motor e a afetividade ocupam lugares de destaque na teoria de Wallon sobre a evolução psicológica da criança; o autor dedica ao ato motor, em suas dimensões técnicas e representacionais, um lugar central em sua abordagem. O papel das emoções é particularmente ressaltado por Wallon, desde a predominância inicial, bem como durante todo o desenvolvimento da pessoa, com raízes orgânicas e podendo dar origem às cognições. Diz Dantas (1992):

> Pelo vínculo imediato que instaura com o ambiente social, ela (emoção) garante o acesso ao universo simbólico da cultura, elaborado e acumulado pelos homens ao longo da sua história. Dessa forma é ela que permitirá a tomada de posse dos instrumentos com os quais trabalha a atividade cognitiva. Nesse sentido, ela lhe dá origem (DANTAS, 1992, p. 86).

Do ponto de vista desenvolvimental, esse autor sistematiza a evolução utilizando o conceito de idades sucessivas da infância, explicadas em termos de alternâncias funcionais, predominâncias motoras, afetivas, intelectuais, em diferentes momentos etários e contextos interacionais, com destaque para o escolar (WALLON, 1941/2007). A escola, para Wallon, demanda atividades intelectuais por meio de tarefas que desvinculam a criança de seus interesses espontâneos. O autor critica a homogeneização das tarefas escolares, em idades em que a objetividade ainda não predomina na vida infantil, o que poderia provocar um descompasso.

Pode-se dizer que Wallon caracteriza o desenvolvimento da criança contextualizada, para quem as influências biológicas vão sendo gradativamente substituídas pelas influências sociais. O desenvolvimento é descrito como descontínuo. Ainda que considere a sequência geral mais importante do que a sequência etária, algumas idades são apresentadas pelo autor como ilustrativas de movimentos importantes quanto ao desenvolvimento, a saber:

1. As primeiras semanas de vida (com alternâncias entre comer e dormir);
2. O terceiro mês (com os progressos dos movimentos);
3. O sexto mês (com a organização e a expressividade gestual para expressar emoções);
4. Os últimos quatro meses do primeiro ano de vida (com a sistematização de exercícios sensório motores);
5. O segundo ano (com as conquistas da marcha e da linguagem);
6. A idade de três anos (com o início da fase de oposição, ligada ao desenvolvimento da pessoa);
7. Os quatro anos (com os avanços na compreensão de anedotas e trocadilhos);
8. O período a partir dos cinco anos (com as conquistas e os obstáculos trazidos especialmente pelo contexto escolar);
9. O período de 7 a 12 anos (em que a objetividade e a inserção em grupos sociais predominam, no qual ocorrem as amizades entre pares);
10. O período da puberdade e da adolescência (em que os contornos da pessoa são revistos e comportamentos de oposição podem reaparecer).

Galvão (1995) sintetiza os estágios da psicogenética walloniana da seguinte maneira: estágio impulsivo-emocional, que abrange o primeiro ano de vida e é dirigido pela emoção; estágio sensório-motor e projetivo, que vai até o terceiro ano e no qual predominam as relações cognitivas com o meio; estágio do personalismo, que abrange a faixa dos três aos seis anos e no qual predominam as relações afetivas; estágio categorial, que se inicia por volta dos seis anos, com predomínio dos progressos intelectuais; e estágio da adolescência, em que a personalidade se redefine e, em virtude da predominância da afetividade, questões existenciais, pessoais e morais vêm à tona.

Do mesmo modo como fizeram Piaget e Vygotsky, Wallon se opõe à visão empirista do desenvolvimento, enfatizando as interações e o processo integrativo e dinâmico de evolução que se manifesta também na aprendizagem. Sua abordagem interacionista focaliza tanto a construção do conhecimento quanto a da pessoa. Tendo em vista sua especialidade médica

46 Psicologia do Desenvolvimento

e a época em que elaborou sua teoria, o autor descreve a evolução psicológica da criança tal como apontado anteriormente, como um desenvolvimento de domínios funcionais, cujas raízes são orgânicas. Sua caracterização sobre o ato motor, articulado ao desenvolvimento afetivo, contribui até hoje para pesquisas sobre a evolução psicológica que se expressa no tônus muscular e em emoções hiper ou hipotônicas, com grande importância em termos de significação mental.

Sua perspectiva destaca, ainda, segundo Galvão (2001), a dimensão dialética da expressividade da criança, a serviço da construção do conhecimento e da personalidade (pessoa, para o autor). Há ainda textos relevantes do autor sobre a importância dos grupos na infância, como um contexto de desenvolvimento emocional e no qual a interação sociocognitiva é evidenciada.

Em termos metodológicos, Wallon prioriza a observação como ferramenta que traz informações sobre o percurso de construção da pessoa e os modos como as emoções dirigem ou complementam a predominância da inteligência ao longo da infância. Esse movimento de alternância entre predomínio emocional ou intelectual no contexto de imersão social coloca a perspectiva de Wallon muito próxima de abordagens contemporâneas a respeito do ciclo vital, entendido como um sistema de alternâncias entre determinações genéticas e sociais, afetivas e cognitivas. Quanto ao método, o autor sugere também a análise genética articulada à observação das manifestações dos diferentes domínios funcionais.

Depreende-se da exposição anterior o papel central que a criança ocupa nessa abordagem, pois é somente acompanhando as transformações da pessoa por meio da observação dos domínios funcionais que é possível compreender seu desenvolvimento psicológico.

Para Galvão (1995), a teoria psicogenética de Wallon oferece muitas contribuições para a Educação. Esta área, mais do que a Psicologia, tem produzido estudos e intervenções educacionais, baseando-se na teoria psicogenética de Wallon, por exemplo, Loos-Sant'ana e Gasparin (2013), que investigaram as interações em sala de aula e as vinculações afetivas sob a ótica dessa perspectiva.[1]

No Brasil, podem ser destacadas três pesquisadoras que realizam estudos fundamentados na abordagem walloniana, no campo da Educação e da Psicologia. São elas: as professoras Heloysa Dantas e Izabel Galvão, as quais foram docentes da Faculdade de Educação da Universidade de São Paulo (FEUSP), tendo investigado os temas da expressividade na infância em contextos educacionais, e a professora Maria Isabel Pedrosa, da Universidade Federal de Pernambuco (UFPE). Essa última tem realizado investigações apoiadas na articulação entre a perspectiva walloniana e abordagens contemporâneas (evolucionistas) sobre o desenvolvimento da criança e o cotidiano infantil e as relações entre pares de crianças pequenas, as quais serão apresentadas no Capítulo 9 desta Unidade.

---

[1] No Capítulo 9, sobre interfaces entre perspectivas teóricas, apresentaremos autores brasileiros que, apoiados na abordagem walloniana, articulam-na com perspectivas contemporâneas sobre o desenvolvimento psicológico na infância, ilustrando aproximações produtivas entre abordagens clássicas e atuais.

PARA SABER MAIS

E Elaborar Atividades, Sugerimos os Seguintes Materiais Complementares:

Laboratório de Interação Social Humana (LabInt) – Universidade Federal de Pernambuco (UFPE). Disponível em: https://instagram.com/labintufpe?iqshid=brgka?xbebyu. Acesso em: 29 set. 2022. Vinculado ao Programa de Pós-graduação em Psicologia da UFPE.

E-book. MARTINS, E. (org.). **Configurações do desenvolvimento humano** [recurso eletrônico]. Nova Xavantina, MT: Pantanal, 2021. 199p.

Filme *Henri Wallon* (2006). Coleção Grandes Educadores. Produção: Atta Mídia. Texto e apresentação: Prof.ª Izabel Galvão. Disponível no YouTube, no canal "NPDGirassol", em: https://www.youtube.com/watch?v=ebt2iaiV9U8. Acesso em: 29 set. 2022.

REFERÊNCIAS BIBLIOGRÁFICAS

DANTAS, H. A afetividade e a construção do sujeito na psicogenética de Wallon. In: LA TAILLE, Y.; OLIVEIRA, M. K.; DANTAS, H. **Piaget, Vygotsky, Wallon**: teorias psicogenéticas em discussão. São Paulo: Summus, 1992.

GALVÃO, I. Expressividade e emoção: ampliando o olhar sobre as interações sociais. **Revista Paulista De Educação Física**, São Paulo, supl. 4, p. 15-31, 2001.

GALVÃO, I. **Henri Wallon**: uma concepção dialética do desenvolvimento infantil. Petrópolis, RJ: Vozes (Educação e Conhecimento), 1995.

LOOS-SANT'ANA, H.; GASPARIM, L. Investigando as interações em sala de aula: Wallon e as vinculações afetivas entre crianças de cinco anos. **Educação em Revista**, Belo Horizonte, v. 29, n. 3, p. 199-230, set. 2013.

WALLON, H. **A evolução psicológica da criança**. São Paulo: Martins Fontes: 2007. Original publicado em 1941.

7 Teorias psicanalíticas e o desenvolvimento

A Psicanálise não é uma teoria do desenvolvimento. Também não é uma teoria psicológica, e a tal ponto, sua definição é complexa e controversa, não podendo ser estritamente circunscrita ao âmbito da ciência. As divergências contemporâneas acerca de qual campo epistemológico lhe corresponderia ocupar talvez sejam uma projeção irredutível do caráter transgressor da Psicanálise na história do pensamento humano, desde suas origens. Admitir o inconsciente no centro da ação dos sujeitos e o desenvolvimento psicossexual desde o nascimento resultou inédito, mas gerou, e continua gerando, rejeições e polêmicas. Nesse sentido, vale lembrar, por exemplo, que até o final do século XIX a sexualidade da criança era omitida ou circunscrita a casos curiosos ou de depravação precoce. Assim,

50 Psicologia do Desenvolvimento

considerando a amplitude, a densidade teórica e os vastos alcances da Psicanálise, nos centraremos aqui nas suas contribuições específicas para o campo do desenvolvimento humano.

A Psicanálise é, ao mesmo tempo, um corpo teórico, um método de investigação e uma técnica de tratamento clínico. Seu criador, Sigmund Freud (1856-1939), formou-se em Medicina e se especializou em Neurologia. Viveu a maior parte de sua vida em Viena, escrevendo e atendendo pacientes em seu consultório. Nesse contexto, a pergunta que deu origem à Psicanálise foi oriunda do campo da clínica quando, especificamente, Freud se perguntava acerca da etiologia e da cura das neuroses. Em diversas obras, o "pai da Psicanálise" explicitou que seu interesse pelo desenvolvimento infantil surgiu de maneira indireta no intuito de responder a essas questões. Portanto, embora delinear mecanismos da gênese e da evolução da vida mental da criança não fosse um fim em si mesmo, acabou sendo uma parte extensa e consistente da elaboração teórica freudiana. É justamente dessa fecunda contribuição para o campo do desenvolvimento que nos ocuparemos neste capítulo.

O método da Psicanálise se gestou no campo da clínica e foi, principalmente, um método interpretativo. A demanda de associação livre dos pacientes deu origem à definição de "cura pela palavra". Esse método foi especialmente transmitido, por um lado, nos textos freudianos conhecidos como "técnicos" e, por outro lado, em cinco extensos e detalhados casos clínicos paradigmáticos da Psicanálise: Homem dos lobos, Homem dos ratos, Schreber, Dora e o pequeno Hans. À exceção do caso do pequeno Hans e de algumas observações realizadas com seus netos e filhos (ou recebidas de colaboradores), Freud postulou o desenvolvimento psicossexual infantil com base na escuta das lembranças de adultos em análise.

O sujeito da Psicanálise é permeado pela lógica do desejo e do inconsciente. Assim, coloca em xeque o predomínio da razão e da consciência nas explicações acerca do comportamento humano, dando primazia a um sujeito dividido que frequentemente desconhece a causa ou os motivos das suas ações. O sujeito da Psicanálise é constituído na interação de fatores hereditários e vivências acidentais, dialética definida no conceito de "séries complementares" que explica a etiologia das neuroses. Desse modo, a causa e a origem das diversas manifestações humanas se entrelaçam na ação recíproca de disposições inatas e experiências subjetivantes. Nessa complexidade, a distinção entre o normal e o patológico é ambígua porque, para Freud, o sofrimento deve-se a desarmonias quantitativas energéticas, e não a diferenças qualitativas dos mecanismos psíquicos. Ainda que essa distinção envolva decorrências, seu valor é convencional e "não é cientificamente viável traçar uma linha de demarcação entre o que é psiquicamente normal e anormal" (FREUD, 1938/1974, p. 142). As vagas fronteiras entre o normal e o patológico foram o foco da obra *Psicopatologia da vida cotidiana* (1901), em que demonstra como o inconsciente está presente no nosso dia a dia, manifestando-se em sonhos, piadas, esquecimentos e atos falhos. No contexto clínico, esse material do inconsciente é a matéria-prima para a interpretação do psicanalista. Mas é só a partir da consciência que temos notícias desse conteúdo inconsciente. Sabemos acerca dos sonhos pelo relato que construímos com o lembrado da atividade onírica.

Teorias psicanalíticas e o desenvolvimento **51**

O estudo do desenvolvimento humano nos conduz a outra diferença significativa da Psicanálise com relação a outras teorias no que se refere ao estatuto do termo "infantil". Na Psicanálise, infância não resulta análogo a infantil, e o infantil não remete exclusivamente à criança. Essa distinção toma subsídio na diferença entre o tempo lógico e o cronológico que demarca uma lógica *a posteriori*, porque o infantil está sempre presente na sexualidade, nos sintomas e no Eu dos adultos. É por isso que Freud dava tanta importância às lembranças da infância de seus pacientes. Essa ideia de um núcleo do infantil, que permanece e se transforma ao longo do ciclo vital, não comporta um olhar determinista, ainda que Freud tenha destacado o papel dos primeiros cinco anos de vida, especialmente à luz do protagonismo do Complexo de Édipo na sua teoria.

O dinamismo das transformações subjetivas permanece ao longo do ciclo vital, por exemplo, na constituição da orientação sexual que não se define antes da puberdade, etapa durante a qual o Complexo de Édipo da infância é reeditado (retomaremos essas ideias no Capítulo 16). Em uma perspectiva do desenvolvimento, Freud (1913/1996, p. 185) afirmou que: "desde o início, a psicanálise dirigiu-se no sentido de delinear *processos de desenvolvimento*. Começou por descobrir a gênese dos sintomas neuróticos e foi levado, à medida que o tempo passava, a voltar sua atenção para outras estruturas psíquicas e a *construir uma psicologia genética* que também se lhe aplicasse" (grifo nosso).

Atualmente, a teoria psicanalítica extrapola o âmbito clínico ou do consultório e permite pensar não só o desenvolvimento, mas também problemas sociais, educacionais e políticos da nossa cultura. A psicanálise é plural porque envolve diversas escolas e linhas teóricas que foram se constituindo após Freud, tais como as escolas inglesa e francesa, e a chamada "escola de Frankfurt". Dentro do primeiro grupo podemos situar, principalmente, a psicanálise lacaniana, e no segundo, a kleiniana. Alguns dos autores mais reconhecidos da psicanálise francesa e anglo-saxã são Jacques Lacan, Françoise Dolto, Piera Aulagnier, Melanie Klein e Donald Winnicott. Entretanto, ainda na diversidade de releituras da obra freudiana e de novas propostas e articulações teóricas, há conceitos que são pilares da Psicanálise e que nenhum autor que se pretenda desse campo pode subestimar. Trataremos deles ao longo deste capítulo, desde uma perspectiva freudiana. Para facilitar sua exposição didática, foram organizados em dois eixos articulados: por um lado, é salientada a gênese do aparelho psíquico, e por outro lado, a constituição do Eu e do pensamento.

GÊNESE DO APARELHO PSÍQUICO: CONSCIENTE, PRÉ-CONSCIENTE E INCONSCIENTE

Diferentemente da Psicologia da época do final do século XIX, uma das grandes contribuições freudianas foi negar a equivalência entre o psíquico e o consciente. Assim, o grande diferencial da teoria psicanalítica para entender a constituição do psiquismo é o conceito de Inconsciente. O conteúdo da consciência é pequeno em comparação com o inconsciente e, além disso, a maior parte do "conhecimento consciente" deve permanecer por muito tempo em estado de latência, ou seja, inconsciente. Esse postulado lembra a figura de um *iceberg*, cuja ponta, ou

52   Psicologia do Desenvolvimento

seja, sua parte visível, é o consciente que se assenta em mecanismos psíquicos ocultos que constituem a parte submersa e de maior magnitude. Contudo, para a Psicanálise, o termo "inconsciente" tem duplo sentido. Por um lado, no sentido descritivo, adjetiva mecanismos desconhecidos para o próprio sujeito, e por outro lado, no seu sentido sistêmico, designa uma legalidade própria baseada em processos inerentes que modelam o funcionamento do inconsciente como instância psíquica. É por isso que, muitas vezes, a Psicanálise foi denominada como "psicologia profunda" e o inconsciente, como "subconsciente".

Entretanto, o inconsciente se manifesta no cotidiano e encontra formas de se expressar, para além da intenção volitiva consciente. A gênese dessas manifestações foi explicada por Freud a partir de um modelo de aparelho psíquico, estrutura organizada pelo conflito e pelas relações de cooperação entre os sistemas Consciente, Pré-consciente e Inconsciente. Esse modelo do psiquismo, conhecido como primeira tópica ou modelo topológico, foi elaborado ao longo de toda a obra freudiana, mas muito especialmente em seus primeiros escritos denominados "metapsicológicos", tais como O Inconsciente, de 1915. A metapsicologia refere-se às três dimensões dos processos psíquicos do aparelho: a dinâmica dos processos mentais, a topografia psíquica (ou seja, os sistemas nos quais se verificam) e o aspecto econômico relacionado com as quantidades de excitação do aparelho.

A respeito das legalidades de cada instância (Consciente, Pré-consciente e Inconsciente), destaca-se a distinção entre processos primários e secundários, que definem dois modos de funcionamento do psiquismo, que serão descritos a seguir. Os primários caracterizam o sistema Inconsciente e tendem a investir energeticamente nas representações ligadas a experiências de satisfação. Eles deixam fluir livremente a energia que passa sem entraves de uma representação à outra pelos mecanismos de deslocamento e condensação, típicos das produções oníricas. O deslocamento consiste na transposição de características próprias de um objeto para outro, e a condensação na justaposição de qualidades, imagens, personagens ou ações que se misturam e se apresentam de forma sincrética (por exemplo, em um sonho, os óculos ou o cabelo característico de uma pessoa aparecem em outra).

Já no sistema Pré-consciente/Consciente dominam os processos secundários que ligam a energia para garantir seu fluxo controlado. Graças aos processos secundários a satisfação é adiada, permitindo experiências mentais que avaliam as satisfações possíveis e se antecipam a resultados desejáveis ou não. Constituem as clássicas funções de pensamento, atenção, juízo, raciocínio e ação controlada. Tornam-se possíveis pela constituição do Eu (instância que será explicada no seguinte item), cuja função é inibir o processo primário negociando com as exigências do Supereu e da realidade. Assim, os processos secundários dependem de um bom investimento energético do Eu e da interpretação e utilização das indicações da realidade.

A distinção entre os sistemas Pré-consciente e Consciente não é categórica: compartilham características funcionais e a censura que os separa não é rigorosa. O conteúdo consciente, por vezes, não é consciente, mas latente, e o "tornar-se consciente" dependerá do seu investimento energético e da função psíquica da "atenção" do pré-consciente voltada para certas direções (FREUD, 1915/1996). O núcleo do sistema inconsciente são os impulsos carregados

Teorias psicanalíticas e o desenvolvimento **53**

de desejo que dinamizam o aparelho psíquico. Diferentemente da consciência, os processos inconscientes são atemporais, dispensam pouca atenção à realidade e estão sujeitos ao desejo regido pelo princípio de prazer. Os processos conscientes dependem da lógica e da organização sequencial regida pelo princípio de realidade.

Desse modo, a descarga do Inconsciente passa à inervação somática e à Consciência pela mediação do Pré-consciente, instância intermediária entre o inconsciente e a consciência que permite a inibição da descarga direta e funciona dando ordem temporal aos conteúdos representacionais. Esse ordenamento dos desejos e das manifestações do inconsciente tende a ser afiançado ao longo da vida adulta, etapa na qual o sistema Inconsciente atua como uma fase preliminar da organização consciente, posterior e superior em termos qualitativos. Superior ou "mais elevada", nas palavras de Freud (1938), porque, diferentemente da lógica e da reflexão consciente, o Inconsciente não funciona pelo princípio de não contradição. Os sonhos são a manifestação que melhor ilustra esse aparente "sem sentido" de seu conteúdo.

A prioridade cronológica dos processos primários resulta especialmente significativa para pensar o desenvolvimento infantil desde a ótica da Psicanálise. Os processos primários estão presentes no aparelho psíquico desde o início do ciclo vital e os secundários se desdobram somente com o decorrer da vida, com o objetivo de inibir e se sobrepor aos primários. Esse aparecimento tardio traz duas importantes consequências: por um lado, os desejos inconscientes exercem uma força que poderá ser "aquecida" pelas tendências anímicas posteriores ou desviada para objetivos mais elevados; em contrapartida, por outro lado, muito do material mnêmico fica inacessível ao posterior investimento pré-consciente. Assim, as moções de desejo provêm da infância e não podem ser inibidas nem destruídas, mas ressignificadas e reelaboradas. Essa elaboração constante se produz em um entramado de significações construídas no laço social com outros.

As ressonâncias psicogenéticas da progressiva diferenciação desses processos envolvem a possibilidade de um equilíbrio dinâmico na dialética do funcionamento do psiquismo com base no princípio de prazer e de realidade. Essa tendência ao equilíbrio entre o que se deseja e o que a realidade permite não é uma conquista fechada e atingida de uma vez para sempre. O conflito incontornável entre os sistemas consciente e inconsciente constitui a base da vida psíquica e do sintoma.[1] Em síntese, as relações Consciência – Inconsciente não são exclusivamente antagônicas e precisam ser abordadas como instâncias psíquicas de um modelo dialético do aparelho psíquico. Essa dinâmica foi complexificada por Freud a partir do modelo psíquico da segunda tópica que abordaremos a seguir.

EU, SUPEREU E ISSO: A PSICOGÊNESE DO PENSAR

Antes de iniciar o desenvolvimento deste item, gostaríamos de realizar um esclarecimento importante com relação aos termos "Eu", "Supereu" e "Isso". Até recentemente, a tradução das

---

[1] A fim de nos circunscrever à dimensão do desenvolvimento, não nos adentramos aqui no campo do sintoma e do seu tratamento.

54 Psicologia do Desenvolvimento

obras freudianas ao português era realizada do inglês, portanto prevaleciam os termos "Ego", "Superego" e "Id" (tradição especialmente oriunda da *Edição Standard Brasileira das Obras Psicológicas Completas de Sigmund Freud*, cuja tradução ao inglês é de James Strachey). Entretanto, atualmente, as traduções realizadas no Brasil (de diversas editoras) são feitas diretamente do alemão para o português. Algumas traduções de termos específicos despertam controvérsias (tais como instinto/pulsão); entretanto, encontra-se um consenso com relação à preferência dos termos "Eu", "Supereu" e "Isso". Não obstante, cabe esclarecer que o leitor poderá encontrar ainda os vocábulos "Ego", "Superego" e "Id" em várias edições das obras freudianas e textos de autores pós-freudianos.

Tendo feito essa ressalva, começaremos apontando que foi em 1920 que Freud ampliou o modelo das estruturas da primeira tópica (consciente, pré-consciente e inconsciente) apresentando um novo sistema do aparelho psíquico conhecido como "segunda tópica". Esse modelo, denominado "dinâmico", também foi organizado em três instâncias: o Eu, o Supereu e o Isso. No primeiro capítulo da obra *Esboço da psicanálise* (1938/1974),[2] intitulado "O aparelho psíquico", Freud afirma que chegou ao conhecimento do seu funcionamento e organização a partir do estudo do "desenvolvimento individual dos seres humanos". Vale destacar que a primeira e segunda tópicas estão intrinsecamente articuladas em relações de reciprocidade e simultaneidade.

Em uma perspectiva psicogenética, o Isso é a mais antiga das instâncias do aparelho, sede das pulsões que se originam da organização somática. É o reservatório de energia psíquica, e por ser inconsciente funciona com base na legalidade do princípio de prazer (explicado anteriormente). O processo primário intervém nos elementos psíquicos do Isso; portanto, ao estarem isentos das críticas da lógica, diferem daqueles que resultam familiares na percepção consciente da vida intelectual e emocional. Desde o nascimento, o Isso sofre modificações sob a influência do mundo externo. Dessa organização surge uma instância intermediária e progressivamente diferenciada do Isso e do mundo chamado Eu.

O Eu é a estrutura responsável pela mediação e pela conciliação entre mecanismos internos, como os desejos e os impulsos do Isso e os mandatos do Supereu, e mecanismos externos, como as interdições e as limitações socioculturais. Cabe lembrar que, como todos esses processos são construídos no seio de relações sociais, uma oposição taxativa entre fatores endógenos e exógenos não se sustenta desde a Psicanálise. Além disso, o Eu é em parte consciente e em parte inconsciente. Diante de níveis elevados de angústia, pode ativar mecanismos de defesa, como o recalque. Entre as principais funções do Eu podemos destacar: comandar o movimento voluntário e a autopreservação, evitar estímulos excessivamente intensos, armazenar experiências, lidar com estímulos moderados (adaptação) e aprender a produzir modificações no mundo externo para seu benefício. Perante essas funções, pode-se inferir que a percepção da realidade joga um papel fundamental para essa instância. Com relação ao

---

[2]Recomendamos a leitura desse importante texto que constitui um esforço de sistematização didática dos principais postulados psicanalíticos sobre o psiquismo.

mundo interno, o Eu controla as exigências das pulsões, adiando a satisfação para ocasiões favoráveis ou suprimindo-as (FREUD, 1938/1974).

Como foi comentado, durante a infância, a diferenciação, a organização e a prevalência dos processos primários e secundários estão em desenvolvimento. Esses processos psíquicos são afiançados pela instauração do Supereu, instância psíquica herdeira da dissolução do complexo de Édipo[3] que entrelaça a autoridade e as exigências dos pais internalizados, o sentimento de culpa, o nojo, a vergonha e o Ideal do Eu. Sua severidade nem sempre provém de um modelo fornecido pelos pais reais, portanto o Supereu "não segue um modelo real, mas corresponde à força da defesa utilizada contra a tentação do complexo de Édipo" (FREUD, 1938/1974, p. 149). Estudos contemporâneos pesquisam de que maneira o Supereu resulta culturalmente incitado com base em normativas sócio-históricas que obrigam o sujeito a procurar novas maneiras de canalizar seus impulsos incestuosos, exercendo, assim, uma tarefa mediadora (URRIBARRI, 2012).

Na segunda tópica, Freud postulou uma dissecação topográfica do aparelho psíquico em Eu e Isso, cuja diferença qualitativa é homóloga à da distinção entre Consciência e Inconsciente. A distinção reside nas leis às quais obedecem e nas relações dinâmicas de uma energia livremente móvel e outra ligada, respectivamente. São as leis dos processos do Inconsciente e do Isso, denominadas processos primários, e do Eu e da Consciência, denominadas processos secundários (explicadas no item anterior). Assim, nessa organização psíquica, outra das funções do Eu consiste em realizar a passagem dos acontecimentos do Isso a um nível dinâmico superior, transformando a energia livremente móvel em energia ligada. Essa função do Eu, orientada pelo princípio de realidade, resulta, nas palavras de Freud, "construtiva", porque interpola a atividade do pensamento entre as exigências das pulsões e as ações que a satisfazem. Um exemplo dessa construção são as teorias sexuais infantis, produção simbólica que responde à legalidade do aparelho psíquico infantil no qual a fronteira entre princípio de prazer e de realidade ainda é ambígua.

Esse processo de ligação da energia psíquica dá origem a uma das principais funções do Eu: o pensamento reflexivo. Como é definido na ótica psicanalítica? O pensar é entendido na confluência dos modelos do aparelho psíquico da primeira e segunda tópicas e dos postulados que denotam as diferenças entre suas legalidades consciente e inconsciente. No texto *Formulações sobre os dois princípios do funcionamento mental* (1911/1996), Freud postula uma gênese do pensar cuja origem se situa na suspensão da descarga motora e na consequente capacidade de representação e simbolização. O pensamento permite ao aparelho psíquico suportar a tensão do estímulo pela transformação dos investimentos livremente deslocáveis em investimentos ligados e articulados, o que possibilita uma elevação do nível do processo de investimento em seu conjunto. No início, o pensar é inconsciente e progressivamente adquire novas qualidades perceptíveis para a consciência pela ligação com os restos de palavras.

---

[3]As teorias sexuais infantis e o conceito de Complexo de Édipo são desenvolvidos no Capítulo 16 da Unidade 5, em que é abordada a construção do conhecimento sobre sexualidade e gênero.

56 Psicologia do Desenvolvimento

Na interação do sujeito com o mundo físico e social, o processo primário descarrega sua carga de excitação estabelecendo uma identidade perceptiva com a vivência de satisfação. Simultaneamente, o processo secundário impõe uma inibição e correção ao processo primário, buscando uma identidade de pensamento com essa vivência. Essa inibição só pode ser constituída no vínculo com os outros, nos laços familiares, escolares e gestados em diversos contextos sociais que oferecem possibilidades e limites para o desdobramento do desejo.

Se o processo primário não fosse inibido e o ser humano fosse regido exclusivamente pela repressão do desagradável e o menosprezo da realidade objetiva, estaria continuamente alucinando e careceria de toda possibilidade de pensar e, portanto, de sobreviver. O pensar "tem que se interessar pelas vias de ligação entre as representações sem se deixar extraviar pelas intensidades dessas representações" (FREUD, 1938/1974, p. 629). Entretanto, embora a consciência busque atingir um refinamento da operação do pensamento, ele está sempre exposto a um falseamento por interferência do princípio de prazer/desprazer. Essas distorções do princípio de prazer podem ser observadas tanto nas ideias das crianças sobre o mundo quanto nas representações dos adultos. Nesse sentido, pode-se afirmar que pensar e desejar estão irredutivelmente entramados.

A gênese do pensamento no bebê e seu progressivo desenvolvimento em crianças pequenas ilustra esse percurso da constituição do aparelho psíquico freudiano. A direção do pensamento da criança é a imaginação e não a pesquisa lógica e sistemática. As fantasias e o pensamento imaginativo, característicos dessa etapa, são explicados por Freud pela dialética das legalidades do aparelho psíquico: "na gênese do princípio de realidade, uma das espécies de atividade do pensar foi separada; ela foi liberada no teste de realidade e permaneceu subordinada somente ao princípio de prazer" (FREUD, 1911/1996, p. 240). Essa atividade é o fantasiar, considerada como a expressão da tendência do nosso aparelho psíquico a aferrar-se ao princípio de prazer. Ao longo do ciclo vital, o fantasiar é uma das formas de atividade simbólica mais rica em processos primários, no entanto carrega a marca dos processos secundários sob a forma pela qual as fantasias resultam perceptíveis, pensáveis e comunicáveis.

Em uma perspectiva psicogenética, nas origens do desenvolvimento só há processos primários no aparelho. No decorrer da vida infantil, desses se desdobrarão os secundários que alcançarão prevalência a partir da segunda infância. As consequências dessa integração e prevalência dos processos secundários resultam especialmente evidentes nas suas relações com a sexualidade. De forma convergente e complementar à transmutação do Eu-prazer ao Eu-realidade, as pulsões sexuais experimentam modificações que as levam do estado do autoerotismo inicial até o amor de objeto, passando pelo narcisismo. Na etapa do autoerotismo, as pulsões sexuais que encontram satisfação no corpo próprio não atingem a frustração que institui o princípio de realidade. Na progressiva transição entre essas etapas, a relação entre fantasias e pulsões sexuais é estreita nas manifestações das teorias sexuais infantis e nas fantasias incestuosas do Complexo de Édipo. Entretanto, essa relação não é exclusiva da infância e permanecerá, em diversos graus e expressões, nos diferentes momentos do ciclo vital de cada sujeito.

Teorias psicanalíticas e o desenvolvimento **57**

PARA SABER MAIS

E Elaborar Atividades, Sugerimos os Seguintes Materiais Complementares:

1. Laboratório Interunidades de Teoria Social, Filosofia e Psicanálise (LATESFIP). Disponível em: https://www.latesfip.com.br/. Acesso em: 29 set. 2022.

2. Laboratório de Estudos e Pesquisas Psicanalíticas e Educacionais sobre a Infância (LEPSI – IP/FEUSP). Disponível em: https://sites.usp.br/lepsi/ http://www3.fe.usp.br/secoes/inst/novo/laboratorios/lepsi/index1.htm. Acesso em: 29 set. 2022.

3. Seção LEPSI Minas. Disponível em: http://lepsiminas.wixsite.com/lepsi. Acesso em: 29 set. 2022.

4. Laboratório de Psicanálise – Universidade Federal do Rio Grande do Sul (UFRGS). Disponível em: http://www.ufrgs.br/psicologia/nucleos-e-laboratorios/labpsicanalise. Acesso em: 29 set. 2022.

5. Documentário *A invenção da psicanálise* (1997), de Elisabeth Roudinesco e Elisabeth Kapnist, realizado pela BBC de Londres. Disponível no YouTube, no canal "Meditacinco", em: https://www.youtube.com/watch?v=7JabKzJZXZ0. Acesso em: 29 set. 2022.

6. Filme *Freud, além da alma* (1962). Direção: John Huston.

7. Documentário *O jovem Dr. Freud*. Divulgação: History Channel. Disponível no YouTube, no canal "Meditacinco", em: https://www.youtube.com/watch?v=GYJstSaajrI&t=625s. Acesso em: 29 set. 2022.

REFERÊNCIAS BIBLIOGRÁFICAS

FREUD, S. **Esboço da psicanálise**. Coleção Os pensadores, v. XXXIX. São Paulo: Abril Cultural, 1974. Original publicado em 1938.

FREUD, S. **Formulações sobre os dois princípios do funcionamento mental**. Edição Standard das obras psicológicas completas de Sigmund Freud. Rio de Janeiro: Imago, 1996. Original publicado em 1911.

FREUD, S. **O Inconsciente**. Edição Standard Brasileira das Obras Psicológicas Completas de Sigmund Freud. Rio de Janeiro: Imago, 1996. Original publicado em 1915.

FREUD, S. **O interesse científico da psicanálise**. Edição Standard Brasileira das Obras Psicológicas Completas de Sigmund Freud. Rio de Janeiro: Imago, 1996. Original publicado em 1913.

FREUD, S. **Psicopatologia da vida cotidiana**. Edição Standard Brasileira das Obras Psicológicas Completas de Sigmund Freud. Rio de Janeiro: Imago, 1996. Original publicado em 1901.

URRIBARRI, R. **Estruturação psíquica e subjetivação da criança em idade escolar**. São Paulo: Escuta, 2012.

8 Teorias do ciclo vital, contextos de desenvolvimento e individualidade humana

No Capítulo 1, a Psicologia do Desenvolvimento foi situada historicamente a partir de um marco teórico multidisciplinar, que inicialmente elegeu a criança como seu objeto de estudo prioritário, utilizando-se de métodos de pesquisa como a observação, estudos transversais e a criação de situações experimentais. Aproximadamente a partir da década de 1970, observa-se uma mudança nesse campo teórico, que decorre, em parte, de questionamentos acerca dos métodos e dos alcances do estudo em desenvolvimento humano para além da infância. Além disso, outra crítica comum aos modelos iniciais de estudo em desenvolvimento humano é a desconsideração de uma perspectiva sistêmica na análise dos diferentes aspectos que atuam

60 Psicologia do Desenvolvimento

no desenvolvimento. Por exemplo, os estudos clássicos sobre interação familiar anteriores a 1970 enfatizaram mais frequentemente a interação na díade mãe/criança, pouco considerando o contexto familiar de modo mais amplo e interdependente (BRONFENBRENNER, 2005/2011; BARRETO, 2016).

Nessa nova perspectiva teórico-metodológica nascente, o método longitudinal ganhou destaque como instrumento de análise das mudanças e das permanências no ciclo vital. O estudo longitudinal é um método de pesquisa que busca acompanhar os indivíduos e grupos estudados por um período de tempo, geralmente analisando suas trajetórias e respostas a determinados eventos, fatores ou intervenções. Eles têm sido mais frequentes no contexto da Psicologia do Desenvolvimento a partir do surgimento das teorias do ciclo vital, embora já ocorressem décadas antes. No período posterior à Segunda Guerra Mundial, estudos longitudinais foram conduzidos nos Estados Unidos a fim de avaliar fatores como condição socioeconômica, mudanças familiares e possíveis repercussões na população norte-americana, bem como na orientação de políticas públicas voltadas à ela (ELDER JR., 2001).

A realização de estudos a partir do método longitudinal, que buscavam observar a influência de aspectos socioeconômicos e do contexto familiar no desenvolvimento humano, também foi determinante para consolidar as contribuições do campo da Psicologia do Desenvolvimento em uma perspectiva mais ampla. Assim, em uma divisão conceitual acerca das teorias em desenvolvimento humano, tais perspectivas, surgidas com maior ênfase a partir de 1970, são comumente denominadas teorias do ciclo vital ou *lifespan theories*.

Frequentemente, esses termos são tratados como sinônimos, embora Barreto (2016) ressalte a importância de diferenciá-los, para melhor compreender as mudanças incorporadas pelo campo da Psicologia do Desenvolvimento nas últimas décadas. O termo "ciclo vital", ou "ciclo de vida", refere-se à trajetória de eventos ontogenéticos ocorridos na vida de uma pessoa, desde seu nascimento até a morte. Já o termo inglês *lifespan* poderia ser mais bem traduzido como "ao longo da vida", termo utilizado para destacar o caráter contínuo, multidimensional e multidirecional do desenvolvimento humano. O conceito de *lifespan* é bastante explorado na teoria de Paul Baltes (1939-2006) a fim de destacar a continuidade do desenvolvimento nos diversos momentos da vida.

Em síntese, a partir da década de 1970, as pesquisas e teorias nascentes ampliaram uma visão, anteriormente ainda incipiente, de que o desenvolvimento humano é um processo vitalício, atravessado por múltiplos fatores e dimensões interdependentes. De fato, a Psicologia do Desenvolvimento desde sua origem é um campo multidisciplinar, e, portanto, procura considerar a influência dos aspectos biológicos, sociais e culturais nos diferentes contextos de desenvolvimento. Entretanto, as teorias contemporâneas buscam enfatizar a influência dos diferentes contextos de desenvolvimento não mais como uma variável a ser considerada, mas como uma condição de desenvolvimento (BARRETO, 2016). Atualmente, a observação de que diferentes contextos produzem condições de desenvolvimento específicas tem sido ressaltada por pesquisas que contribuem com dados relevantes para a promoção de políticas públicas no sentido de transformar ou minimizar alguns impactos, por exemplo, estudos sobre o

Teorias do ciclo vital, contextos de desenvolvimento e individualidade humana **61**

desenvolvimento de crianças e jovens em condição de vulnerabilidade social (UNICEF, 2018). Outro exemplo atual e relevante está nas condições que a pandemia de Covid-19 trouxe para o desenvolvimento psicológico dos indivíduos de diferentes faixas etárias, em todo o planeta. Certamente, essa pandemia não pode ser considerada apenas como uma variável que interveio no desenvolvimento, uma vez que ao alterar drasticamente todo o contexto, impôs novas condições para o desenvolvimento no ciclo de vital da população mundial, com repercussões, em termos individuais e geracionais, ainda indefinidos.

A teoria bioecológica de Urie Bronfenbrenner (1917-2005) é um dos modelos teóricos contemporâneos mais proeminentes e relevantes na Psicologia do Desenvolvimento. Bronfenbrenner desenvolveu uma teoria complexa que pode ser dividida em três grandes momentos, e que, em linhas gerais, defende a tese de que o ser humano cria o ambiente que dá forma ao seu desenvolvimento. Em outros termos, há um contexto bioecológico no qual os seres humanos se desenvolvem, que é criado e influenciado por todas as suas ações, sejam nos aspectos físicos ou culturais, ou em micro ou macrocontextos (BRONFENBRENNER, 2005/2011). Outra inovação dessa teoria está na profunda inter-relação entre teoria e pesquisa. A investigação da continuidade e da mudança, dentro das características biopsicológicas dos seres humanos, não é dissociada dos questionamentos acerca de como realizar essa investigação, ou seja, dos métodos a serem utilizados, o que conduziria a novos instrumentos e hipóteses de pesquisa. Essa perspectiva surge a partir da crítica de Bronfenbrenner de que boa parte das pesquisas em desenvolvimento humano investigaria comportamentos artificiais da criança, a partir da interação com adultos desconhecidos, em situações também desconhecidas, por períodos breves, e, portanto, pouco significativos (BARRETO, 2016). Segundo Bronfenbrenner (2005/2011), esse processo de indissociação entre teoria e pesquisa pode ser definido como "a Ciência do desenvolvimento humano no modo da descoberta" (p. 44).

Bronfenbrenner desenvolveu seu modelo bioecológico do desenvolvimento humano a partir de pesquisas, livros e publicações que têm ampla influência não somente no campo de pesquisa da Psicologia, mas também em áreas afins, como Enfermagem, Gerontologia, Terapia Ocupacional, Pediatria, Saúde Coletiva, entre outras, nas quais a referida teoria tem servido de suporte para a elaboração de pesquisas e práticas interventivas (BARRETO, 2016).

Sua teoria possui três importantes momentos: uma fase inicial, entre as décadas de 1940 e 1970, representada pelos estudos transculturais; uma segunda fase, a partir da década de 1970, na qual as bases do modelo ecológico são efetivamente construídas; e, por fim, entre as décadas de 1980 e 2005, ano de sua morte, uma ampliação de seu modelo inicial, resultando na Teoria Bioecológica do Desenvolvimento Humano.

O campo da experiência adquire um significado especial nessa teoria, uma vez que é no contexto da experiência que os múltiplos fatores do desenvolvimento intervêm. Partindo desse princípio, a teoria de Bronfenbrenner foi também influenciada por sua própria experiência, de imigrante russo radicado nos Estados Unidos. Suas primeiras pesquisas foram estudos longitudinais que analisaram os diferentes contextos de desenvolvimento nesses países, colocando, desde o início, a ênfase na relação do sujeito com seu contexto sociocultural.

62 Psicologia do Desenvolvimento

A experiência é destacada nessa teoria considerando-se os aspectos subjetivos que a compõem. Em uma análise mais superficial, a importância do contexto na teoria Bioecológica pode levar a crer em uma excessiva ênfase no contexto de um ponto de vista objetivo e unidirecional. Porém, o termo "contexto" é conceituado a partir de uma visão interacional e sistêmica, na qual os seres humanos modificam e são modificados em seus contextos sistêmicos, considerando-se também a esfera subjetiva das experiências, ou seja, como cada pessoa, em seu processo de desenvolvimento, compreende as experiências pessoais vividas nos diferentes sistemas a que pertence, ao longo do tempo (BRONFENBRENNER, 2005/2011).

Na primeira versão de sua teoria, a Ecologia do Desenvolvimento Humano, Bronfrenbrenner conceitua a interação da pessoa com diferentes níveis sistêmicos. Partindo de uma perspectiva mais específica para outra, mais generalista, os diferentes sistemas são dinâmicos e se influenciam. O microssistema é o sistema de interações mais imediatas de uma pessoa, possuindo, portanto, grande importância no seu desenvolvimento. As interações diretas entre pessoas e as relações familiares são exemplos de dinâmicas que ocorrem no microssistema.

A partir do conceito de microssistema, é possível deduzir que nas trajetórias de desenvolvimento, um indivíduo experimenta relações em diferentes microssistemas, já que interage em diversos ambientes. E nas relações que protagoniza entre esses diferentes sistemas, situa-se o mesossistema, por exemplo, na vida de uma criança, as interações entre os contextos familiar e escolar. Nesse nível sistêmico, a interação entre os contextos pressupõe a presença da pessoa. Porém, o desenvolvimento é também influenciado por interações em contextos diversos nos quais uma pessoa não está inserida, mas é diretamente afetada. Para esses casos, Bronfrenbrenner conceitua o termo "exossistema". Um exossistema atua como variável no desenvolvimento de uma pessoa, sem que esta atue diretamente em seu contexto próximo de interações. Podemos citar, como exemplo, o trabalho dos pais de uma criança. Esta não participa diretamente dessa atividade, mas é amplamente influenciada em seu cotidiano pelas atividades laborativas dos pais. Um último nível, o macrossistema, refere-se ao sistema de crenças, hábitos, valores e práticas de determinados grupos, classes sociais ou culturas no qual os demais níveis sistêmicos se inserem.

No início do século XXI, a fim de preencher lacunas de sua teoria Ecológica, Bronfrenbrenner amplia seu modelo, buscando colocar maior ênfase na pessoa em desenvolvimento nos seus diversos contextos, ao longo do tempo. Nasce, assim, a teoria Bioecológica, fundamentada pelo modelo PPCT (Processo Pessoa Contexto Tempo). O autor procurou enfatizar que, para além da interação sistêmica entre os contextos, mencionada em seu primeiro modelo, é preciso considerar: a pessoa, com suas características biológicas e predisposições genéticas; o tempo, compreendido como um cronossistema, comportando desde períodos mais curtos a longos eventos e intervalos temporais; e, por fim, os processos de interação e aproximação da pessoa nesses diferentes contextos.

Barreto (2016) salienta a importância do termo "processo proximal" na teoria Bioecológica, que se refere ao modo particular com o qual os indivíduos interagem com o ambiente, sendo importantes as formas de interação, seu conteúdo e força e a direção que determinam nas

Teorias do ciclo vital, contextos de desenvolvimento e individualidade humana   **63**

trajetórias do desenvolvimento. Nos processos proximais, salienta-se o caráter ativo da pessoa em desenvolvimento, que pode ter uma disposição comportamental de interação com o ambiente mais ativa ou inibida, e a disposição de recursos internos que terá para agir nos diferentes contextos também transforma as possibilidades de seu desenvolvimento e do próprio contexto em si.

Atualmente, o modelo bioecológico é amplamente utilizado em pesquisas e propostas de intervenção em desenvolvimento humano. No contexto brasileiro, podemos citar os estudos da Professora Maria Beatriz Martins Linhares, da Universidade de São Paulo (USP), no *campus* de Ribeirão Preto, que, junto a seus colaboradores, tem desenvolvido pesquisas em primeira infância, destacando os impactos de contextos de vulnerabilidade social e seus efeitos adversos no desenvolvimento, resultando em estresse tóxico (BRANCO; LINHARES, 2018), e, mais recentemente, sobre os efeitos da pandemia de Covid-19 no desenvolvimento infantil (LINHARES; ENUMO, 2020).

Na Universidade Federal do Rio Grande do Sul (UFRGS), a Professora Sílvia Helena Koller tem conduzido, em parceria com seus colaboradores de pesquisas, uma série de estudos sobre os diferentes contextos ecológicos de desenvolvimento, com destaque para fatores protetivos e de risco em situações de vulnerabilidade e resiliência (POLETTO; KOLLER, 2008; KOLLER; RAFFAELLI; MORAIS, 2020).

Destacam-se também estudos teóricos sobre as relações entre a teoria Bioecológica e o desenvolvimento das habilidades sociais (LEME *et al.*, 2015).

Outro referencial teórico contemporâneo no desenvolvimento humano é a teoria de Paul Baltes (1939-2006), umas das primeiras a conceituar o termo "ciclo vital", destacando a continuidade do desenvolvimento para além da infância. Uma das grandes contribuições dessa teoria é compreender o desenvolvimento humano como um processo interacional que envolve metas, alocações de recursos e trocas; portanto, o desenvolvimento humano não ocorreria em uma linha reta e progressiva de acúmulos de habilidades. Ao contrário, durante o ciclo vital, a todo momento o desenvolvimento promove ganhos e perdas, mudanças de direcionamento e objetivos que são naturais do ciclo vital. Por exemplo, na infância, haveria ênfase nos ganhos, enquanto na velhice os objetivos seriam manter os recursos e minimizar possíveis perdas.

Baltes interessou-se especialmente pela interação entre a cultura e a disposição genética dos indivíduos, compreendendo, portanto, o desenvolvimento como um processo interacional. O termo "plasticidade" é bastante utilizado nessa teoria, a fim de explicitar o caráter dinâmico dessas interações e a possibilidade de transformação dessas relações a partir das necessidades de cada etapa de vida.

Esse modelo teórico promoveu uma ampliação sobre as possibilidades de pesquisa acerca do desenvolvimento humano, principalmente com relação ao estudo de adultos e dos processos de envelhecimento. No Brasil, a Professora Anita Liberalesso Neri, da Universidade Estadual de Campinas (Unicamp), realiza pesquisas sobre o envelhecimento da população brasileira, acompanhando o desenvolvimento de idosos em fases iniciais e avançadas de envelhecimento e o manejo de recursos para lidar com perdas e compensações (NERI, 2006).

64 Psicologia do Desenvolvimento

Finalmente, mas não menos importante, deve ser mencionada a produção em pesquisa de autores que fundamentam seus estudos na perspectiva evolucionista. De acordo com Vernal (2011), a Psicologia evolucionista tem por objetivos explicar o comportamento humano a partir de uma perspectiva evolutiva e descobrir os módulos mentais que constituem a natureza humana universal. A fundamentação básica é a de que os problemas adaptativos que o cérebro humano evoluiu para resolver são aqueles do ambiente ancestral no qual evoluiu. Porém, a psicologia humana está em constante evolução, portanto é um erro acreditar que nossas mentes estão adaptadas exclusivamente aos problemas enfrentados pelos nossos ancestrais no ambiente de adaptação evolutiva, afirma Vernal (2011, p. 1). No Brasil, um estudo de Seidl de Moura *et al.* (2004) sobre interações iniciais entre mães e bebês buscou articular crenças, práticas e tipos de interação, tomando como base conceitos da perspectiva de Vygotsky sobre interação social e de Tomasello sobre interações mães/bebês em diferentes culturas. Esse autor propõe que a aquisição e o desenvolvimento simbólico dependem de uma cognição cultural exclusivamente humana, mas derivada de adaptações biológicas. Assim, as pesquisas indicam que o desenvolvimento cognitivo e linguístico-simbólico humano se deve a aspectos biológicos e culturais como determinantes da cognição humana. É importante ressaltar que, no contexto brasileiro contemporâneo, é possível encontrar ainda estudos que se fundamentaram nas perspectivas anteriormente detalhadas, buscando articulá-las com outras mais recentes, focalizando temas novos, como será apresentado no Capítulo 9.

PARA SABER MAIS

E Elaborar Atividades, Sugerimos os Seguintes Materiais Complementares:

1. Instituto de Psicologia – Universidade Estadual do Rio de Janeiro (UERJ).
   Grupo de Pesquisa Interação Social e Desenvolvimento. *Facebook*: @gisdes.

2. Departamento de Neurociências e Ciências do Comportamento da Faculdade de Medicina da Universidade de São Paulo – *campus* Ribeirão Preto. Programa de Pós-graduação em Saúde Mental – linha de pesquisa "Fatores de risco e proteção ao desenvolvimento". Disponível em: http://pgsm.fmrp.usp.br/?page_id=165. Acesso em: 29 set. 2022.

REFERÊNCIAS BIBLIOGRÁFICAS

BARRETO, A. B. Paradigma sistêmico no desenvolvimento humano e familiar: a teoria bioecológica de Urie Bronfenbrenner. **Psicologia em Revista**, Belo Horizonte, v. 22, n. 2, p. 275-293, 2016.

BRANCO, M. S. S.; LINHARES, M. B. M. O estresse tóxico e seu impacto no desenvolvimento na perspectiva da Teoria do Ecobiodesenvolvimento de Shonkoff. **Estudos de Psicologia (Campinas)**, v. 35, n. 1, 2018.

Teorias do ciclo vital, contextos de desenvolvimento e individualidade humana **65**

BRONFENBRENNER, U. **Bioecologia do Desenvolvimento Humano**: tornando os seres humanos mais humanos. Porto Alegre: ArtMed, 2011. Original publicado em 2005.

ELDER JR., G. Human lives in changing societies: life course and developmental insights. In: CAIRNS, R. (org.). **Developmental Science**. Cambridge: Cambridge University Press, 2001.

FUNDO DAS NAÇÕES UNIDAS PARA INFÂNCIA (UNICEF). **Pobreza na infância e na adolescência**. Brasil, 2018. Disponível em: https://www.fmcsv.org.br/pt-BR/biblioteca/pobreza-infancia-adolescencia-brasil/. Acesso em: 10 jun. 2021.

KOLLER, S.; RAFFAELLI, M.; MORAIS, N. From Theory to Methodology: using ecological engagement to study development in context. **Child Development Perspectives**, v. 123, 2020.

LEME, V. B. R. L. *et al.* Habilidades sociais e o modelo bioecológico do desenvolvimento humano: análise e perspectivas. **Psicologia & Sociedade**, v. 28, n. 1, p. 181-93, 2015.

LINHARES, M. B. M.; ENUMO, S. R. F. Reflexões baseadas na Psicologia sobre efeitos da pandemia COVID-19 no desenvolvimento infantil. **Estudos de Psicologia (Campinas)**, v. 37, 2020.

NERI, A. L. O legado de Paul B. Baltes à Psicologia do Desenvolvimento e do Envelhecimento. **Temas em Psicologia**, v. 14, n. 1, p. 17-34, 2006.

POLETTO, M.; KOLLER, S. Contextos ecológicos: promotores de resiliência, fatores de risco e de proteção. **Estudos de Psicologia (Campinas)**, 2008.

SEIDL DE MOURA, M. L. *et al.* Interações iniciais Mãe-bebê. **Psicologia: Reflexão e Crítica**, v. 17, n. 3, p. 295-302, 2004.

VERNAL, J. As explicações da psicologia evolutiva. **Investigação Φ Filosófica**, v. E1, artigo digital 4, 2011.

9
Interfaces entre perspectivas teóricas na Psicologia do Desenvolvimento Humano

68 Psicologia do Desenvolvimento

Neste capítulo, abordaremos como as interfaces entre diferentes abordagens podem contribuir para as investigações sobre o desenvolvimento humano, assim como para reflexões teóricas. A ciência do desenvolvimento humano é multidisciplinar, o que a faz, por princípio, colocar em relação diferentes áreas do conhecimento e modelos teóricos. A multidisciplinaridade se harmoniza com a ideia de interfaces, ou seja, permite pensar em aproximações entre teorias diferentes de uma mesma área ou até mesmo de outras disciplinas. É preciso, no entanto, esclarecer como as aproximações ocorrem e com quais critérios quando se trata de investigar temas do desenvolvimento humano.

Problemas de pesquisa complexos demandam, muitas vezes, articulações entre diferentes perspectivas para realizar investigações e explicar resultados. Não se trata, entretanto, de justapor ou juntar teorias, mas de pensar em possibilidades de diálogo e possíveis relações, visando ampliar análises, discussões e contribuir para debates. É importante ressaltar que esses diálogos e aproximações devem respeitar os limites epistemológicos das abordagens relacionadas, o que é um grande desafio para o pesquisador. Requer conhecimento aprofundado das teorias, particularmente dos seus princípios epistemológicos, os quais não podem ser desconsiderados ou entrar em contradição. Assim, aproximar teorias não é colocá-las juntas como se tivessem os mesmos objetivos, surgissem do mesmo campo de ideias e buscassem responder às mesmas perguntas, mas, ao contrário, a partir das diferenças, refletir sobre como podem se aproximar para compreender um único fenômeno em estudo.

Aproximar perspectivas teóricas permite ao pesquisador aprofundar-se sobre o modelo escolhido, refletindo particularmente sobre seus alcances e limites explicativos. Em uma palavra, aproximar é tarefa difícil e complexa, exigindo conhecimento geral e, ao mesmo tempo específico, contribuindo então para a ampliação da formação do pesquisador.

Considerando alguns dos modelos teóricos citados neste livro, é possível mencionar as perspectivas de Piaget, Vygotsky e Wallon, três teorias psicogenéticas interacionistas que possuem pontos em comum que as aproximam e, ao mesmo tempo, diferenciações que as distinguem, por exemplo, o tipo de mediação privilegiada nas interações entre o sujeito e o mundo, nesse caso, respectivamente, a ação, as ferramentas culturais e os outros do mundo social. Em La Taille, Oliveira e Dantas (1992), a proposta dos autores foi apresentar a visão de cada teoria para temas como afetividade e interação social, entre outros. Unidos pela reflexão sobre os mesmos temas, cada autor apontou as semelhanças e diferenças quanto ao estatuto de conceitos explicativos nas três abordagens.

Encontramos outros exemplos de diálogos em pesquisas realizadas por grupos brasileiros, sobre temáticas particulares, articulando olhares e visões do fenômeno estudado, de modo interdisciplinar. É o caso do grupo de pesquisadores membros do Laboratório de Estudos sobre Desenvolvimento e Aprendizagem (LEDA) do Instituto de Psicologia da Universidade de São Paulo (USP), o qual congrega diferentes estudos fundamentados a partir de perspectivas e métodos distintos, mas relacionados quanto às relações entre os campos do desenvolvimento e da aprendizagem. A constante articulação entre teorias permite o exercício de descentração, tão necessário no ambiente científico; um fenômeno pode ser analisado sob vários

Interfaces entre perspectivas teóricas na Psicologia do Desenvolvimento Humano   **69**

aspectos e em vários sentidos, dependendo das hipóteses e problemas de pesquisa. Diálogos são possíveis, sem que cada abordagem perca suas especificidades e alcances explicativos. Nota-se, inclusive, que pesquisadores brasileiros já mencionados neste livro explicitam suas diferentes referências teóricas em suas investigações, por exemplo, Pedrosa, que, interessada em estudar interações sociais entre crianças pequenas em creches, recorre e aproxima as perspectivas walloniana e de Corsaro (PEDROSA; CARVALHO, 2009).

Três outras pesquisadoras buscaram em seus estudos formas de relacionar a Epistemologia Genética de Piaget e teorias sobre os transtornos autistas (MAZETTO, 2015); a Psicanálise (GARBARINO, 2017) e teorias a respeito do Transtorno de Atenção e Hiperatividade – TDAH (FOLQUITTO, 2013). É possível reconhecer nessas pesquisas como as autoras preservaram as fronteiras epistemológicas das perspectivas e, ao mesmo tempo, apontaram aproximações para compreender os objetos de pesquisa e explicar resultados.

Além de possíveis articulações das teorias clássicas em desenvolvimento humano com temáticas contemporâneas, pode-se ressaltar também que a própria trajetória de construção de modelos teóricos em desenvolvimento humano ilustra a ênfase na interface entre conhecimentos científicos e contribuições interdisciplinares, como o paradigma sistêmico proposto por Bronfenbrenner (2005/2011). Nesse sentido, promover o diálogo entre diferentes perspectivas pode ser compreendido, dentro do campo do desenvolvimento humano, como atitude pertinente e profícua para a construção de novos saberes teóricos e práticos.

Quando o tema é Primeira Infância, é importante mencionar o Núcleo Ciência pela Infância (NCPI), ligado à Fundação Maria Cecilia Souto Vidigal, que reúne pesquisadores de várias áreas do saber científico em torno da produção de conhecimento sobre o desenvolvimento na primeira infância e sua importância para a elaboração de políticas públicas. São muitos materiais em diferentes formatos que auxiliam profissionais, professores, gestores etc. a compreenderem a criança de zero a seis anos de idade em seus aspectos físicos, intelectuais e socioemocionais, visando à elaboração de políticas públicas para o desenvolvimento de qualidade na primeira infância. Essa é mais uma ilustração de diálogos e articulações em nome da compreensão e divulgação de conhecimento científico, nesse caso em benefício das crianças brasileiras.

Quando consideramos a pesquisa no Brasil, no âmbito dos Programas de Pós-graduação em Psicologia, é importante citar também a Associação Nacional de Pesquisa e Pós-graduação em Psicologia (ANPEPP), que reúne, bianualmente, pesquisadores brasileiros em seus simpósios para trabalharem sob a forma de grupos de trabalho, direcionados para uma série de temas da Psicologia. A Psicologia do Desenvolvimento está representada com temas relativos aos contextos sociais do desenvolvimento, desenvolvimento moral, interação social, entre outros. Novamente, nesse caso, teorias dialogam e se aproximam, mantendo suas fronteiras epistemológicas.

Como mencionado no Capítulo 6, pesquisadores da Universidade Federal de Pernambuco (UFPE), tais como a Prof.ª Maria Isabel Patricio de Carvalho Pedrosa, têm realizado investigações apoiadas na perspectiva walloniana articulada a abordagens contemporâneas. Entre os temas estudados, podem ser mencionados a brincadeira, o cotidiano infantil e as relações entre pares

70 Psicologia do Desenvolvimento

na primeira infância (PEDROSA; CARVALHO, 2009). Além da teoria de Wallon, o eixo central desses estudos é o conceito de "cultura de pares" de Corsaro (1990), definida como "um conjunto estável de atividades e rotinas, artefatos, valores e interesses que as crianças produzem e compartilham com os pares" (p. 214). Esse autor salienta o fato de que as crianças se engajam em uma rede social de significações e, a partir dela, fazem construções contínuas.

Estudos brasileiros mencionados no Capítulo 8 também demonstram possibilidades de interfaces entre teorias clássicas e contemporâneas, no sentido aqui apresentado, por exemplo, os de Seidl de Moura sobre práticas maternas com bebês (SEIDL DE MOURA *et al.*, 2004).

Tomemos ainda um último exemplo de uma temática que expressa muito bem um possível diálogo entre perspectivas, nesse caso, de diferentes áreas de conhecimento: as dificuldades escolares. Encontramos, no campo da pesquisa, abordagens distintas que enfatizam o desenvolvimento do sistema nervoso e os processos cognitivos e emocionais dos aprendizes, como condições necessárias para o aprender, tais como perspectivas de desenvolvimento psicológico e das neurociências. Simultaneamente, há perspectivas no campo da Psicologia Escolar/Educacional, as quais focalizam de modo especial os contextos educacionais como condições necessárias para o bom desempenho acadêmico. Ambas as áreas focalizam os aprendizes e seus contextos de aprendizagem, mas com estatutos diferentes. Assim, o fenômeno do não aprender pode ser contemplado tanto em termos das condições do indivíduo quanto dos contextos de aprendizagem, de um modo interdependente. O que determinará a ênfase em um ou em outro elemento dessa relação é exatamente o problema de pesquisa que se quer investigar. Entretanto, um cuidado importante a ser tomado é escolher teorias dos respectivos campos do saber que tenham como princípio a concepção de que a aprendizagem é fruto das interações entre um indivíduo em desenvolvimento e ambientes físicos e sociais que podem favorecer mais ou menos a aprendizagem. Não será possível aproximar perspectivas que tenham como eixo a ideia de que apenas uma condição (individual ou ambiental) seja suficiente para o aprender. Desse modo, teorias que valorizam as interações podem se harmonizar mais facilmente entre si do que teorias que concebem o desenvolvimento e a aprendizagem como frutos de um só fator. Ao apresentarmos diferentes teorias a respeito do desenvolvimento psicológico nesta Unidade, destacamos autores e grupos de pesquisa que utilizam mais de uma abordagem teórica em suas investigações, aproximando conceitos e métodos, sem, no entanto, fragmentar as perspectivas teóricas e sua estrutura explicativa.

Finalizando, é importante retomar o que foi dito inicialmente sobre a importância das interfaces entre modelos teóricos para a pesquisa do desenvolvimento humano diante de temas complexos, não sem analisar detidamente as peculiaridades das teorias, suas bases epistemológicas, limites e alcances.

Interfaces entre perspectivas teóricas na Psicologia do Desenvolvimento Humano **71**

PARA SABER MAIS

E Elaborar Atividades, Sugerimos os Seguintes Materiais Complementares:

1. Laboratório de Interação Social Humana (LabInt) – Universidade Federal de Pernambuco (UFPE). Disponível em: https://instagram.com/ labintufpe?iqshid=brgka?xbebyu. Acesso em: 03 out. 2022. Vinculado ao Programa de Pós-Graduação em Psicologia da UFPE.

2. Instituto de Psicologia – Universidade Estadual do Rio de Janeiro (UERJ). Grupo de Pesquisa Interação Social e Desenvolvimento. *Facebook*: @gisdes.

3. Núcleo Ciência pela Infância (NCPI). Disponível em: http://ncpi.org.br/. Acesso em: 03 out. 2022.

4. Associação Nacional de Pesquisa e Pós-graduação em Psicologia (ANPEPP). Disponível em: https://www.anpepp.org.br/. Acesso em: 03 out. 2022.

REFERÊNCIAS BIBLIOGRÁFICAS

BRONFENBRENNER, U. **Bioecologia do desenvolvimento humano**: tornando os seres humanos mais humanos. Porto Alegre: ArtMed, 2011. Original publicado em 2005.

CORSARO, W. Children's Peer Culture. **Annual Review of Sociology**, v. 16, p. 197-220, 1990.

FOLQUITTO, C. **Desenvolvimento psicológico e estratégias de intervenção em crianças com Transtorno de Déficit de Atenção e Hiperatividade (TDAH)**. Tese (Doutorado) – Instituto de Psicologia, Universidade de São Paulo. 2013. Disponível em: https://www.teses.usp.br/teses/disponiveis/47/47131/tde-25032014-122011/pt-br.php. Acesso em: 03 out. 2022.

GARBARINO, M. I. **Construção do prazer de pensar e desenvolvimento**: um estudo teórico-clínico com crianças em dificuldade escolar. Tese (Doutorado) – Instituto de Psicologia, Universidade de São Paulo. 2017. Disponível em: https://www.teses.usp.br/teses/disponiveis/47/47131/tde-24072017-181914/en.php. Acesso em: 03 out. 2022.

LA TAILLE, Y.; OLIVEIRA, M. K.; DANTAS, H. **Piaget, Vygotsky, Wallon**: teorias psicogenéticas em discussão. São Paulo: Summus, 1992.

MAZETTO, C. T. M. **A criança com autismo**: trajetórias desenvolvimentais atípicas à luz da teoria piagetiana da equilibração. Tese (Doutorado) – Instituto de Psicologia, Universidade de São Paulo. 2015. Disponível em: https://www.teses.usp.br/teses/disponiveis/47/47131/tde-22022016-183718/en.php. Acesso em: 03 out. 2022.

PEDROSA, M. I. P. C.; CARVALHO, A. M. A. Aprendendo sobre eventos físicos com parceiros de idade. **Psicologia USP**, São Paulo, v. 20, n. 3, p. 355-373, jul./set. 2009.

SEIDL DE MOURA *et al*. Interações iniciais mãe-bebê. **Psicologia: Reflexão e Crítica**, v. 17, n. 3, p. 295-302, 2004.

VARIABILIDADE E NORMATIVIDADE NO DESENVOLVIMENTO HUMANO

74 Psicologia do Desenvolvimento

Esta Unidade tem como objetivo destacar que o desenvolvimento humano, embora tenha características homogêneas e universais (como bem destacam algumas teorias clássicas no campo), é fortemente marcado e influenciado por questões individuais e socioculturais.

Portanto, do ponto de vista psicológico, conhecer o desenvolvimento de um indivíduo envolve conhecer tanto características particulares quanto universais. Os capítulos desta Unidade procuram destacar que tanto o olhar da homogeneidade/normatividade quanto o olhar da heterogeneidade/variabilidade são fundamentais para a compreensão dos processos de desenvolvimento humano. Como tendência de estudo, apresentaremos as regularidades apresentadas, em geral, pelas teorias clássicas, contrapondo-as às teorias que focalizam os contextos e as particularidades. Indicaremos também pesquisas inspiradas em teorias clássicas que consideram particularidades do contexto histórico e social, ou seja, mostraremos que mesmo as perspectivas clássicas permitem fazer essa articulação, assim como as teorias contemporâneas, evitando um olhar excludente entre elas.

10 Variabilidade e tendências no desenvolvimento humano

Tal como foi abordado na Unidade 1, a Psicologia do Desenvolvimento estuda as tendências das transformações que acontecem ao longo do ciclo vital. Fala-se de tendências porque constituem processos comuns à maioria dos seres humanos. Essas regularidades foram pesquisadas em teorias que apresentaram modelos do desenvolvimento (Unidade 2), demonstrando que, nessas transformações, há formas universais, estruturas gerais e regras comuns de organização. Além disso, os autores elencados mostraram que existe certa homogeneidade na periodização de etapas do ciclo vital, de marcos do desenvolvimento e de crises e momentos-chave nas transições entre conquistas e limites de cada etapa. A construção da função simbólica e o progressivo processo da conquista da linguagem por volta dos dois anos, por exemplo, costuma ser um marco comum presente nas propostas de todos os autores trabalhados na Unidade 2.

Desse modo, pode se afirmar que os seres humanos não se desenvolvem ao acaso, em um caos totalmente imprevisível, mas que existem aspectos que são invariantes nesses processos. Isso significa que, mesmo na sua singularidade, cada sujeito é parte de um coletivo maior, no caso da espécie humana, que apresenta certas regularidades e ordem na organização de sua filogênese e ontogênese. Essa interdependência entre o coletivo e o singular é a origem da manifestação do diverso e do comum nas transformações do ciclo vital. É nessa complexa dialética (diversidade – tendências) que se fundam os processos de desenvolvimento humano.

76 Psicologia do Desenvolvimento

A partir desses pressupostos, então, poderíamos refletir acerca do significado da afirmação do senso comum de que "cada ser humano é diferente". Sabemos que há tantas trajetórias de desenvolvimento como indivíduos; portanto, as tendências e características comuns postuladas pelos modelos teóricos precisam ser pensadas no marco da diversidade. O termo "diversidade" faz referência ao que varia e resulta heterogêneo, podendo ser analisado a partir de diferentes perspectivas. Uma delas é filogenética, porque à diferença dos outros animais, os seres humanos não se orientam pelo instinto e precisam, durante muito tempo, de outros "humanos cuidadores" para sobreviver. Nesse sentido, a diversidade no desenvolvimento se funda em um fato decorrente do anterior: o ser humano é um ser social e esses cuidadores fazem parte de grupos que constituem contextos histórico-culturais heterogêneos que influenciam a forma e o ritmo daquilo que tende a ser esperado de cada um dos seus membros ao longo do ciclo vital.

A diversidade do desenvolvimento origina inúmeras perguntas, tais como: "Quando é esperado e como se acompanha o controle de esfíncteres?"; "O sujeito faz parte de um contexto urbano escolarizado que contribui para a necessidade de um pensamento operatório?"; "Há expectativas de aquisição da leitura e da escrita?"; "Quanto dura essa etapa?"; "Quais são os elementos de gênero que condicionam o desenvolvimento de homens e mulheres nesse contexto social?".

A adolescência é outro conceito relativamente recente que tensiona a ideia de normatividade no desenvolvimento. Quanto tempo dura a adolescência? Como são os processos exogâmicos? Como se produz a saída do lar, o ingresso em estudos superiores e/ou no mercado de trabalho? Esses são só alguns exemplos de perguntas que ajudam a problematizar a ideia de um desenvolvimento padronizável ou "normal" no sentido de ser totalmente controlável ou antecipável, o que constitui o limite do registro do universal no campo da Psicologia do Desenvolvimento.

Por conseguinte, as expectativas acerca da forma e do tempo em que devem acontecer as conquistas do desenvolvimento motor, fonológico ou sociocognitivo, são sempre permeadas por coordenadas simbólicas, históricas e culturais. A brincadeira, ou jogo simbólico, é um exemplo comum dos autores clássicos e contemporâneos que os descrevem como uma atividade típica da infância. Entretanto, a manifestação peculiar desse brincar estará influenciada pelas dinâmicas e objetos disponíveis do contexto sociocultural que serão a matéria-prima com que a criança poderá recriar, reconstruir e elaborar a complexidade do mundo adulto preexistente que se lhe apresenta.

No registro dos clássicos estágios do desenvolvimento, o amplo termo de "infância" agrupa tendências comuns que são observadas na maioria das crianças. Sabemos, entretanto, que há quase tantas "infâncias" como indivíduos. Poderíamos assim pensar que a vivência da infância na Noruega diverge em vários aspectos da infância brasileira. Mas, ao mesmo tempo, pode-se afirmar que existe uma "infância brasileira"? No Brasil, existem diferenças regionais marcantes e, em cada região, variações culturais e socioeconômicas que tonalizam e condicionam o desenvolvimento (questão que será desenvolvida na Unidade 5, quando é abordada a noção de vulnerabilidade).

Variabilidade e tendências no desenvolvimento humano 77

Essa forma complexa de raciocinar acerca do desenvolvimento humano foi especialmente fomentada pelas teorias contextualistas e por pesquisas contemporâneas baseadas em autores clássicos (abordadas no Capítulo 8). Desde esse prisma, a família, instituição social por excelência na infância, junto à escola, fazem parte do que Bronfenbrenner denominou "microssistema". A família constitui um "fator normativo", em termos de cuidados primários e apego (ver Capítulo 17), porém há coordenadas históricas (macrossistemas) que permeiam essa instituição, promovendo mudanças entre famílias de um mesmo grupo e, inclusive, no interior delas ao longo do tempo (por exemplo, em casos de desemprego prolongado, pandemias, mortes precoces ou outras alterações marcantes).

Os processos comuns do desenvolvimento foram denominados por alguns autores como "aspectos homogêneos" ou fatores normativos, e os diversos, como "variabilidade" ou fatores não normativos (PALÁCIOS, 2004). Um exemplo paradigmático dos autores que colocaram ênfase no desenvolvimento geral típico e normativo sustentando na maturação orgânica, foram as descrições minuciosas e detalhadas das pesquisas de Gesell com bebês e crianças pequenas (comentadas no Capítulo 1).

Essas tendências homogêneas das dimensões motoras, cognitivas, socioafetivas e morais observadas ao longo do desenvolvimento acontecem em um tecido de marcas simbólicas específicas do grupo social do qual cada sujeito faz parte. Essas dimensões são prismas de observação e análise que se apresentam como recortes para facilitar seu estudo. Entretanto, no sujeito de carne e osso, apresentam-se integradas, articulando, simultaneamente, fatores normativos e não normativos.

O conjunto de tendências comuns entre os membros da nossa espécie é aquilo que delineia expectativas sociais acerca do que resulta esperado em cada momento do ciclo vital. Ainda que a Psicologia do Desenvolvimento postule essas tendências a partir de funções, processos e estruturas universais, os sujeitos não podem ser abstraídos de seus contextos. Existem marcos sistematizados, tais como a conquista da fala, do caminhar, o controle de esfíncteres etc. (o "que" do desenvolvimento), que apresentam formas diversas (o "como"), porque são atravessados por fatores não normativos variáveis (medos parentais, contextos físicos e culturais, condições socioeconômicas etc.).

A distinção é delicada e complexa, porque os fatores não normativos e os normativos dialogam constantemente e se apresentam de maneira simultânea. A escolarização massiva e obrigatória, por exemplo, é uma invenção moderna presente na maioria das sociedades urbanas orientais e ocidentais. Nesse contexto, ademais, o acesso e a permanência na escola se enquadram como um direito das crianças e dos adolescentes, previsto no Brasil pelo Estatuto da Criança e do Adolescente (ECA), o que a torna uma necessidade cultural para determinados grupos sociais. Ressalta-se assim que, ao longo da história, a organização jurídica de um país propicia novos espaços, tempos e perspectivas que impactam o desenvolvimento. Portanto, conquistas como o direito à alfabetização e letramento, ou os limites como a interdição do trabalho infantil, são exemplos concretos de como o desenvolvimento humano é permeado pelos avanços e retrocessos das conjunturas sociopolíticas de cada território.

78 Psicologia do Desenvolvimento

Retomando as teorias clássicas (abordadas na Unidade 2), vale mencionar algumas ilustrações a esse respeito. Ao longo da obra piagetiana, foi destacada a influência do fator social na qualidade da construção do conhecimento e no desenvolvimento moral. Em livros como *O Juízo moral na criança* (1932/1994) e *Estudos sociológicos* (1965/1973), o autor discorre acerca da importância dos ambientes sociais que podem fomentar, por exemplo, a autonomia ou a obediência heterônoma. Vygotsky assinalou a importância do papel mediador do educador, e muito especialmente, dos instrumentos culturais disponíveis para o sujeito. Em Wallon, podemos encontrar uma ênfase no desenvolvimento motor postulado em termos normativos, mas com a ressalva de que existe um "diálogo tônico" que é único e singular entre cada bebê e seu cuidador primário. É o outro, que acolhendo com seu corpo, seus toques, sua fala e seu olhar, oferece um suporte físico e simbólico ao tônus muscular.

Jean Piaget também discorreu sobre a tensão diversidade – tendências quando, na sua maturidade, quis salientar, junto a Barbel Inhelder, a distinção entre o sujeito epistêmico, modelo que respondeu às suas perguntas mais universais e gerais sobre a construção do conhecimento, e o sujeito psicológico, matriz que permite vislumbrar a diversidade e complexidade das relações sociais, morais, afetivas e cognitivas que se manifestam nas condutas e nos procedimentos de cada sujeito em seu contexto. Se as primeiras pesquisas piagetianas apontaram mais ao primeiro modelo do sujeito epistêmico, o segundo foi focalizado na sua maturidade e em pesquisas pós-piagetianas contemporâneas. Os atuais estudos que utilizam jogos em seus métodos ilustram esse modelo valendo-se de um contexto mais ecológico com situações concretas do cotidiano infantil. Assim, evitam "situações estranhas" e artificiais apontadas pelos críticos das pesquisas da epistemologia genética (PALÁCIOS, 2004).

Em síntese, o desenvolvimento humano é, ao mesmo tempo, normativo e diverso, e dialoga entre o geral e o particular. É essa complexa tensão que abordaremos no próximo capítulo, acerca do típico e do atípico no ciclo vital.

PARA SABER MAIS

E Elaborar Atividades, Sugerimos o Seguinte Material Complementar:

A aventura da vida (2005). Produção: BBC (Journey of life). Direção: Miles Barton. Episódio 5: Os seres humanos. Documentário que apresenta, desde uma perspectiva evolutiva, as tendências comuns e as distinções dos seres humanos com relação a outros primatas e espécies animais. Disponível em: https://www.youtube.com/watch?v=YqsdJ5jXHJc. Acesso em: 29 set. 2022.

REFERÊNCIAS BIBLIOGRÁFICAS

PALÁCIOS, J. Psicologia evolutiva: conceito, enfoques, controvérsias e métodos. In: COLL, C.; MARCHESI, A.; PALÁCIOS, J. (orgs.). **Desenvolvimento psicológico e educação**: psicologia evolutiva. Porto Alegre: ArtMed, 2004.

PIAGET, J. **Estudos sociológicos**. São Paulo: Forense, 1973. Original publicado em 1965.

PIAGET, J. **O Juízo moral na criança**. São Paulo: Summus, 1994. Original publicado em 1932.

11

Trajetórias de desenvolvimento no ciclo vital

82   Psicologia do Desenvolvimento

Por que falar de trajetórias de desenvolvimento? Tal como foi salientado no capítulo anterior, o desenvolvimento humano apresenta tendências e regularidades, que podem ser direta ou indiretamente observadas, mas, ao mesmo tempo, é diverso e singular. Isto posto, o desenvolvimento denominado "típico" é aquele que apresenta uma organização estrutural e temporal que pode ser encontrada na maioria dos membros da espécie (por isso falamos de tendências).

Já o campo da Psicologia Clínica e da patologia nos mostra que esse desenvolvimento pode ser afetado e se apresentar de forma diferente em alguns sujeitos, o que atualmente é denominado desenvolvimento "atípico". Contudo, afetado não significa anulado. Como o próprio nome o indica, a Psicologia do Desenvolvimento Humano parte de um pressuposto que por ser óbvio não se torna evidente: o fato de que sempre há desenvolvimento porque, até nos casos mais severos em termos de patologia, há transformações ao longo do ciclo vital. Essa ideia é, hoje, reforçada pelo avanço em matéria de Direitos Humanos, que destaca a universalidade dos direitos cidadãos de todos os indivíduos. A história mostra que essas afirmações não foram explicitadas até recentemente, e com avanços jurídicos no que diz respeito à inclusão racial, étnica, sexual, de gênero e de pessoas com deficiências, ainda há um longo caminho a ser trilhado para erradicar práticas e atitudes discriminatórias.

Os termos "típico" e "atípico" substituem o que anteriormente era denominado "normal" e "anormal". Desde a Psicologia do Desenvolvimento, as dimensões do típico e do atípico são pensadas em uma perspectiva dialética, e não como opostas e excludentes. Destarte, o diálogo dos estudos do campo dos desenvolvimentos típico e atípico contribuem reciprocamente para melhor entender as manifestações de ambos. Essa interdependência entre o normativo e o variável do desenvolvimento esteve presente na elaboração das perguntas de pesquisa que deram origem às teorias clássicas de Piaget, Freud, Wallon e Vygotsky (tal como salientado na Unidade 2).

O próprio Freud apontou que processos normais e patológicos possuem traços e mecanismos comuns, sendo as suas diferenças mais expressivas da ordem da intensidade energética (ponto comentado no Capítulo 7). Pode-se, assim, vislumbrar a complexidade da realização de um diagnóstico diferencial para discriminar o que é do registro da variabilidade do desenvolvimento típico e o que é da ordem da patologia.

A contribuição da Psicologia do Desenvolvimento é específica em seu campo de pesquisas, mas também resulta especialmente expressiva em seu caráter interdisciplinar. Sem perder sua especificidade, colabora de maneira fecunda para melhor compreender o desenvolvimento humano oferecendo ferramentas às psicologias escolar, clínica e social, entre outras e, simultaneamente, nutre-se dos avanços desses campos de conhecimento e pesquisa. Nesse sentido, a interdependência orgânica entre as pesquisas dos campos da Psicologia Clínica e do Desenvolvimento é, hoje, fortalecida pelas novas perspectivas da inclusão de pessoas com deficiências e transtornos do desenvolvimento.

CONTROVÉRSIAS E DEBATES

A divulgação reducionista e fragmentada dos avanços da Psicologia do Desenvolvimento leva a alguns riscos. Autores contemporâneos que estudam as relações entre a Psicologia do Desenvolvimento e a clínica destacam um excesso de apelo aos discursos técnicos e científicos para planejar e explicar as interações das crianças com seus educadores (GOLSE, 2010).

Os avanços da Pediatria e da Neuropsiquiatria trouxeram incontestáveis avanços no campo das intervenções clínicas precoces para crianças com transtornos ou deficiências. Contudo, observa-se que essa ebulição de conhecimento apresentado na mídia (TV, internet e redes sociais) se expressa, frequentemente, na forma de um desenvolvimento infantil "ideal" que leva a um excesso de padronização e, em ocasiões, a uma "patologização" de processos típicos diversos. Quando esse "padrão" de desenvolvimento é contemplado de maneira padronizada, rígida e homogeneizadora, esquecendo a diversidade própria do desenvolvimento, acaba gerando confusões e mal-estar nas famílias e nos professores, prejudicando e alterando suas interações com as crianças.

Tal como assinalado no capítulo anterior, explicitar o risco de uma leitura excessivamente padronizada do desenvolvimento constitui um dos pontos nevrálgicos da atual contribuição da Psicologia do Desenvolvimento. Teorias clássicas e contemporâneas mostram a importância de articular a diversidade e as tendências, a normatividade e a variabilidade, para explicar os processos de desenvolvimento. Assim, por exemplo, tanto a criança que caminha com nove meses quanto a que caminha com 16 estão dentro de marcos esperados do desenvolvimento (que a Pediatria, a partir de análises estatísticas, costuma representar com curvas que representam faixas etárias e são chamadas de "percentis"). Entretanto, quando a marcha não acontece com 24 meses, torna-se imperativo realizar consultas médicas ingressando, desse modo, no campo da observação e intervenção clínicas.

Vários transtornos do desenvolvimento que surgiram nos últimos tempos (a partir da elaboração das versões dos manuais da Psiquiatria) trazem à tona essas questões salientadas acerca da dialética entre o típico e o atípico. Isso demonstra que, como qualquer outra disciplina, a Psicologia do Desenvolvimento apresenta possibilidades e limites. Atualmente, o transtorno do déficit de atenção e hiperatividade (TDAH) e o transtorno do espectro autista (TEA) são transtornos representativos dessa complexidade porque nas suas manifestações mais leves requerem uma observação refinada que permita a distinção entre o que seria do registro da diversidade do desenvolvimento e o que seria da ordem da patologia.

Sobre o desenvolvimento da pessoa com deficiência, esse é um campo historicamente permeado por questões socioculturais e normativas, marcando a trajetória de desenvolvimento de pessoas com deficiência, *a priori*, como trajetória atípica, frequentemente desconsiderando-se as relações desses indivíduos com seus meios e o quanto boa parte das dificuldades adaptativas é decorrente dessa relação, e não da deficiência em si. Foucault (1987 *apud* AMARAL, 1995) já alertava sobre a questão do debate típico *versus* atípico como uma ferramenta de controle dos corpos sustentada numa lógica positivista na qual a clínica estava a serviço do

84 Psicologia do Desenvolvimento

diretamente visível e objetivável. Assim, as diferenças corporais e as deficiências, ao longo da história, pertenceram ao campo do desvio normativo social, sendo as pessoas com essa condição consideradas loucas, incapazes ou possuídas por demônios ou espíritos (AMARAL, 1995).

Analisando a maneira como a questão da deficiência é tratada socialmente, desde uma perspectiva excludente e patológica, até as políticas afirmativas e inclusivas da atualidade, fica evidente o caráter dinâmico e relativo dos conceitos de normalidade e patologia. Amaral (1995) afirma que há uma significação social desses conceitos à medida que a cultura transforma o que seria o "normal biológico" (um corpo da espécie humana em condições típicas) em um julgamento de valor. A partir das reflexões de Georges Canguilhem (1904-1995), Amaral (1995) ressalta a diferenciação entre o normal "do fato", e o normal como valor (atribuído por quem julga o fato). Na compreensão das deficiências, a normatividade do corpo biológico é compreendida como fato (o "normal" seria o corpo não desviante), e logo transformada em valor (positivo ou negativo). Essa construção social da normatividade traz significações psíquicas muito importantes para a pessoa com deficiência, frequentemente sendo obstáculos para a adaptação social e o desenvolvimento, muito maiores que as próprias diferenças individuais em si.

Assim, os discursos sobre a pessoa com deficiência refletem muito mais os parâmetros ideológicos nos quais a deficiência é enquadrada socialmente nos diferentes momentos históricos (AMARAL, 1995). Tal discurso, presente nas nomenclaturas científicas, evoluiu no sentido de diferenciar os aspectos psicossociais que impactam a pessoa com deficiência, garantindo condições para o desenvolvimento pleno de sua individualidade e potenciais. Destacamos, aqui, a *International classification of impairments, disabilities and handicaps*, organizada pela Organização Mundial de Saúde (OMS), que buscou diferenciar de modo conceitual a deficiência, a incapacidade e a desvantagem presentes no cotidiano das pessoas com deficiência (WHO, 1980).

A deficiência, de acordo com a OMS, refere-se às possíveis perdas ou alterações, temporárias ou permanentes, relacionadas com aspectos físicos do corpo e disfunções orgânicas. Uma deficiência pode ou não acarretar prejuízos em termos da funcionalidade do indivíduo, e quando determinada função ou atividade é prejudicada ou impossibilitada em decorrência direta das alterações orgânicas, temos a incapacidade, relativa às consequências objetivas da deficiência em si ou da reação psicológica do indivíduo a essa condição. Assim, deficiência reflete, em termos puramente objetivos, as alterações em nível corporal, enquanto a incapacidade contempla também um elemento subjetivo e variável de acordo com as vivências pessoais.

Outro elemento fundamental para a compreensão do desenvolvimento da pessoa com deficiência é a possibilidade de adaptação e integração social, que demonstra o olhar cultural da sociedade para a questão da deficiência. Grande parte dos prejuízos e das desadaptações que uma pessoa com deficiência enfrenta não faz parte das incapacidades decorrentes da deficiência em si, mas de barreiras atitudinais e sociais que impedem que esses indivíduos possam se desenvolver plenamente no contexto de uma sociedade normotípica. A escassez de livros em braille e a arquitetura pouco acessível de muitas cidades são exemplos de situações que representam prejuízos no desenvolvimento da pessoa com deficiência, acarretando desvantagem de condições em uma sociedade pouco inclusiva e integrativa. Pessoas com deficiência visual ou física têm suas possibilidades de acesso à Educação reduzidas quando essas condições não são satisfeitas, e isso pode ocasionar prejuízos em seu desenvolvimento e aprendizagem, que nada têm a ver com a deficiência em si.

O paradigma da inclusão de pessoas com necessidades educativas especiais (NEE) é um campo de disputas que desperta debates tanto no cenário brasileiro quanto no internacional. A inclusão desestabiliza alguns dos grandes ideários do nosso tempo: os valores imperantes de beleza, liderança e produtividade são postos em xeque pelos corpos disformes, pelas limitações cognitivas, comunicacionais e sociais explicitados nas pessoas com deficiências (FAINBLUM, 2008).

No Brasil, as políticas de inclusão de pessoas com NEE em escolas de ensino regular comum sustentam-se na erradicação de práticas segregacionistas e integracionistas. Cabe destacar que a escola constitui a principal instituição que acolhe essa população, e uma das grandes preocupações das famílias é a escassez de outros espaços de socialização e aprendizagem. Por esse motivo, realizamos algumas observações sobre as ressonâncias desse contexto específico para o desenvolvimento atípico.

Um dos grandes avanços na legislação de inclusão no Brasil é a matrícula obrigatória de pessoas com NEE em escolas de ensino regular comum. A lei brasileira de inclusão da pessoa com deficiência, denominada também Estatuto da Pessoa com Deficiência (BRASIL, 2015), marca essa perspectiva de avanço, garantindo direitos e mecanismos de combate às desvantagens sociais. A população destinatária do Atendimento Educacional Especializado (AEE) oferecido no contraturno (e de preferência na própria escola) são os sujeitos com deficiências sensoriais, motoras ou intelectuais, com TEA ou com superdotação/altas habilidades. Contudo, no cotidiano escolar, persistem ainda concepções e práticas integracionistas que, inspiradas na filosofia da normalização, perpetuam a segregação no interior da instituição, o que resulta na simples "colocação" do sujeito com NEE na escola regular comum. Enquanto a integração visa à readaptação dos alunos para serem enquadrados na norma social e escolar, a inclusão (que substituiu o termo "deficiência" pelas NEE) exige mudanças nas instituições. Cabe lembrar que, na sua origem, o movimento de integração só contemplava pessoas com deficiências leves ou limitações moderadas (MENDES, 2006).

Atualmente, a inclusão é enxergada como um direito e não como um privilégio ou um favor. Embora na população brasileira haja certo consenso discursivo acerca dos benefícios da inclusão escolar (MARQUES, 2019), para muitos, a inclusão é ainda afetivamente investida como uma tarefa desgastante que gera queixas, inclusive sob o argumento de que atrasam e atrapalham a aprendizagem das crianças ditas normais. Essa justificativa não se sustenta, posto que se verifica que a inclusão beneficia não só aos sujeitos com desenvolvimento atípico, mas a todos os atores escolares e sociais. Além disso, o protecionismo e a falta de investimento na qualidade de ensino acabam recrudescendo a segregação (PRIETO, 2006).

Em síntese, mesmo quando a inclusão é considerada um princípio ético-político, nas escolas predomina a matrícula do aluno com NEE no ensino regular comum apenas para atender

86 Psicologia do Desenvolvimento

uma exigência legal. Assim, há ainda um longo caminho a ser percorrido para oferecer uma inclusão que se traduza em atos subjetivos e estratégias pedagógicas que não fiquem reduzidos a ações burocráticas e gestionárias.

Neste capítulo, procuramos ressaltar o debate sobre a construção de tendências que são consideradas normativas em diversos momentos históricos e em diferentes culturas. A variabilidade inerente ao desenvolvimento humano é resultado das complexas interações das condições determinantes desse desenvolvimento, que, ainda que apareçam como tendência na coletividade, realizam-se em trajetórias únicas e particulares em cada indivíduo. Ao debruçar-se sobre o estudo dessas condições, a Psicologia do Desenvolvimento constrói conhecimento científico que permite compreender, ampliar e rever conceitos acerca do que é considerado tendência e variabilidade, respeitando-se a especificidade das trajetórias individuais e contribuindo para elucidar aspectos que impactam coletivamente o desenvolvimento de grupos, culturas e populações diversas.

PARA SABER MAIS

E Elaborar Atividades, Sugerimos os Seguintes Materiais Complementares:

1. O livro *Prêmio profissional: avaliação psicológica direcionada a pessoas com deficiência*, organizado pelo Conselho Federal de Psicologia, reúne relatos profissionais de experiências premiadas na avaliação, intervenção e promoção de desenvolvimento pensadas para pessoas com diferentes tipos de deficiência.

   - CONSELHO FEDERAL DE PSICOLOGIA. **Prêmio profissional**: avaliação psicológica direcionada a pessoas com deficiência. Brasília, DF, 2019. 116p. Disponível em: https://site.cfp.org.br/wp-content/uploads/2019/07/CFP_livrodigital_premio2.pdf. Acesso em: 25 out. 2021.

2. Documentário *Crip Camp, revolução pela inclusão* (2020). Direção: James Lebrecht e Nicole Newnham. Produção: Netflix. O filme retrata uma experiência alternativa em um acampamento para adolescentes com deficiências diversas. Mostra os impactos dessa vivência em movimentos ativistas de luta por direitos e políticas públicas destinadas a essa população.

3. Documentário *História do movimento político das pessoas com deficiência no Brasil* (2010). Produção: Secretaria Nacional de Promoção dos Direitos da Pessoa com Deficiência. Disponível no YouTube, no canal "arquivougvieira", em: https://www.youtube.com/watch?v=yv1dnuGgn2k&t=5s. Acesso em: 29 set. 2022.

4. Diversitas – Núcleo de Estudos das Diversidades, Intolerâncias e Conflitos – Faculdade de Filosofia, Letras e Ciências Humanas da Universidade de São Paulo (FFLCH/USP). Disponível em: https://diversitas.fflch.usp.br/expediente. Acesso em: 29 set. 2022.

5. Grupo de Trabalho GT 07 | Avaliação e Intervenção no Desenvolvimento Infantil e Adolescente. Grupo de Trabalho da Associação Nacional de Pesquisa e Pós-graduação em Psicologia (ANPEPP). Disponível em: https://www.cadastro.anpepp.org.br/grupotrabalho/view?ID_GRUPO_TRABALHO=110. Acesso em: 29 set. 2022.

REFERÊNCIAS BIBLIOGRÁFICAS

AMARAL, L. **Conhecendo a deficiência (em companhia de Hércules)**. São Paulo: Robe, 1995.

BRASIL. Lei nº 13.146, de 6 de julho de 2015. Institui a Lei Brasileira de Inclusão da Pessoa com Deficiência (Estatuto da Pessoa com Deficiência). 2015. Disponível em: http://www.planalto.gov.br/ccivil_03/_Ato2015-2018/2015/Lei/L13146.htm. Acesso em: 20 jul. 2021.

FAINBLUM, A. **Discapacidad, una perspectiva clínica desde el psicoanálisis**. Buenos Aires: La Nave de los Locos, 2008.

GOLSE, B. **Les destins du développement chez l'enfant**. Toulouse: Eres, 2010.

MARQUES, J. Maioria dos brasileiros afirma que escola inclusiva melhora educação. **Folha de São Paulo**, 15 out. 2019. Disponível em: https://www1.folha.uol.com.br/cotidiano/2019/10/maioria-dos-brasileiros-afirma-que-escola-inclusiva-melhora-educacao.shtml. Acesso em: 29 set. 2022.

MENDES, E. G. A radicalização do debate sobre inclusão escolar no Brasil. **Revista Brasileira de Educação**, v. 11, n. 33, p. 387-405, 2006. Disponível em: https://doi.org/10.1590/S1413-24782006000300002. Acesso em: 29 set. 2022.

PRIETO, R. G. Atendimento escolar de alunos com necessidades educacionais especiais: um olhar sobre as políticas públicas de educação no Brasil. In: ARANTES, V. A. (org.). **Inclusão escolar**: pontos e contrapontos. São Paulo: Summus, 2006, p. 31-73.

WORLD HEALTH ORGANIZATION. **International classification of impairments, disabilities, and handicaps**: a manual of classification relating to the consequences of disease, published in accordance with resolution WHA29.35 of the Twenty-ninth World Health Assembly. 1980. Disponível em: https://apps.who.int/iris/handle/10665/41003. Acesso em: 15 jun. 2021.

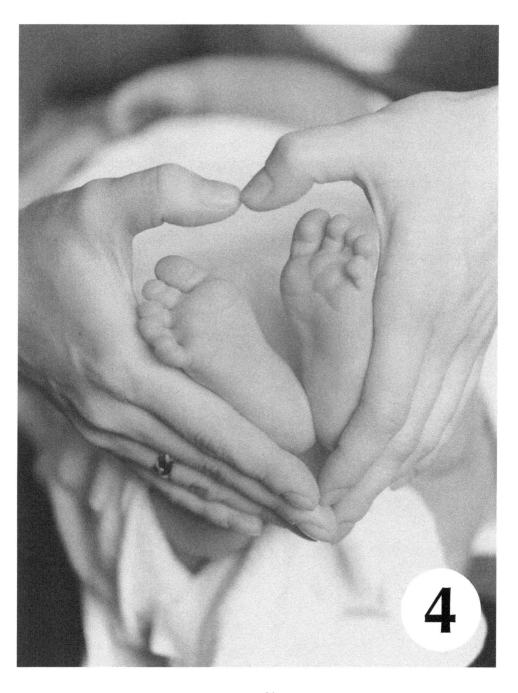

4

A CONSTITUIÇÃO DO EU E SUA RELAÇÃO COM O MUNDO

90 Psicologia do Desenvolvimento

Nesta Unidade, apresentamos a constituição do Eu e sua organização perante o mundo durante o ciclo vital, caracterizando os diferentes momentos do desenvolvimento psicológico quanto à continuidade com relação ao momento anterior e, ao mesmo tempo, ao anúncio do que será desenvolvido posteriormente, de acordo com a visão integrativa aqui proposta.

Esta Unidade ressalta a interdependência desses dois fenômenos (constituição do Eu e a relação com o mundo), que ocorrem concomitantemente e são objeto de estudo de diversas teorias sobre o desenvolvimento humano.

Procuramos demonstrar, também, como, durante o ciclo vital, a constituição do Eu e a relação com o mundo passam por transformações, sendo atualizadas e ressignificadas em diferentes etapas da vida em virtude das interferências mútuas entre o indivíduo e o meio físico e social.

12 A constituição do Eu: gestação, nascimento e os primeiros anos de vida

Quando é possível dizer que começa o desenvolvimento psicológico? Certamente uma criança já está em desenvolvimento no período anterior ao nascimento. No entanto, teorias clássicas atribuíram o ponto zero do desenvolvimento ao momento do nascimento, por considerarem que só a partir daí era possível observar empiricamente e sistematicamente o bebê. O conhecimento científico se baseava, assim, na possibilidade de ter indicadores observáveis a respeito das transformações do bebê. Os estudos, em sua maioria, fundamentaram-se na observação direta dos bebês, desde o nascimento. Com o desenvolvimento de novos métodos de investigação, assim como a possibilidade da relação com outras áreas, a ciência do

92   Psicologia do Desenvolvimento

desenvolvimento humano se beneficiou de informações a respeito da vida intrauterina, alargando o campo de pesquisas e de conhecimento. Áreas como a de psicologia gestacional, a qual aborda a relação mãe-bebê desde a gestação, trouxeram também contribuições para a Psicologia do Desenvolvimento (BORSA, 2007; SARMENTO; SETUBAL, 2003). Pesquisadores desse campo da Psicologia podem, hoje, acompanhar o desenvolvimento precoce do bebê e inferir evoluções psicológicas concomitantes ao desenvolvimento físico no momento anterior ao nascimento. Dados oferecidos por exames de ultrassom e de vitalidade permitem fazer hipóteses sobre um mundo psicológico no ambiente uterino e, posteriormente, acompanhá-lo no ambiente exterior. Além disso, a observação da amamentação e da mãe puérpera oferece informações preciosas sobre o bebê e a mãe em fases iniciais da vida desse novo indivíduo. Na literatura brasileira sobre desenvolvimento de bebês, destacam-se ainda trabalhos que buscam analisar possíveis influências sobre as vias de parto (parto vaginal × parto cesárea) no desenvolvimento de bebês. Cavaggioni, Martins e Benincasa (2020) avaliaram bebês a partir de uma escala de desenvolvimento, comparando vias de parto e momento do nascimento. As autoras encontraram dados que sugerem que crianças nascidas pré-termo possuem maior risco de desenvolvimento das habilidades motoras finas e linguagem expressiva que crianças nascidas a termo. Crianças nascidas por parto cesárea, nessa amostra, apresentaram maior comprometimento no comportamento sensorial e adaptativo quando comparadas às crianças nascidas por parto vaginal.

O nascimento inaugura uma nova vida para a criança e para sua família. Desde as primeiras horas de vida é possível observar como esse novo ser se adapta ao ambiente em termos físicos e psicológicos, por meio da relação com o ambiente e, particularmente, com a mãe. Os cuidados físicos se misturam à conexão emocional, o que fez Winnicott apresentar a ideia de que no começo haveria apenas o bebê e sua mãe (WINNICOTT, 1987/1999). Os primeiros anos de vida, particularmente os 24 meses iniciais, revelam, assim, o desenvolvimento da percepção, da motricidade, da linguagem, da vida emocional, da relação eu-outro e da relação eu-mundo. Autores clássicos e contemporâneos descrevem os processos de desenvolvimento psicológico quanto às capacidades cognitivas, emocionais e de socialização, estabelecidas desde muito cedo na vida dos bebês. Pode ser destacada, nesse âmbito, a construção do si mesmo e do real, como caracterizadas por Jean Piaget, a título de ilustração das inúmeras mudanças pelas quais a criança passa nos 24 meses iniciais de sua vida. Nas palavras do autor, a criança passa "do caos ao cosmos" (PIAGET, 1937/2002). No início, não se diferencia do ambiente, compreendendo-o como um prolongamento de seu corpo e de sua ação, devendo gradativamente construir não só um mundo (real) separado, mas também, e concomitantemente, o próprio Eu. Piaget insiste que, para a criança, antes dos 18 meses de vida, em média, o mundo é desorganizado (caótico), o que significa que não o compreende ainda como podendo existir separado de si mesma em termos espaciais, temporais e causais. Em virtude das sucessivas interações com o mundo, o bebê passa gradativamente a concebê-lo como formado por objetos permanentes, ou seja, que tem uma existência independente de sua percepção direta. Nesse momento, compreende também que ele próprio, agora independente do mundo, pode ser um objeto entre outros e,

A constituição do Eu: gestação, nascimento e os primeiros anos de vida   **93**

simultaneamente, um sujeito que age sobre o mundo de objetos físicos e sociais. Essa noção de permanência do objeto é um conceito-chave da teoria piagetiana para indicar o progresso psicológico do bebê e o ponto de origem para os progressos subsequentes. Essa primeira noção de Eu, como um objeto permanente, será a base para outras noções de si mesmo que serão construídas ao longo da vida. É importante ressaltar ainda que, para esse autor, o Eu e o mundo se constituem simultaneamente, de acordo com sua visão interacionista e construtivista. Ainda que na origem a pergunta de Piaget fosse muito mais epistemológica do que psicológica, sua caracterização sobre a construção do real e de si mesmo pode ilustrar também o que define uma teoria do desenvolvimento psicológico: ênfase no que se transforma e no que se conserva ao longo da vida em termos cognitivos, afetivos e sociais. Seu método de investigação, a observação sistemática e detalhada com intervenções gerais, pode ser também compreendido como um método compatível com uma visão desenvolvimentista.

Finalmente, é importante apontar o que concebemos como mundo neste texto. O conceito de mundo se aplica tanto ao mundo exterior quanto ao mundo interno, indicando que essa construção possui tanto aspectos objetivos e "objetiváveis" externamente quanto subjetivos e pertinentes à interioridade do sujeito. Assim, o mundo se refere ao mundo físico, social, cultural e político, tema amplamente estudado pelas teorias contextualistas do desenvolvimento.

OS BEBÊS E O ESPELHAMENTO NOS OUTROS

A construção dos mundos externo e interno anteriormente mencionada é sempre mediada pelos outros cuidadores que acolhem, acompanham e fomentam suas ações. Entretanto, saindo de uma concepção ambientalista ou empirista, as pesquisas recentes com bebês vêm observando, desde o nascimento, habilidades sociais e intelectuais para interagir com os objetos e as pessoas. Como foi anteriormente apontado, o estudo dessas capacidades é crescentemente abordado pelo campo das neurociências, mostrando que os bebês nascem com bases orgânicas e biológicas que os tornam aptos para a socialização e que lhes permite provocar, nos adultos, cuidados, olhares, sorrisos, comunicação e musicalidade.

Contudo, a inteligência dos bebês para fazer descobertas no mundo objetal e suas habilidades socioafetivas para estabelecer vínculos intersubjetivos já tinham sido descritas e explicadas por autores clássicos do campo da Psicanálise, tais como Donald Winnicott e Françoise Dolto. Ao enfatizar que os bebês só se constituem como sujeitos a partir da interação com outros, ao longo das suas obras, esses autores desconstruíram a ideia de um bebê passivo "que nada entende" e mostraram que, ainda sem falar com palavras, os bebês são sujeitos de linguagem ativos que se comunicam a partir de esquemas multissensoriais que suscitam a interação e o cuidado dos adultos.

Esse novo olhar dos "bebês do século XXI" reforça o papel fundamental de uma Educação Infantil de qualidade ao longo dos primeiros anos de vida. Entretanto, mesmo diante desse panorama de avanços nos estudos com bebês, observa-se que, em muitas escolas brasileiras, ainda persiste um caráter assistencialista que reduz a interação dos educadores às atividades

94 Psicologia do Desenvolvimento

de higiene, sono e alimentação. No Brasil, há iniciativas que procuram disseminar conhecimento e orientar a população, os educadores, pais e gestores em relação à importância desse momento do desenvolvimento humano, frequentemente denominado primeiríssima infância, em busca de boas práticas educativas e no âmbito político que visem assegurar as condições necessárias para um desenvolvimento saudável na primeira infância (COMITÊ CIENTÍFICO DO NÚCLEO CIÊNCIA PELA INFÂNCIA, 2020; 2016a; 2016b).

As dinâmicas pelas quais as capacidades intrapsíquicas dos bebês se constituem e desenvolvem na interação com outros, no contexto de experiências educativas significativas, envolvem intensos e complexos processos identificatórios fundantes da constituição do Eu. Entre essas dinâmicas intersubjetivas cabe destacar o estádio do espelho, processo de identificação pelo qual o bebê assume sua imagem especular (no espelho) e a imagem que recebe dos outros (do olhar dos cuidadores). Aproximadamente a partir dos seis meses inicia-se a progressiva unificação do corpo "fragmentado" do bebê (sensações proprioceptivas dispersas) ao se reconhecer em uma imagem especular totalizadora do espelho. É uma experiência habitual observar como os bebês fazem risos e procuram o olhar do adulto quando reconhecem sua imagem e seus gestos replicados no espelho. Jacques Lacan e Françoise Dolto são alguns dos psicanalistas que trabalharam essa questão, originariamente abordada por diversas vertentes teóricas, tais como os estudos etológicos de Kohler e as teorias do desenvolvimento de Wallon e de Baldwin.

A operação de constituição da imagem especular do Eu da criança, denominada estádio do espelho, só se constitui pela intermediação de um adulto (geralmente a mãe) que nomeia essa imagem como sua e o inscreve em uma trama desiderativa. É o desejo de ser desejada pelo adulto que promove o investimento afetivo dessa busca da criança pela sua imagem no espelho. Há, assim, uma situação triangular que se põe em jogo na identificação primária da constituição subjetiva da criança. O que está em jogo, para a Psicanálise, é a ordem do reconhecimento do "filhote humano" no desejo do outro. Um "outro", mãe, pai ou cuidador primário, que, ao reconhecer e desejar um bebê, inscreve-o em uma história e o faz transcender como sujeito para além do registro do organismo-carne. Assim, o bebê antecipa a maturação da sua potência na sua imagem especular reconhecida pelo outro. O sujeito transita uma experiência de mão dupla que traz impactos no seu corpo orgânico e na motricidade e, ao mesmo tempo, a imagem do seu corpo físico traz efeitos no seu psiquismo.

Para Françoise Dolto (1908-1988), nessas primeiras interações com o espelho, inicia-se a gênese de uma imagem inconsciente do corpo que vai além do esquema corporal imaginário que refere às características anatômicas habituais da espécie humana (dois braços, duas pernas, olhos etc.). A imagem inconsciente do corpo é produto de um processo contínuo e dinâmico de inscrição da própria imagem no aparelho psíquico com base nas experiências subjetivas de interação com os outros e com os objetos. Por sua vez, as nomeações que qualificam e adjetivam o bebê desde o útero vão simbolizando seu corpo-organismo e inscrevendo-o na ordem de uma filiação, em uma trama histórico-libidinal que o acolhe e lhe oferece um caminho possível. Assim, o Eu se constitui por camadas de identificações que se sobrepõem na forma estrutural de uma cebola.

A constituição do Eu: gestação, nascimento e os primeiros anos de vida **95**

Na perspectiva da psicanalista Piera Aulagnier (1923-1990), esse processo de constituição subjetiva acontece no seio de um "contrato narcisista" íntimo entre a criança, sua família e as instituições sociais que a permeiam. Essas instituições, que a recebem ao nascer, interpretam-na dando nomes às suas manifestações mais precoces. Essas manifestações são acolhidas pelos cuidadores com diferentes tons emocionais, aceitando, punindo, reprimindo ou dando espaço para sua expressão. Desde uma ótica freudiana, por exemplo, é comum que os bebês da fase sádico anal exteriorizem ambivalência de sentimentos. Por um lado, de autonomia, especialmente fortalecida pela incipiente conquista da linguagem, e por outro lado, de dependência, que leva a sentimentos de frustração pela consciência da criança das suas barreiras para conseguir atingir seus objetivos de forma independente, seja pelas limitações físicas, seja pelas limitações da própria linguagem. São típicas nessa etapa as comumente chamadas "birras", manifestações "quase explosivas" desses sentimentos ambivalentes que se acentuam pelas dificuldades de colocar em palavras seus sentimentos, dores, desejos e necessidades.

A sua acolhida instaura um "contrato narcisista" que prevê expectativas, desejos e interdições e modela imaginariamente uma promessa, uma projeção acerca do que se espera que esse bebê seja no futuro, respondendo às demandas familiares e sociais. Esse jogo de identificações acontece na interação do sujeito com os outros e que modela seus vínculos e a sua identidade. É sempre o "outro" que oferece sustento simbólico e imaginário ao Eu da criança, que lhe devolve uma imagem de aprovação ou desaprovação, de desejo ou indiferença. Esse outro primário, encarnado em cuidadores familiares e escolar, será reencontrado em múltiplos "outros" que darão reconhecimento ao longo do ciclo vital.

PARA SABER MAIS

E Elaborar Atividades, Sugerimos os Seguintes Materiais Complementares:

1. Documentários
   - *O começo da vida* (2016). Direção: Estela Renner. Produção: Maria Farinha Filmes. Brasil: Maria Farinha Filmes. Disponível em: https://www.fmcsv.org.br/pt-BR/impacto/o-comeco-da-vida/. Acesso em: 29 set. 2022.
   - *O começo da vida 2 – lá fora* (2020). Direção: Renata Terra. Maria Farinha Filmes. Brasil: Maria Farinha Filmes. Disponível em: https://www.fmcsv.org.br/pt-BR/o-comeco-da-vida-2-la-fora/. Acesso em: 29 set. 2022.
2. *Sites*
   - Núcleo Ciência pela Infância (NCPI). Disponível em: https://ncpi.org.br/. Acesso em: 29 set. 2022.
   - Guia Primeira Infância em pauta. Disponível em: https://www.primeirainfanciaempauta.org.br/. Acesso em: 29 set. 2022.

96 Psicologia do Desenvolvimento

3. Grupo de Pesquisa

- Humanização da assistência à gestação, parto, nascimento e pós-parto. Programa de Pós-graduação em Psicologia da Saúde – Universidade Metodista de São Paulo (UMESP). Disponível em: https://metodista.br/stricto-sensu/psicologia-da-saude/pesquisa/humanizacao-da-assistencia-a-gestacao-parto-nascimento-e-pos-parto. Acesso em: 29 set. 2022.

REFERÊNCIAS BIBLIOGRÁFICAS

BORSA, J. Considerações acerca da relação mãe-bebê da gestação ao puerpério. **Revista Contemporânea – Psicanálise e Transdisciplinaridade**, 2, Porto Alegre, abr./maio/jun. 2007. Disponível em: http://www.revistacontemporanea.org.br/revistacontemporaneaanterior/site/wp-content/artigos/artigo89.pdf. Acesso em: 29 set. 2022.

CAVAGGIONI, A. P. M.; MARTINS, M. C. M.; BENINCASA, M. Influence of type of birth on child development: a comparison by Bayley – III Scale. **Journal of Human Growth and Development**, v. 30, p. 301-310, 2020.

COMITÊ CIENTÍFICO DO NÚCLEO CIÊNCIA PELA INFÂNCIA. **Edição especial**: repercussões da pandemia de COVID-19 no desenvolvimento infantil. 2020. Disponível em: https://ncpi.org.br/wp-content/uploads/2020/05/Working-Paper-Repercussoes-da-pandemia-no-desenvolvimento-infantil-3.pdf. Acesso em: 28 jul. 2021.

COMITÊ CIENTÍFICO DO NÚCLEO CIÊNCIA PELA INFÂNCIA. **Importância dos vínculos familiares na primeira infância**: estudo II. 2016a. Disponível em: https://ncpi.org.br/wp-content/uploads/2018/07/Vinculos-Familiares.pdf. Acesso em: 29 set. 2022.

COMITÊ CIENTÍFICO DO NÚCLEO CIÊNCIA PELA INFÂNCIA. **Funções executivas e desenvolvimento infantil**: habilidades necessárias para a autonomia: estudo III. 2016b. Disponível em: https://ncpi.org.br/wp-content/uploads/2018/08/Funcoes_executivas.pdf. Acesso em: 29 set. 2022.

PIAGET, J. **A construção do real na criança**. São Paulo: Ática 2002. Original publicado em 1937.

SARMENTO, R.; SETÚBAL, M. S. Abordagem psicológica em obstetrícia: aspectos emocionais da gravidez, parto e puerpério. **Revista de Ciências Médicas (Campinas)**, v. 12, n. 3, p. 261-268, jul./set. 2003.

WINNICOTT, D. **Os bebês e suas mães**. São Paulo: Martins Fontes, 1999. Original publicado em 1987.

13   A constituição do Eu durante a infância

Seria a constituição do Eu restrita aos primeiros anos de vida? Ou o Eu continua a se constituir durante todo o ciclo vital? Nesta obra, os sentidos da constituição do Eu serão abordados ao longo do ciclo vital, considerando sua gênese no início da vida, o que dele se conserva e, ao mesmo tempo, as transformações e ressignificações que ocorrem ao longo da infância, nas trajetórias de desenvolvimento psicológico.

    Tomaremos, neste capítulo, o período compreendido entre os dois anos de idade e o que antecede a puberdade, em termos da constituição do Eu, indicando as transformações principais, bem como o que pode ser denominado identidade da criança. Trata-se de um período longo composto de conquistas importantes quanto ao pensamento, à socialização e à vida afetiva. Diferentes ambientes com os quais a criança interage se interconectam, oferecendo

98 Psicologia do Desenvolvimento

múltiplas influências sobre o Eu, alargando-o e integrando-o, particularmente do ponto de vista simbólico.

Conforme apontado anteriormente, o Eu e o mundo organizados em termos espaciais, temporais e causais podem agora ser representados, o que traz esse indivíduo para novas relações sociais e culturais. As bases cognitivas para a construção do Eu e do si mesmo estão construídas e a capacidade para representar permite a entrada e a relação com a cultura. O si mesmo cultural é agora construído propiciando que as crenças e as práticas dos grupos sejam incorporadas e transformadas por esse novo indivíduo e membro do grupo. Tanto Vygotsky, em sua perspectiva histórico-cultural, como Bruner, em sua visão da psicologia cultural, descrevem como essas mútuas relações entre indivíduo e cultura constituem o *self* cultural. Já Wallon seleciona a relação eu-outro como estruturadora do Eu na infância, por meio das emoções e das relações sociais. Sua abordagem sociointeracionista apresenta como "a pessoa completa" se constrói durante a infância, desde a indiferenciação inicial (estágio impulsivo emocional), passando pelo sensório motor/projetivo, configurando um momento denominado confusionismo; seguido do personalismo com afirmação do Eu até a fase categorial e depois adolescência, em que os diferentes papéis sociais em grupos diferentes e concomitantes contribuem para que o Eu (pessoa) se amplie e se diferencie.

É inegável, pelo exposto, a existência de relações de reciprocidade entre os aspectos afetivos, intelectuais e sociais, o que expressa a dificuldade em tratar desses separadamente. Cada modelo teórico destaca um aspecto para apontar mais precisamente seus indicadores empíricos, o que não significa que deixe de lado os outros. O desafio é, então, apresentar de modo integrado a constituição do Eu com o que dele permanece ao longo do ciclo vital e, ao mesmo tempo, com o que dele se transforma.

Particularmente, é relevante demonstrar como os ambientes educacionais têm influência sobre o desenvolvimento e a constituição do Eu, pois são neles que as crianças exercerão seus papéis sociais, encontrarão novos modelos de identificação e testarão suas habilidades e capacidades afetivas e sociais. A escola é, assim, um contexto de desenvolvimento e oferece conteúdos relevantes para o desenvolvimento de modo geral e para a constituição do Eu, particularmente. Diferentes possibilidades de participação em grupos, demandando assumir diferentes pontos de vista sobre as situações, e criar estratégias de superação de dificuldades que se apresentem são aspectos que podem ser desenvolvidos na escola. Entre esses aspectos, podemos destacar a autoestima e sua importância para o Eu e para o enfrentamento dos desafios intelectuais, afetivos e sociais. Inúmeros trabalhos de intervenção com crianças apontam a relevância para o bem-estar psicológico de se sentir autovalorizado positivamente em suas capacidades. Isso auxilia a criança a lidar com as limitações internas e exteriores, relacionadas diretamente aos contextos de vida.

Finalmente, cabe mencionar, de modo particular, a importância do Eu para o desenvolvimento da moralidade na infância, ou seja, o modo como o Eu se relaciona com as regras sociais e a sociedade normativa em geral. As contribuições da teoria de Piaget (1932) ao descrever o desenvolvimento do juízo moral na criança, assim como as pesquisas de autores

A constituição do Eu durante a infância **99**

contemporâneos (KILLEN; SMETANA, 2013; CAETANO; DELL'AGLI, 2020), demonstram que a autovalorização e a constituição do Eu são elementos fundamentais para a ação moral, já para crianças pequenas. Os modos como as crianças concebem e executam regras nos contextos familiar e escolar revelam formas/domínios morais estudados por autores contemporâneos a partir da Teoria do Domínio Social. Relações sociais que promovam autonomia moral são, desde Piaget, essenciais para a ação livre e baseada na justiça. As pesquisas do campo da Psicologia do desenvolvimento moral, estrangeiras e brasileiras trazem novos resultados sobre essa dimensão e suas implicações para o desenvolvimento psicológico geral e, particularmente, para o desenvolvimento do *self*.

No contexto da constituição do Eu na infância, a autonomia moral começa a se manifestar na criança de pensamento operatório (aproximadamente a partir dos sete anos; ver Capítulo 4) pelo menos em duas conquistas: o início da progressiva capacidade de participar em trocas cooperativas e de sentir vergonha moral pelo julgamento valorativo de si mesma. A respeito dessa última, cabe mencionar as contribuições da psicologia moral para o desenvolvimento humano, que foram estudadas por Yves de La Taille (2007), refletindo acerca de suas dimensões afetivas e intelectuais. Uma das suas conclusões é que a fonte energética do dever moral é uma forma do querer, no sentido de que o sentimento de obrigatoriedade moral se sustenta na vontade livre de agir. Ou seja, não é um sentimento oriundo da heteronomia e da coação que regulam o juízo moral da criança pequena que pensa e sente o mundo a partir de esquemas pré-operatórios intuitivos. A fonte energética desse dever são sentimentos, não só morais, mas que desempenham um papel no próprio desenvolvimento. A vergonha, condição necessária para o sentimento de obrigatoriedade, ocupa um lugar essencial nessa fonte afetiva.

O que é a vergonha? A vergonha é um desconforto psíquico decorrente de duas situações: exposição e juízo negativo. A respeito da primeira, La Taille (2002) aponta que existe uma suscetibilidade humana irredutível ao olhar alheio que, entretanto, é fortalecida em um *self* empobrecido quando há sentimentos de inferioridade ou baixa autoestima (portanto, vergonha e medo podem confundir-se). A respeito da segunda, para haver vergonha moral o juízo negativo tem que ser proferido por quem a experimenta, ou seja, julgar-se negativamente a si próprio (LA TAILLE, 2007). Nessa linha, o *si mesmo* pode ser definido como o conjunto de representações de si que são sempre plurais e constituem um valor. O valor é o investimento afetivo sobre um objeto e, portanto, investe-se mais no que mais se valoriza. Julgar-se é, nas suas palavras: "pensar-se numa escala de valores (bom/mau, bonito/feio, forte/fraco, desejável/indesejável etc.). Consequentemente, as representações de si devem ser pensadas em dois níveis: o que se julga ser e o que se almeja ser" (LA TAILLE; HARKOT, 2004, p. 72).

Além de poder se julgar moralmente em concordância com sentimentos de autovalorização, a criança começa a participar de trocas cooperativas baseadas na reciprocidade. Essas trocas se iniciam no período do pensamento operatório concreto, que se sustenta na reversibilidade, em um progressivo processo de transformação intelectual e afetiva. De acordo com

100 Psicologia do Desenvolvimento

La Taille (1997), assim como para ser moral o sujeito tem que querer sê-lo, para que haja cooperação o sujeito tem que **querer ser** cooperativo. Nas suas palavras:

> [...] a imposição é substituída pela explicação, a obediência é determinada pela concordância (por parte de quem vai obedecer), a afirmação sumária das verdades é trocada por sua demonstração. As relações sociais baseadas na coação reforçam o egocentrismo e níveis pré-operatórios de compreensão do meio; aquelas baseadas na cooperação favorecem a descentração e exigem, para delas poder participar, a construção do pensamento operatório (LA TAILLE, 1997, p. 40).

A seguir, apresentaremos algumas características dos ambientes educacionais da infância cujas relações sociais podem facilitar e fomentar, ou obstaculizar e empobrecer, esses processos de cooperação e descentração.

INFÂNCIA E AMBIENTES EDUCACIONAIS

Aproximadamente a partir dos seis anos a escola costuma ser o palco protagonista de um período que enfatiza o papel social da criança "aluna" ou "escolar". Nessa etapa, as aprendizagens escolares tomam especial importância para o desenvolvimento ao oferecer e exigir novas tarefas cognitivas, desafios, vínculos sociais e objetos culturais. Ao salientar a irredutível interdependência entre aprendizagem e desenvolvimento, cabe lembrar que, na maioria das culturas, a idade de seis anos é, habitualmente, o momento de ingresso no mundo da alfabetização e da escolarização obrigatória. O desenvolvimento psicossexual desse período também envolve os trabalhos culturais do período de latência que se iniciam com o desenlace do Complexo de Édipo (aproximadamente entre cinco e seis anos) e culminam com a puberdade (tema abordado no Capítulo 16). A libido infantil é desviada do alvo sexual e voltada para outros fins, processo de reorientação energética para novas metas denominado **sublimação**, que facilitaria o ingresso da criança nos contextos escolares (FREUD, 1905/1996).

Essas transformações na organização do psiquismo, do pensamento e do Eu se configuram com base nas interações da criança com outros, ou seja, não são espontâneas, inatas, nem fruto da maturação orgânica. A flexibilidade e o potencial de transformação da personalidade e dos comportamentos infantis contradizem o entendimento de estruturas psicopatológicas estáticas nessa etapa (ver Unidade 3). Destarte, os trabalhos psíquicos da infância são instaurados por pautas sociais como o mencionado ingresso à escola. Autores contemporâneos salientam o paradigma intersubjetivo do desenvolvimento infantil e o caráter dinâmico das estruturas psíquicas dessa etapa que ressoam em ganhos socioculturais. Cada transformação psicossexual é sempre uma coconstrução que se produz no encontro inédito da criança com o funcionamento étnico-sociológico de seu grupo de pertencimento (GOLSE, 2010). Entretanto, embora "o outro" tenha lugar primordial na mediação das interações do sujeito com o mundo, não garante saúde ou neurose.

A constituição subjetiva envolve progressivas transformações que constituem coconstruções produzidas no singular diálogo de processos intrapsíquicos e intersubjetivos. Ao longo da infância, consolidam-se as forças que limitam a pulsão sexual à maneira de diques, como a vergonha, o nojo, e as exigências de ideais estéticos e morais que são especialmente reforçados pela educação familiar e escolar. Na difícil tarefa de defesa dos mundos externo e interno, o Eu nunca atinge sucesso completo. A frustração advinda da realidade é imposta no curso do desenvolvimento atuando como uma força proveniente das "exigências da vida" e da educação. As pulsões do Eu ou de autopreservação são mais fáceis de educar e cedo aprendem a "adaptar-se à necessidade e a moldar seus desenvolvimentos de acordo com as instruções da realidade" (FREUD, 1916/1996, p. 358). Diferentemente, as pulsões sexuais são mais "rebeldes" e inacessíveis à influência educadora da necessidade real e resultam menos plásticas por estarem ligadas às funções corporais (a relação entre pulsões sexuais e pulsões do Eu é aprofundada no Capítulo 16).

Diante desse jogo de frustrações e conquistas que a criança enfrenta ao longo da escolarização, Erik Erikson denominou o período da latência como uma crise entre sentimentos de "produtividade *vs.* inferioridade". O sentimento de inadequação e inferioridade é experimentado quando a criança não consegue se sentir produtiva para cumprir com o que acredita que esperam dela socialmente. A força básica que representa esse período é o sentimento de competência ilustrado na frase "Eu sou o que posso aprender para realizar um trabalho". Se o ser é vivenciado na capacidade de aprender, a visão negativa e o sentimento de desvalia sobre si mesma podem levar a criança a evitar situações sociais nas quais fique em evidência. A escola, instituição social preponderante desse período, pode funcionar como favorecedora ou restritiva desse "sentimento de ser capaz de produzir", fundamental para conquistar a consideração e a admiração dos outros (BORDIGNON, 2007).

Nesse sentido, a instituição escolar configura o lugar de expectativas e exigências no qual a criança vivencia sentimentos de ajuste ou desajuste. Em termos de autovalorização, os sentimentos repetitivos de incapacidade podem prejudicar a valorização narcisista da criança e obstacularizar uma das maiores conquistas da latência: o pensamento autônomo e prazeroso, potencial para um trabalho sublimatório. O período pós-edipiano constitui uma nova configuração do vínculo filial na latência, não minimiza a importância dos pais como figuras identificatórias de um modo de conhecer e investir afetivamente o mundo. É justamente a queda da sua "deificação" (ou endeusamento), onipotência e onisciência, que abre espaço para novos modelos identificatórios encarnados nas professoras e nos professores, que dão continuação aos processos fundadores do estádio do espelho, referidos no capítulo anterior.

O período de latência apresenta características que convergem com aspectos do neurodesenvolvimento, no que diz respeito à inibição da hegemonia do princípio de prazer e às possibilidades de sublimar e reconduzir a energia psíquica para atividades socialmente valorizadas. Refletir acerca do desenvolvimento infantil no atual contexto educativo e escolar envolve o desafio de incluir, nessa análise, as mudanças tecnológicas. Pesquisas acerca da interação com novas tecnologias evidenciam o aumento do uso das telas por crianças pequenas,

102 Psicologia do Desenvolvimento

inclusive bebês, hábito fortalecido pela situação de pandemia. Esses estudos mostram, por exemplo, que o uso excessivo de *videogames* proporciona um aumento da ativação dos circuitos cerebrais de recompensas (HOUDÉ, 2015).

Valendo-se de técnicas de tomografias computadorizadas, Houdé e sua equipe aplicam provas piagetianas, e enquanto a criança resolve o problema, observam-se as regiões do cérebro ativadas, suas redes neuronais e reorganização. A criança que não exerce o mecanismo de controle inibitório não bloqueia a estratégia impulsiva, condição necessária para a reflexão que requer negar o automatismo da intuição e da percepção. Essa resistência cognitiva permite pensar no campo da lógica e da moral.

Nesse sentido, cabe lembrar que é habitual abordar as dificuldades de aprendizagem questionando por que uma criança que apresenta limitações de atenção e concentração na escola consegue ficar "horas" diante das telas. A ponte entre atenção e novas tecnologias sustenta a tese de que o contato excessivo com telas está trazendo mudanças nas conexões neuronais (HOUDÉ, 2007). Os *videogames* e as redes sociais estimulam circuitos de recompensas mais imediatas na liberação de dopamina. A chamada "geração Z", que se refere aos jovens de 12 a 24 anos que cresceram com telefones celulares e *videogames*, teria ganhado em mecanismos cerebrais velozes e automatismos, mas teria perdido em raciocínio e controle de si mesmo. O cérebro permanece o mesmo, mas os circuitos funcionais teriam mudado ganhando velocidade, em detrimento da inibição de condutas impulsivas e intuitivas (HOUDÉ, 2015).

Diante da complexidade desses processos, entende-se a importância da qualidade da educação oferecida pelas escolas, assim como as políticas educacionais que garantem acesso e permanência para a população infantil, especialmente naquelas comunidades com maiores índices de vulnerabilidade socioeconômica (esse assunto é aprofundado na Unidade 5, no contexto das políticas educacionais). No Brasil, os três fatores da composição de alunos que mais impactam o Índice de Desenvolvimento da Educação Básica (Ideb) são o nível socioeconômico, a cor/raça e o gênero (ALVES; SOARES, 2013). Escolas com alunos de níveis socioeconômicos mais baixos mostram um Ideb menor. Em uma perspectiva diacrônica, o Ideb tende a diminuir significativamente nos anos finais do ensino fundamental, valor que afeta mais os alunos não brancos por incidência de reprovação ou abandono precoce da escola. O empobrecimento da qualidade do ensino ao longo dos anos também se revela na relação significativa entre o Ideb e a infraestrutura física escolar, que vai dos equipamentos, como computadores e biblioteca, à manutenção do prédio, como presença de água tratada, banheiro, coleta de lixo, eletricidade, esgoto etc. Esses dados da situação escolar brasileira convergem com as teorias apresentadas nesta Unidade, que destacam o papel fundamental da qualidade das condições físicas e materiais do ambiente e da especial importância da mediação dos educadores nas experiências das crianças com os objetos do mundo.

A constituição do Eu durante a infância **103**

PARA SABER MAIS

E Elaborar Atividades, Sugerimos os Seguintes Materiais Complementares:

1. Instituto de Psicologia – Universidade de São Paulo (IP-USP)

   * Laboratório de Estudos sobre Desenvolvimento e Aprendizagem (LEDA). Disponível em:https://www.ip.usp.br/site/laboratorio-de-estudos-sobre-desenvolvimento-e-aprendizagem-leda-lapp/. Acesso em: 29 set. 2022.

2. LA TAILLE, Y. **Ética para meus pais**. Campinas: Papirus, 2011.

REFERÊNCIAS BIBLIOGRÁFICAS

ALVES, M. T. G.; SOARES, J. F. Contexto escolar e indicadores educacionais: condições desiguais para a efetivação de uma política de avaliação educacional. **Educação e Pesquisa**, v. 39, n. 1, p. 177-194, 2013.

BORDIGNON, N. A. O desenvolvimento psicossocial do jovem adulto em Erik Erikson. **Revista Lasallista de Investigación**, v. 4, n. 2, p. 7-16, 2007.

CAETANO, L. M.; DELL'AGLI, B. A. V. Julgamentos de crianças sobre regras dos contextos familiar e escolar. **Notandum**, ano 23, n. 52, jan./abr. 2020, CEMOrOC-Feusp/IJI-Univ. do Porto.

FREUD, S. **Conferências de introdução à psicanálise**. Edição Standard das obras psicológicas completas de Sigmund Freud. Rio de Janeiro: Imago, 1996. Original publicado em 1916.

FREUD, S. **Três ensaios sobre a teoria da sexualidade**. Edição Standard das obras psicológicas completas de Sigmund Freud. Rio de Janeiro: Imago, 1996. Original publicado em 1905.

GOLSE, B. **Les destins du développement chez l'enfant**. Toulouse: Eres, 2010.

HOUDÉ, O. Génération Z: le cerveau des enfants du numérique. Entretien avec Olivier Houdé. **Sciences et Avenir avec AFP**, 12 fev. 2015.

HOUDÉ, O. Le rôle positif de l'inhibition dans le développement cognitif de l'enfant. **Le Journal des psychologues**, n. 244, p. 40-42, 2007.

KILLEN, M.; SMETANA, J. G. **Handbook of Moral Development**. New York: Psychology Press, 2013.

LA TAILLE, Y. Cognição, afeto e moralidade. In: OLIVEIRA, M.; REGO, T.; SOUZA, D. (orgs.). **Psicologia, educação e as temáticas da vida contemporânea**. São Paulo: Moderna, 2002.

LA TAILLE, Y. Desenvolvimento humano: contribuições da psicologia moral. **Psicologia USP**, 2007, v. 18, n. 1, 2007.

LA TAILLE, Y. O erro na perspectiva piagetiana. In: AQUINO, J. (org.). **Erro e fracasso na escola**: alternativas teóricas e práticas. São Paulo: Summus, 1997.

LA TAILLE, Y.; HARKOT, E. L. A construção ética e moral de si mesmo. In: SOUZA, M. T. C. C. (org.). **Os sentidos de construção**: o si mesmo e o mundo. São Paulo: Casa do Psicólogo, 2004.

14 A constituição do Eu na adolescência

Considerando a estrutura desta Unidade a respeito da constituição do Eu durante o ciclo vital, abordaremos neste capítulo como isso ocorre durante o período da adolescência. Tradicionalmente, esse período é definido como um momento de revisão de papéis sociais e da própria identidade até aqui constituída, com tendência a considerá-lo um período de crises e dificuldades. O termo "adolescência" é um construto plural abordado por referências conceituais diversas em função da complexidade dos processos biopsicossociais que envolve e as coordenadas contemporâneas que não só os possibilita, mas também, em ocasiões, obstaculiza-os. Refletir sobre a construção sócio-histórica da adolescência e a pluralidade desse conceito nos permite despatologizar e desmistificar essa etapa do desenvolvimento. Autores clássicos e contemporâneos contribuem para ampliar a ideia de instabilidade que perpassa a visão de uma adolescência em singular.

106 Psicologia do Desenvolvimento

A adolescência é um período que abrange processos biopsicossociais complexos, tais como a progressiva construção de uma identidade de gênero e sexuada, o início dos relacionamentos amorosos, a relação identidade-corpo, o desenvolvimento moral que permeia a construção de projetos de vida, a escolha profissional, o ingresso no mundo do trabalho e maior participação social e política.

Ao tratar desse tema, é importante distinguir puberdade e adolescência, sendo o primeiro um processo biológico universal marcado por mudanças hormonais e fisiológicas, e o segundo um processo psicossocial, caracterizado de modo diferente conforme o contexto social/cultural em que o indivíduo está inserido, como bem apontado por E. Erikson (1976). Pode-se dizer que a puberdade é a parte biológica da adolescência, já que as mudanças físicas trazem consequências psicológicas evidenciadas em muitas investigações, por exemplo, sobre a puberdade precoce ou atrasada, em meninos e meninas. Fica ainda mais evidente, nesse momento de desenvolvimento, que a relação entre os aspectos biológicos e culturais se constitui em um processo dialético e complexo de mútua influência. Pesquisadores contemporâneos destacam modos mais frequentes de enfrentamento das situações nesse momento de vida, tais como oposição, contestação e onipotência, utilizados como defesas contra o sentimento de autovalorização negativo por não estarem ainda encaixados na sociedade dos adultos (BOCK, 2007). Esses autores discutem e criticam uma visão naturalizante da adolescência implícita em visões clássicas, que a concebem como uma fase do desenvolvimento com aspectos homogêneos, entre os quais se destaca a definição da identidade. Essa visão, segundo Bock (2007), minimiza as experiências individuais e os contextos sócio-históricos, para ela centrais na compreensão desse momento de vida. Optamos por assumir uma visão integrada e destacar aqui as transformações "positivas" e as conquistas na constituição do Eu adolescente, encarando as dificuldades e as crises como passos de um processo rico de mudanças e estabelecimento de novas metas e objetivos para o Eu. Essa opção fundamenta-se também nas tendências de pesquisa atuais que consideram que, para além das identificações dos fatores de risco para o desenvolvimento do adolescente, é mais efetivo analisar as estratégias que possam promover um desenvolvimento positivo, tais como a observação das características e recursos individuais, a promoção de uma relação positiva com os adultos de seu contexto, o favorecimento do protagonismo e da autonomia, e o oferecimento de oportunidades para o desenvolvimento de habilidades individuais (SENNA; DESSEN, 2012).

A constatação de que a adolescência é um momento de crise pode ser compreendida como decorrente das intensas transformações corporais da puberdade, das mudanças intelectuais e seu impacto na afetividade, e do desafio para a constituição da personalidade. Acrescente-se a esses fatores outro não menos importante, que é a representação sociocultural da adolescência, que certamente contribui para a vivência subjetiva e para o desenvolvimento de grupos de adolescentes em diferentes contextos. Modelos teóricos clássicos e contemporâneos dedicaram-se ao estudo desse momento do desenvolvimento, procurando elucidar a trama na qual essa mudança nomeada como "crise" se desenrolaria. Para além da intensidade das mudanças geradoras de conflitos, as teorias que permanecem contribuindo para a compreensão do desenvolvimento humano na adolescência analisam esse desenvolvimento rompendo concepções estereotipadas do adolescente e promovendo reflexões profundas das especificidades dessas transformações no que se refere aos aspectos afetivos, cognitivos, morais e socioculturais.

Tal como assinalado em diversos momentos do presente livro (especialmente nas Unidades 1 e 2), o desenvolvimento humano não pode ser reduzido a processos de maturação biológica e gerais de um indivíduo isolado. As transformações biológicas são permeadas pela psicologia do sujeito referida às circunstâncias histórico-culturais e às peculiaridades das suas experiências. As transformações ontogenéticas também são interpretadas de acordo com formas de significação próprias de cada contexto. O inato é sempre mediado por um outro e pela cultura, portanto a puberdade também é interpretada e mediada. As marcas corporais, por exemplo, a força muscular dos meninos (ganho de massa) e os seios das meninas são socialmente significadas. Desse modo, a puberdade pode levar ao casamento, ao isolamento em casas separadas, à adolescência etc. (OLIVEIRA; TEIXEIRA, 2002).

Segundo Senna e Dessen (2012), podem se situar três momentos no estudo e na descrição dos processos de desenvolvimento na adolescência. Até o século XIX, prevaleceu uma indistinção entre a vida adulta e a adolescência. No início do século XX, com os trabalhos de Stanley Hall (1846-1924), a adolescência tornou-se objeto de estudo. Nessa etapa, podem ser destacados os trabalhos da Psicanálise, tais como os de Aberastury e Knobel, Erikson e Winnicott, e as teorias interacionistas, especialmente as de Piaget, Vygotsky e Wallon. A partir da década de 1970 surge uma visão contextualista do desenvolvimento, graças às contribuições da abordagem bioecológica de Bronfenbrenner (ver Unidade 2). Por último, estudos empíricos contemporâneos buscam a aplicação da teoria em uma visão mais positiva da adolescência, tentando desmistificar seu caráter universal, abstrato, natural e semipatológico, e superar, assim, um imaginário negativo desse período (SENNA; DESSEN, 2012), como também apontado por Bock (2007).

Tomando subsídio nas duas últimas perspectivas, salientam-se as interrelações dos recursos individuais e contextuais que promovem trajetórias de desenvolvimento positivas. As pesquisas do curso de vida no modelo bioecológico de Bronfenbrenner vêm trazendo contribuições com relação a uma adolescência saudável em função de um sujeito ativo, produto e produtor do seu desenvolvimento. Essa interação com o contexto envolve uma hierarquia complexa de sistemas interdependentes (micro, meso e macrossistemas) com atividades, papéis e relações interpessoais em famílias, grupos de amigos, vizinhança e comunidade, assim como em instituições educacionais e de saúde, sociais e políticas (SENNA; DESSEN, 2012).

Segundo a Organização Mundial da Saúde (OMS), a adolescência constitui um período curto ou prolongado dependendo das sociedades. Tem início nos marcos biológicos da puberdade e fim com a entrada do jovem na vida adulta, quando assume responsabilidades e deveres estabelecidos pela cultura. No Brasil, conforme o Instituto Brasileiro de Geografia e Estatística (IBGE), abrange a faixa etária de 10 a 19 anos; já no Estatuto da Criança e do Adolescente (ECA), dos 12 aos 18 anos. Nessa faixa, considera-se, por sua vez, as nomenclaturas

108 Psicologia do Desenvolvimento

de inicial/precoce, intermediária e final/tardia. O "adolescente precoce" situa-se abaixo dos 15 anos; o "adolescente-jovem", entre os 15 e os 19 anos; e o "adulto-jovem", dos 20 aos 24 anos (SENNA; DESSEN, 2015).

Conforme Senna e Dessen (2015), o termo "juventude" abrange atualmente a faixa etária entre 15 e 24 anos, entremeando tarefas que exigem assumir responsabilidades em contextos diversos, tais como realizar um curso no Ensino Superior, ingressar no campo laboral e realizar tarefas exogâmicas, como formar uma família e sair do lar parental. Como apontou-se anteriormente, pela pluralidade do conceito, o critério etário acaba sendo arbitrário, não demonstrando, necessariamente, a diversidade da condição socioeconômica da construção da adolescência (SENNA; DESSEN, 2012).

Nesse momento do ciclo vital, os projetos de vida e a relação desses com a sociedade dos adultos são as principais metas de reflexão e sentimentos dos adolescentes. Como dito por Piaget e Inhelder (1955), a inserção no mundo dos adultos passaria por dois momentos distintos: o primeiro, denominado adolescente reformador, refere-se à tentativa de adaptação do mundo ao Eu (ou aos projetos idealizados pelo Eu adolescente), com crenças exacerbadas de salvação para uma realidade que é contestada e elaboração de soluções irreais e fantasiosas. Em um segundo momento e a partir das interações entre o sujeito e o mundo, o adolescente passará a ser realizador, buscando agora um equilíbrio entre a adaptação do Eu ao mundo e do mundo a si mesmo, com seus projetos e planos de vida. Assim, as crenças e as ações passam a ser mais realistas e contextualizadas ao que é possível fazer. Esse autor destaca, para isso, a importância da relação entre a racionalidade lógica e a hierarquia de valores, concebidas como aspectos ligados à afetividade. Para Piaget (1964/2012), a puberdade contribui para a denominada "crise da adolescência", em virtude das transformações físicas e suas consequências psicológicas; porém, segundo o autor, o principal fator responsável por essas mudanças seria um desequilíbrio inicial entre os aspectos afetivos e da inteligência. Na adolescência, há a possibilidade de desenvolver a inteligência operatória formal, e a capacidade de pensar abstratamente, por meio do raciocínio hipotético dedutivo, faz com que inicialmente o adolescente experimente uma situação de desequilíbrio em relação a seus afetos e valores, ao dar-se conta de que o mundo é maior do que ele pode enxergar, e contempla tudo o que pode ser imaginado e hipotetizado. Porém, Piaget afirma que, ao longo do desenvolvimento, essa mesma construção da inteligência colabora para que a afetividade se reorganize, fortalecendo aspectos da identidade e da personalidade. Acerca desse último conceito, na teoria de Piaget, a personalidade é compreendida como resultante de uma construção, ao mesmo tempo, cognitiva e afetiva, de organização e coordenação de afetos, valores e interesses na elaboração de um projeto de vida que reflita, assim, aspectos da constituição do Eu adolescente em sua relação consigo mesmo e com os adultos (PIAGET, 1964/2012). Estudiosos da Psicologia do Desenvolvimento Moral afirmam que os adolescentes possuem um modo peculiar de se relacionarem com as regras sociais, movidos pela necessidade de consenso e de acordos mútuos entre os pares. Esse movimento, iniciado na infância, acentua-se na adolescência com tonalidades afetivas distintas, conforme o seu desenvolvimento intelectual e emocional, e seus contextos interacionais, podendo ser mais

A constituição do Eu na adolescência **109**

ou menos turbulento. A literatura atual prefere tratar essas diferenças em suas relações com as variáveis socioculturais e individuais, ainda que pareça haver elementos gerais e comuns a esses indivíduos, especialmente ligados à constituição do *self*, como abordado neste capítulo. A partir de Piaget e Kohlberg, autores da teoria do domínio social apresentam o pensamento social como organizado em domínios, os quais envolvem contextos de tomada de decisão e julgamentos, além da normatividade (SMETANA, 2013).

Pioneiro nas análises sobre a constituição do Eu na adolescência, Erikson (1950/1971) desenvolveu uma teoria do desenvolvimento psicossocial, articulando fundamentos da Psicanálise com estudos sociológicos e antropológicos sobre as diversas trajetórias de desenvolvimento em diferentes culturas. Concentrando-se nas etapas do desenvolvimento do ego, o autor postulou oito momentos de desenvolvimento, as "idades do homem", para as quais haveria uma temática e desafio específicos no que se refere à construção da identidade e ao direcionamento das pulsões libidinais no curso do desenvolvimento psicossexual. No período da adolescência, o grande desafio, segundo Erikson (1950/1971), é buscar um senso de identidade e coerência a partir da integração das diferentes identificações, reatualizadas na nova vivência corporal e emocional. Inicia-se, assim, uma etapa de conquista da identidade, repleta de conflitos e desafios, que, em seu outro extremo, pode acarretar uma confusão de papéis. As identificações com grupos específicos e a consequente oposição ferrenha a determinados clãs e opiniões exemplificam esse movimento identificatório em busca de uma integração do ego e constituição do Eu. Em uma tentativa de construção de sua identidade, o adolescente projeta aspectos difusos de sua própria personalidade em outras pessoas e nos objetos, a fim de encontrar referências que validem para si tais aspectos. As paixões e as ideologias na adolescência, por esse motivo, costumam ser vividas com uma intensidade que frequentemente carece de objetividade em relação ao objeto de amor, representando, muitas vezes, um reflexo da própria imagem que o adolescente tem de si e é projetada naquele.

A vivência da adolescência socialmente é marcada por uma representação de uma etapa de transição entre a infância e a idade adulta. A respeito disso, Erikson (1950/1971) afirma que as atitudes do adolescente estariam entre a moral aprendida pela criança e a ética a ser desenvolvida pelo adulto. Esse período foi denominado por Erikson "moratória social", e reflete um momento da experiência adolescente em que papéis, ideologias e identificações são testados e experimentados. O autor afirma que esse momento é importante para o Eu e ressalta a inter-relação entre os aspectos psicodinâmicos e sociais na constituição do indivíduo, ao afirmar a necessidade de que a cultura forneça exemplos que conduzam a valores sociais positivos:

> Para que não os dominem o cinismo e a apatia, os jovens devem necessariamente ser capazes de se convencer de que os que triunfam em seu antecipado mundo adulto assumem assim a obrigação de ser os melhores (ERIKSON, 1950/1971, p. 242).

Partindo dessa premissa, o autor promove a reflexão de como as possibilidades de constituição da identidade são empobrecidas a partir do mundo industrializado e da cultura de

110 Psicologia do Desenvolvimento

massa. No cenário contemporâneo, os adolescentes são submetidos a uma avalanche de referências culturais massificadas, propagadas principalmente pelas redes sociais, que frequentemente salientam a mensagem de que a visibilidade e o reconhecimento social a qualquer custo são um valor preponderante aos valores morais. O termo "*influencer*", usado para caracterizar pessoas que de algum modo exercem influência no meio digital, simboliza essa realidade e ratifica uma ideia, confusa para o adolescente, de que o triunfo nem sempre é fruto de mérito ou esforço, ou tem a ver com uma expressão de uma identidade verdadeira de quem recebe esse reconhecimento social.

Os estudos acerca do impacto das interações digitais em crianças e adolescentes ainda não trazem conclusões definitivas, porém, ainda que reconheçam os benefícios dessas mídias para a vida cotidiana, há pesquisas que apontam influências importantes no desenvolvimento psicológico, e no caso dos adolescentes, principalmente no que se refere à dependência de mídias digitais. No Brasil, o estudo de Cruz *et al.* (2018) a respeito da dependência de internet em adolescentes, constatou que 70% dos avaliados apresentavam dependência na utilização da internet, apresentando irritação, agressividade e ansiedade quando impossibilitados de estarem conectados. A pesquisa ainda revelou uma associação entre o uso excessivo da internet e baixos índices de qualidade de vida, principalmente nos aspectos sociais. Paradoxalmente, as atividades favoritas dos adolescentes ao utilizar a internet envolvem o contato social no meio virtual, como aplicativos de trocas de mensagens, redes sociais e jogos *on-line* em grupo. Porém, o que as pesquisas revelam é que esse meio de interação promove uma sensação de segurança e tranquilidade para os adolescentes, que tendem a se sentirem confortáveis e com uma sensação de falsa intimidade, mas que na prática não ocorre. A ausência de contato físico empobrece as interações e o desenvolvimento das habilidades socioemocionais em adolescentes, pois, no meio virtual, perde-se a possibilidade da comunicação não verbal e gestual, do reconhecimento e da interpretação das emoções do outro, pressupostos fundamentais para a criação e manutenção de vínculos afetivos e a construção de sentimentos como a empatia (CRUZ *et al.*, 2018).

Outro eixo de análise contemporâneo com relação aos impasses da adolescência diz respeito à crescente idealização dos jovens por parte dos adultos. Cabe lembrar que, etimologicamente, "adulto" vem do latim *adultus*, que significa "crescido" e é o particípio passado do verbo *adolescere* ("crescer"). Já "adolescente" vem do particípio presente desse verbo. Em português, as palavras seriam equivalentes a "crescente" e "crescido", respectivamente. Essa distinção etimológica é significativa para entender o atual processo chamado "adultescência". Tal como apontado por Calligaris (1998), o fenômeno expressa o fascínio adulto pelo corpo jovem e belo do adolescente, assim como pelo seu imaginário de liberdade de responsabilidades. As consequências dessa tendência geram, por um lado, um sentimento de eterna adolescência em adultos que não conseguem assumir responsabilidades coletivas; e por outro lado, originam uma lacuna geracional, na qual a dialética entre transmissão e ruptura vê-se prejudicada pela ausência de valores e ideais que funcionem como promessas e horizontes para a construção de projetos identificatórios e de vida (CALLIGARIS, 1998). A adolescência envolve uma

A constituição do Eu na adolescência **111**

dialética entre a identificação com o mundo adulto (admiração, ideais, modelos, imitação, apropriação) e sua diferenciação (confronto). Essa dinâmica subsidia os processos de construção da identidade e sem ela prevalece a confusão, a repetição e a desorientação.

O desenvolvimento vincular, relacional e cultural da adolescência foi amplamente estudado a partir da Psicanálise. A partir de diversas linhas conceituais desse campo, foram estudados seus lutos típicos, as condições e características do relacionamento pais-filhos, as crises de identidade e as dinâmicas da autoridade e da idealização ao longo dessa etapa. A perplexidade dos adultos diante dos adolescentes faz parte do confronto geracional, necessário e estrutural para o avanço de toda cultura. O campo da sexualidade salienta, hoje, essa perplexidade: novos padrões de conduta sexual, a experimentação com parceiros de diferentes gêneros e sexos, relacionamentos virtuais, fugazes etc.

Assim como Erikson identifica nesse momento um confronto crítico entre **identidade** e **confusão/difusão**, também para Aberastury e Knobel (1989) a adolescência traz como tarefa vital a progressiva aquisição de uma identidade. Nesse processo, observa-se um afastamento do mundo externo quando o adolescente se refugia no seu mundo interno para se sentir seguro. Esse processo se sustenta em um paradoxo: o impulso para o desconhecido e o temor ao desconhecido. Para os autores, o confronto é saudável e a rebeldia característica dessa etapa constitui um processo de luto típico e esperável.

A elaboração das perdas toma prismas diversos. Por um lado, o luto pela transformação do corpo infantil e pela acolhida das possibilidades do corpo puberal, que instaura uma nova experiência da sexualidade. A mudança da voz, o surgimento de pelos, de odores, marcam o início de um novo vínculo com o próprio corpo (ABERASTURY; KNOBEL, 1989). Os possíveis sentimentos de insatisfação podem ser exacerbados pela atual ditadura do corpo perfeito. As expectativas geradas sobre os adolescentes vão interferir no seu nível de ansiedade e na autopercepção. Atualmente, os adolescentes necessitam vivenciar transformações subjetivas intensas em meio a um cenário de normatividade do corpo perfeito idealizado. Os meios de comunicação e mídias sociais propagam padrões estéticos geralmente inalcançáveis, como fotografias melhoradas por programas de computador, que contribuem para intensificar no adolescente os conflitos com o próprio corpo e o surgimento de percepções pouco saudáveis acerca de si, como a visão corporal distorcida. Estudos brasileiros em diferentes regiões do país, como Nordeste, Sudeste e Sul, encontraram resultados semelhantes no que se refere à percepção distorcida do próprio corpo na população adolescente: em média, cerca de 30% dos adolescentes atribuem-se um índice de massa corporal (IMC) diferente do que possuem, geralmente atribuindo-se maior peso. Os dados revelam ainda a maior frequência de meninas com visão corporal distorcida, alertando-se para o risco no seu desenvolvimento emocional, principalmente o surgimento de transtornos alimentares, como bulimia e anorexia (BRANCO; HILARIO; CINTRA, 2006; DE BARROS; PIEKARSKI; MEZZOMO, 2017; FERREIRA *et al.*, 2021).

Por outro lado, a respeito da autoridade e da apropriação de normas sociais, equacionar desejo e limites constitui uma progressiva e delicada tarefa desse período, que atualmente resulta obstaculizada pela confusão oriunda da "adultescência" e do adolescente que dita as

112 Psicologia do Desenvolvimento

regras. Diferentemente dessa tendência, os pais e educadores que suportam o lugar de autoridade preservam as fronteiras e sobrevivem à ambivalência amor-ódio típica desse período. Quando ninguém sabe quem é quem, quem faz o quê, abre-se um espaço propício para confusão, diluição de limites e falta de referências (CALLIGARIS, 1998). É nesse sentido que Aberastury e Knobel (1989) afirmam que um estudo do desenvolvimento do adolescente somente será completo se também levar em consideração as características emocionais de resistência e ambivalência dos pais, que são despertadas diante das dificuldades em elaborar o processo de crescimento dos filhos.

Estudos com adolescentes inseridos diretamente na área de Psicologia do Desenvolvimento se intensificaram a partir da década de 1990, contribuindo para demonstrar a continuidade e as transformações do desenvolvimento psicológico nesse momento da vida. A título de exemplo, merecem destaque os estudos sobre depressão na adolescência (REPPOLD; HUTZ, 2003); autoestima em adolescentes (AVANCI *et al.*, 2006); contribuições das teorias de desenvolvimento para a concepção de adolescência (SENNA; DESSEN, 2012), já descrito neste capítulo; e moralidade e o valor da vida por adolescentes em situação de risco (BORGES, 2011). Nesse último, relativo à Tese de Doutorado defendida na Universidade Federal do Espírito Santo (Ufes), o objetivo foi investigar o juízo de adolescentes em situação de risco psicossocial acerca do crime de homicídio e averiguar o valor que dão à vida. Foram realizadas entrevistas individuais com 32 adolescentes, com apresentação de situações hipotéticas, e os resultados indicaram que, de modo geral, houve maior tendência para a valorização da vida, mesmo quando os participantes relatavam ter tido experiências concretas de presenciarem crimes. As capacidades cognitivas e afetivas ficaram explícitas nos julgamentos feitos para as situações apresentadas, sendo esse procedimento metodológico de usar situações hipotéticas muito frequente nas pesquisas sobre o desenvolvimento moral.

O olhar desnaturalizante e despatologizante da adolescência toma especial relevância no contexto brasileiro. Pesquisas do campo da Saúde, como as anteriormente mencionadas, contribuem com dados acerca dos comportamentos de risco na adolescência que prejudicam um desenvolvimento saudável (hábitos alimentares, uso e abuso de álcool, *cyberbullying* etc.). Tal como apontado por Senna e Dessen (2015), a Pesquisa Nacional de Saúde do Escolar intitulada PeNSE (2012), do IBGE, realizada com mais de 100 mil adolescentes entre 13 e 15 anos, apontou que porcentagens significativas dessa população são insuficientemente ativas em relação à prática de exercício físico. A respeito das doenças sexualmente transmissíveis (DST), evidenciou-se que uma quantidade significativa não se protege adequadamente para evitá-las, o que é concordante com o aumento de casos de HIV em meninos com idades entre 15 e 19 anos. Acerca da gravidez em meninas entre os 10 e os 14 anos de idade, as complicações provocadas pela gestação e o parto são as principais causas de morte entre mulheres nessa faixa etária, no Brasil e no mundo (SENNA; DESSEN, 2015).

Outras pesquisas desse campo, apresentadas por Senna e Dessen (2015), apontam: altos índices de jovens de 18 a 24 anos que não concluíram o Ensino Médio e não estudam; e porcentagens significativas e crescentes de agressões e homicídios (por arma de fogo) como

A constituição do Eu na adolescência **113**

causa de morte de jovens e adolescentes. Os dados são analisados pelas autoras a partir de um olhar de múltiplas dimensões, individuais e contextuais, tais como a precariedade de serviços de infraestrutura, altos índices de evasão escolar, relações de gênero restritas e falta de perspectivas e oportunidades acadêmicas e profissionais para a maioria (SENNA; DESSEN, 2015).

A partir de uma perspectiva de promoção de desenvolvimento na adolescência, atualmente, pesquisas que exploram o conceito de resiliência[1] têm sido realizadas no sentido de buscar indicadores de práticas positivas que favoreçam um desenvolvimento mais saudável. Em artigo de revisão da literatura brasileira sobre o tema, Santos, Santana e Souza (2020) analisaram estudos brasileiros que buscaram adotar práticas educativas de promoção de resiliência e fatores protetivos em adolescentes. Na produção científica analisada pelas autoras, o termo "resiliência" foi utilizado a partir de conceituações e perspectivas teóricas diversas, o que corresponde à diversidade atual da construção desse conceito. Além disso, os principais temas abordados com os adolescentes nessa perspectiva de promoção de resiliência foram sexualidade, família e gênero, contexto socioeducativo, violência, desempenho escolar e vulnerabilidade social, que refletem os principais contextos de desafios dos adolescentes brasileiros. As pesquisas foram agrupadas no sentido de observar quais seriam os fatores de proteção apresentados em cada trabalho (que contribuiriam para a promoção da resiliência) e quais as propostas de ações norteadoras para o desenvolvimento desses fatores. Foram identificados três fatores protetivos principais presentes nas pesquisas: resolução de problemas (correspondendo a ações de encorajamento ao enfrentamento de situações, reflexão e autonomia), valorização do sujeito (como desenvolvimento de competências e autocuidado) e habilidades de comunicação (a fim de fortalecer os vínculos afetivos entre adultos e entre os pares). Esse cenário demonstra que a produção de pesquisas brasileiras sobre a adolescência tem buscado romper com visões estereotipadas e patologizantes dessa etapa da vida, construindo indicadores de práticas que se constituam como referência para a promoção do desenvolvimento.

Pensar a duração da adolescência e as oportunidades sociais de realização das tarefas dessa etapa no contexto brasileiro também nos remete ao termo "nem-nem" (originado no Reino Unido, em 1996). A expressão se refere àqueles jovens que "nem estudam nem trabalham". Segundo o Estatuto da Juventude de 2013, entre os jovens de 15 a 29 anos (23,6% da população brasileira), a taxa de "nem-nem" era de 22,5%, ou seja, um quarto estava fora do mercado de trabalho e de instituições de ensino (VASCONCELOS *et al.*, 2017).

O que é feito diante desse cenário? O adolescente, hoje, é sujeito de direito e não mais objeto a ser normatizado e disciplinado, o que salienta uma passagem simbólica e jurídica do menor infrator ao ECA, de políticas compensatórias às amplas. As políticas de intervenções salientam a força dos territórios regionais e das comunidades, com programas dirigidos aos jovens com comportamentos de risco. Para isso, buscam identificar os recursos das famílias e das instituições para fortalecer suas conexões, além de mapear recursos pessoais e talentos para a elaboração de programas específicos de estimulação (SENNA; DESSEN, 2012).

---

[1] No Capítulo 18, é abordado o conceito de resiliência, seu percurso histórico e contribuições para o desenvolvimento humano diante de contextos de vulnerabilidade.

114 Psicologia do Desenvolvimento

Essa nova proposta de estudo, denominada "ciência aplicada do desenvolvimento", salienta as trajetórias de vida. O progresso desses programas depende de fatores como a relação positiva com adultos, as atividades dirigidas ao desenvolvimento de habilidades e a participação ativa dos adolescentes nas decisões (SENNA; DESSEN, 2015). Nesse sentido, a construção de políticas públicas em espaços educativos, de saúde e de lazer, destinados à população adolescente, visa prevenir riscos e otimizar sucessos, mais do que remediar. A pesquisa nessa visão multidimensional do desenvolvimento e da adolescência, no marco do ECA e dos direitos humanos, pretende assim colaborar com o trabalho interdisciplinar em instituições escolares, organizações não governamentais (ONGs) etc., para a geração e a aplicação de conhecimento em contextos ecologicamente válidos (SENNA; DESSEN, 2015).

Em síntese, neste capítulo, pretendemos abordar a questão de que a constituição do Eu na adolescência é uma construção subjetiva que ocorre no campo das interações complexas que cada indivíduo estabelece em seu contexto entre os aspectos biológicos, psicológicos e socioculturais. As teorias e pesquisas sobre desenvolvimento humano na adolescência buscam ressaltar que, para além de uma visão única e previamente estabelecida desse momento do ciclo vital, há várias adolescências possíveis e um desafio coletivo de permitir a constituição plena de sujeitos e suas identidades dentro de cada cultura, o que envolve refletir, a cada momento, o que é ser adolescente na sociedade.

PARA SABER MAIS

E Elaborar Atividades, Sugerimos os Seguintes Materiais Complementares:

1. Documentários
   - *Nunca me sonharam* (2017). Direção: Cacau Rhoden. Produção: Maria Farinha Filmes.
   - *Últimas conversas* (2015). Direção: Eduardo Coutinho.
2. Filme
   - *Os incompreendidos* (1959). Direção: François Truffaut, França.
3. Músicas
   - *Pais e filhos* e *Quase sem querer* (Legião Urbana).
   - *Você lembra* (Roupa Nova).
4. Poemas
   - *O adolescente* (Mario Quintana).
   - *Quando eu tiver 70 anos* (Paulo Leminski).

REFERÊNCIAS BIBLIOGRÁFICAS

ABERASTURY, A.; KNOBEL, M. **Adolescência normal**. Porto Alegre: ArtMed, 1989.

AVANCI, J. Q. *et al*. Adaptação transcultural de escala de auto-estima para adolescentes. **Psicologia: Reflexão e Crítica**, v. 20, n. 3, p. 397-405, 2006.

BOCK, A. M. B. A adolescência como construção social: estudo sobre livros destinados a pais e educadores. **Psicologia Escolar e Educacional**, v. 11, n. 1, jun. 2007.

BORGES, L. S. **Moralidade e valor da vida**: um estudo sobre adolescentes em situação de risco psicossocial. Tese (Doutorado) – Universidade Federal do Espírito Santo, 2011.

BRANCO, L. M.; HILARIO, M. O. E.; CINTRA, I. P. Percepção e satisfação corporal em adolescentes e a relação com seu estado nutricional **Archives of Clinical Psychiatry (São Paulo)**, v. 33, n. 6, 2006. Disponível em: https://doi.org/10.1590/S0101-60832006000600001. Acesso em: 29 set. 2022.

CALLIGARIS, C. Adultecência: a sedução dos jovens. **Folha de São Paulo**, 20 set. 1998.

CRUZ, F. A. D. *et al*. Evaluation of Internet addiction and the quality of life of Brazilian adolescents from public and private schools. **Estudos de Psicologia (Campinas)**, v. 35, n. 2, p. 193-204, 2018.

DE BARROS, T. M.; PIEKARSKI, P.; MEZZOMO, T. R. Alteração na percepção corporal em adolescentes de ensino público. **Nutrición Clínica Dietética Hospitalaria**, v. 37, n. 2, p. 157-161, 2017.

ERIKSON, E. **Identidade, juventude e crise**. Rio de Janeiro: Zahar, 1976. Original publicado em 1968.

ERIKSON, E. **Infância e sociedade**. Trad. Gildásio Amado. Rio de Janeiro: Zahar, 1971. Original publicado em 1950.

FERREIRA, L. S. *et al*. Percepção da imagem corporal em adolescentes e a relação com seu estado nutricional. **Research, Society and Development**, v. 10, n. 1, 2021. Disponível em: http://dx.doi.org/10.33448/rsd-v10i1.11484. Acesso em: 29 set. 2022.

INHELDER, B.; PIAGET, J. **Da lógica da criança à lógica do adolescente**. São Paulo: Pioneira, 1976. Original publicado em 1955.

OLIVEIRA, M. K.; TEIXEIRA, E. A questão da periodização do desenvolvimento psicológico. In: OLIVEIRA, M. K. *et al*. (orgs.). **Psicologia, educação e as temáticas da vida contemporânea**. São Paulo: Moderna, 2002.

PIAGET, J. **Seis estudos de Psicologia**. Trad. Maria Alice Magalhães D'Amorim e Paulo Sérgio Lima Silva. 25. ed. Rio de Janeiro: Forense Universitária, 2012. Original publicado em 1964.

REPPOLD, C. T.; HUTZ, C. S. Prevalência de indicadores de depressão entre adolescentes no Rio Grande do Sul. **Avaliação Psicológica**, v. 2, n. 2, p. 175-184, 2003.

SANTOS, L. K. P.; SANTANA, C. C.; SOUZA, M. V. O. Ações para o fortalecimento da resiliência em adolescentes. **Ciência & Saúde Coletiva**, v. 25, n. 10, p. 3933-3943, 2020.

SENNA, S. R. C. M.; DESSEN, M. A. Contribuições das teorias de desenvolvimento humano para a concepção contemporânea de adolescência. **Psicologia: Teoria e Pesquisa**, v. 28, n. 1, p. 101-108, 2012.

SENNA, S. R. C. M.; DESSEN, M. A. Reflexões sobre a saúde do adolescente brasileiro. **Psicologia, Saúde & Doenças**, v. 16, n. 2, p. 217-229, 2015.

SMETANA, J. G. Moral development: The social domain theory view. In: ZELAZO, P. (ed.). **Oxford handbook of developmental psychology**. New York, NY: Oxford University Press, 2013. p. 832-866.

VASCONCELOS, A. M. *et al*. Programa Bolsa Família e geração "nem-nem": evidências para o Brasil. **Revista Brasileira de Economia**, v. 71, n. 2, p. 233-257, 2017.

15 A constituição do Eu na vida adulta e no envelhecimento

Considerando a abordagem deste livro de que a constituição do Eu permanece ao longo de todo o ciclo vital, abordaremos, neste capítulo, como se dá essa (re)constituição na idade adulta e durante o processo de envelhecimento. Durante muito tempo, a Psicologia do Desenvolvimento não incorporou a idade adulta como um momento de transformações psicológicas relevantes o suficiente para que estudiosos se dedicassem a estudar as relações entre as dimensões biológicas, psicossociais e culturais nessa etapa da vida. A vida adulta era considerada sinônimo de estabilidade e poucas mudanças. Nesta obra, incluiremos a idade adulta, uma vez que faz parte do ciclo vital e compreende transformações e conservações de

118 Psicologia do Desenvolvimento

aspectos psicológicos, conferindo ao Eu novas qualidades e contornos. Estudos com adultos jovens, de meia idade e idosos, demonstram que o envelhecimento traz consequências para o desenvolvimento psicológico e que as trajetórias individuais são permeadas por reflexões sobre projetos de vida, elaboração de novos planos, enfrentamento de perdas físicas e psicológicas, bem como criação de estratégias para a busca de bem-estar. Concordamos com Neri (2006) ao afirmar que a Psicologia do Envelhecimento deixou de ser uma psicologia do declínio, bem como uma psicologia romântica, que entenderia a velhice como uma época naturalmente bem-sucedida e com ausência de doenças e angústias. O envelhecimento e o desenvolvimento na idade adulta apresentam características positivas e limitações biológicas e culturais, as quais serão equilibradas de modos distintos, em virtude das condições emocionais, racionais e socioculturais. Quanto ao Eu, podem ser ressaltados os enriquecimentos trazidos pelo acúmulo de experiências, possibilidades de narrar histórias de vida de modo livre, com incorporação também dos fracassos e das mudanças de rumos, integração de novidades e realização de sonhos e desejos. Perspectivas de futuro e presente, assim como qualidade de vida e bem-estar, são temas em que o Eu adulto se envolve intensamente, em um momento em que transformações são planejadas de modo realista.

Oliveira (2004) discute a psicologia do adulto em termos do desenvolvimento, sob a ótica da perspectiva histórico-cultural de Vygotsky. Parte da definição de desenvolvimento psicológico como transformações que ocorrem ao longo de toda a vida e a ideia de que a idade adulta é uma etapa "culturalmente organizada de passagem do sujeito pela existência tipicamente humana" (OLIVEIRA, 2004). Sob a perspectiva histórico-cultural, a autora afirma ser possível pensar na importância das atividades e práticas culturais para a constituição do psiquismo, com a utilização de instrumentos e signos para mediar a atividade psicológica, o que pode levar à "historização" da psicologia do adulto quanto a internalização de modos de fazer e organizar diferentes práticas culturais, em uma construção compartilhada de sentidos e significados. Assim, propõe pensar nos modos de fazer e pensar a cultura em cada um dos âmbitos concretos para ir além de apresentar o que é contextualizado historicamente como sendo universal, o que seria a prática comum da Psicologia. Como ilustração dessas considerações, apresenta dados de uma pesquisa com trabalhadores urbanos que frequentam um curso supletivo para elevar a escolaridade e se preparar para o trabalho, discutindo também as implicações para a educação de jovens e adultos.

Estudos sobre o desenvolvimento psicológico de adultos são menos frequentes, ainda que essa faixa etária represente uma parcela considerável da população e enfrente desafios importantes no que se refere às mudanças e às permanências ao longo do ciclo vital. Nesse momento do desenvolvimento, costumam ocorrer transformações significativas que envolvem mobilização de recursos psíquicos para a realização da autonomia e do protagonismo em diferentes áreas da vida, como na construção de vínculos amorosos e constituição familiar, criação de filhos, projeto de carreira profissional, compromisso ético, cuidado com familiares mais velhos, entre muitos outros exemplos. Embora seja uma fase de consolidação da personalidade, isso não significa necessariamente uma estabilidade em termos de mudanças na constituição

A constituição do Eu na vida adulta e no envelhecimento **119**

do Eu. A assunção de diferentes papéis e a responsabilidade em lidar com demandas da vida diária exigem do adulto reflexão constante sobre o sentido de suas ações e responsabilidade nos diversos contextos em que atua, o que frequentemente pode representar uma sobrecarga, gerando estresse. Nesse sentido, uma situação desafiadora para o desenvolvimento dos adultos ocorreu durante a pandemia de Covid-19, quando, em razão do isolamento social, pais e familiares necessitaram reorganizar sua rotina de trabalho, ao mesmo tempo em que cuidavam das crianças e dos afazeres domésticos. Uma pesquisa realizada pela Fundação Maria Cecília Souto Vidigal (FMCSV) procurou mapear o impacto da pandemia nas interações e no comportamento de pais de crianças brasileiras entre 0 e 3 anos. Foram entrevistados 1.036 adultos responsáveis por crianças, de diversos níveis socioeconômicos e regiões do país. Os relatos dos participantes evidenciam que foram necessários novos arranjos para cuidados das múltiplas tarefas, principalmente no que se refere à ajuda de outros adultos, como tios e avós, no revezamento dos cuidados dos filhos. Houve aumento no tempo de convivência e de atividades significativas em família, como brincadeiras, porém também foram observados comportamentos regressivos nas crianças e aumento do tempo de exposição às telas. Sentimentos de tensão e sobrecarga foram relatados por grande parte dos participantes, e mães de crianças de classes socioeconômicas menos favorecidas (classe D) foram as que mais relataram essas dificuldades (FMCSV, 2021). Esse estudo exemplifica a necessidade de se observar também aspectos inerentes à busca de equilíbrio e adaptação de recursos no desenvolvimento de adultos, e que esse equilíbrio depende também das interações com seu contexto social, cultural e econômico. A maior sobrecarga das mulheres em atividades que envolvam cuidado reflete também o impacto das questões de gênero[1] no cotidiano familiar, e vulnerabilidades socioeconômicas dificultam a construção de uma rede adequada de apoio e cuidado, para crianças e adultos.

As relações intergeracionais e sua importância para o desenvolvimento do Eu foram assinaladas por Erikson (1950/1971) a partir do conceito de generatividade, que refletiria o desejo adulto de guiar e cuidar das novas gerações. Nessa etapa do desenvolvimento, o adulto está às voltas do desafio de construir e produzir, sendo seu oposto a passividade; assim, nas idades do desenvolvimento propostas por Erikson, esse momento de maturidade adulta refletiria os desafios da generatividade *versus* a estagnação (ERIKSON, 1950/1971). No cenário contemporâneo, a generatividade, quando expressa no cuidado dos filhos, é um desafio para os adultos, não somente pelo alto investimento libidinal e envolvimento afetivo, além do acúmulo de funções, mas também pela autoavaliação e pela comparação a padrões idealizados de parentalidade que, com frequência, são propagados culturalmente. A partir desse pressuposto, a própria Ciência do Desenvolvimento Humano, muitas vezes, é compreendida de maneira apressada ou superficial, e evidências acerca do desenvolvimento na infância e do impacto das relações parentais para a criança são apresentadas em termos excessivamente determinísticos, gerando um sentimento de culpa e sobrecarga nos adultos, como se esses fossem

---

[1] O Capítulo 16 aborda as questões de gênero e da sexualidade no desenvolvimento humano.

120 Psicologia do Desenvolvimento

diretamente responsáveis por todos os aspectos da vida de seus filhos. Longe de negar a incontestável influência dos adultos no desenvolvimento das crianças, o que se pretende aqui discutir é que essas influências ocorrem mutuamente dentro de um sistema complexo de interações, que devem ser observadas para além do núcleo familiar direto e da culpabilização.

Outro campo importante para o desenvolvimento do adulto é o trabalho, pois nos modos de organização econômico/sociais vigentes, as atividades laborais ocupam grande parte do tempo, da atenção e da energia dos adultos. A partir da perspectiva bioecológica de Bronfenbrenner, o modo como o contexto de trabalho se relaciona com os demais contextos e sistemas do adulto é determinante para seu bem-estar e qualidade de vida. Nesse sentido, Santos, Vizzotto e Gonçalves (2016) analisam as publicações relacionadas aos conflitos entre trabalho e família, apontando que o equilíbrio entre a vida pessoal e profissional tem sido um grande desafio para os adultos. Em geral, é mais frequente que o excesso de demanda no trabalho e os papéis profissionais comprometam as relações familiares, porém o inverso também ocorre, quando há conflitos entre o papel representado na família e a atividade profissional. Estudos sugerem que a vivência dessa experiência conflituosa é mais frequente em mulheres, que infelizmente, em algumas situações, ainda precisam combater visões estereotipadas de seu papel tanto no mercado de trabalho quanto na família (SANTOS; VIZZOTTO; GONÇALVES, 2016).

Na tentativa de equilibrar e lidar com os conflitos de diferentes demandas e papéis nos diversos contextos, há um dispêndio de energia, que pode ocasionar estresse, ansiedade, insatisfação e doenças psicossomáticas. A chamada "síndrome de burnout", ou síndrome do esgotamento profissional, reflete as consequências negativas para o desenvolvimento adulto, quando este se vê exaurido e ineficiente em sua alocação de recursos para promover seu desenvolvimento e bem-estar. Dados da Organização Mundial da Saúde (OMS) apontam que doenças psiquiátricas, como ansiedade e depressão, estão entre as causas mais comuns de afastamento do trabalho. No Brasil, os transtornos mentais representam a terceira principal causa de concessão de benefício por incapacidade de trabalhar, de acordo com Silva-Junior e Fischer (2015). Esses autores salientam ainda a importância de se analisar a presença de estressores e fatores de potencial adoecimento psíquico no ambiente de trabalho, ressaltando a visão de que é preciso considerar os diferentes contextos e modalidades de interação que influenciam o desenvolvimento psicológico dos adultos.

Portanto, ainda que sejam necessários maiores estudos sobre o desenvolvimento psicológico de adultos, a análise dessa importante etapa do ciclo vital é fundamental não somente para a promoção de melhores condições de vida para essa população. A vivência adulta é permeada por interações significativas com outros seres em desenvolvimento, adultos, crianças, bebês e idosos, dos quais frequentemente os adultos possuem alguma responsabilidade de cuidado. Compreender e promover melhor contexto de desenvolvimento para os adultos conduziria a uma rede de apoio mais fortalecida que beneficiaria o desenvolvimento de todo o entorno.

Sobre as contribuições da Psicologia do Envelhecimento para a Psicologia do Desenvolvimento, merecem destaque os trabalhos de Baltes e Baltes (1990, *apud* NERI, 2006) sobre a importância da cultura "para compensar os limites da ontogênese no caráter

A constituição do Eu na vida adulta e no envelhecimento **121**

normativo do envelhecimento e na descontinuidade entre a velhice inicial e a avançada" (NERI, 2006). Baltes propôs o estudo do envelhecimento a partir do paradigma do *lifespan* (desenvolvimento ao longo da vida) e sob a forma de coortes sequenciais, para demonstrar os modos de seleção, otimização e compensação. Interessante ressaltar o que os autores denominaram de influências normativas previsíveis (biológicas e socioculturais, tais como idade e aposentadoria) e imprevisíveis (trazidas por momentos de crise, tais como guerras). O jogo entre ambas produzirá sentimentos de maior ou menor satisfação e produtividade na vida adulta e, especialmente, na velhice. O reconhecimento dos limites trazidos pelo envelhecimento e a criação de meios para compensá-los terão como consequência indivíduos com expressão equilibrada de seu potencial de desenvolvimento psicológico. Assim, afirmam que os três tipos de influências mencionadas anteriormente (biológicas, culturais e imprevisíveis) atuam para a construção de regularidades e de diferenças individuais nas trajetórias de vida. Elaboraram a teoria da seleção, otimização e compensação (teoria SOC) como uma meta modelo de desenvolvimento. Segundo essa teoria, o desenvolvimento e o envelhecimento bem-sucedidos serão fruto de uma boa orquestração de estratégias de seleção de capacidades ou habilidades, sua otimização, visando compensar as limitações trazidas pela idade e pelo momento de vida. Realizaram diversos estudos mostrando como adultos jovens, de meia idade e velhos enfrentam de modo diferente situações que exigem flexibilidade, memória e atenção, revelando diferentes graus de plasticidade para buscar otimizar a funcionalidade.

Esse mecanismo dinâmico denominado SOC atinge expressividade na idade adulta e acentua-se no envelhecimento. Aproxima-se de uma teoria de desenvolvimento adaptativo por ser um construto que permite avaliar o modo de lidar com as perdas (TEIXEIRA; NERI, 2008). Conforme Baltes e Smith (2006), essa orquestração de estratégias atualmente acontece em um contexto de avanços globais que resultam no aumento tanto da longevidade quanto da qualidade de vida da velhice inicial (Terceira Idade). O envelhecimento apresenta duas faces de ganhos e perdas: há um potencial latente de ativação e transformação, mas também maiores limites, necessidades e vulnerabilidade. As políticas de envelhecimento apresentam maiores desafios no que diz respeito à otimização da qualidade de vida na Quarta Idade. Os avanços em longevidade levam ao risco de não poder garantir a dignidade subjetiva, tanto na vida quanto no momento do processo da morte (BALTES; SMITH, 2006).

As distinções entre a Terceira e a Quarta Idade referem-se às mudanças evolutivas e à idade cronológica (cabe destacar que, nos países em desenvolvimento, a velhice começa e acaba em idades mais precoces). Há dois modos de defini-las: baseada em parâmetros populacionais ou em parâmetros individuais e pessoais. A definição com base em parâmetros individuais consiste em estimar a duração máxima de vida de um indivíduo que varia entre 80 e 120 anos. Considerando parâmetros populacionais, a transição entre ambas define-se como a idade cronológica em que 50% dos indivíduos pertencentes à mesma coorte de nascimento não se encontram mais vivos (podendo-se ou não excluir no cálculo as pessoas que morreram cedo). Acerca da idade cronológica, a Quarta Idade costuma ter como critério a idade de 85 anos (BALTES; SMITH, 2006).

122 Psicologia do Desenvolvimento

As maiores conquistas científicas se localizam na Terceira idade, pelo aumento na expectativa de vida e pelos ganhos em competência física e mental associados a melhorias ambientais e materiais (especialmente nos chamados países desenvolvidos). Isso traz ressonâncias na manutenção do nível de funcionamento intelectual para atividades cotidianas. Pesquisas mostram que os idosos estão no topo em categorias como inteligência emocional e sabedoria, demonstrando notável capacidade para regularem o impacto subjetivo das perdas relacionadas com a saúde e a maior plasticidade do *self* (BALTES; SMITH, 2006).

Conforme Neri (2011), o *self* é um sistema de estruturas cognitivo-afetivas responsável pela construção da experiência pessoal e pelos mecanismos seletivos da memória autobiográfica que permeiam essa construção de experiências de bem-estar. A competência do *self* funciona como mecanismo interpretativo, protetor e de promoção do desenvolvimento pessoal no envelhecimento. Os mecanismos de autorregulação são estratégias e crenças aprendidas ao longo da vida, tais como: autoconceito, autoestima ou autovalorização, autoeficácia (confiança nas próprias habilidades), processos de comparação social, estratégias de enfrentamento e seletividade socioemocional (NERI, 2011).

Em uma perspectiva evolutiva, entretanto, a Quarta Idade testa os limites da adaptabilidade humana, porque os anos que antecedem a morte na velhice avançada são mais disfuncionais, principalmente a respeito do envelhecimento intelectual. Segundo Baltes e Smith (2006), a maioria dos idosos nonagenários e centenários expressam maiores impactos negativos a partir dos 85 anos, mostrando incapacidade de progredir no treino da memória e prejuízos na capacidade de novas aprendizagens. O indicador mais conhecido sobre o declínio da saúde mental nessa idade é a prevalência de demência (sofrida por quase a metade de idosos de 90 anos) com limitada eficácia dos tratamentos. Além disso, a probabilidade de multidisfuncionalidade e morbidade é cinco vezes maior para os velhos-velhos do que para os idosos jovens (BALTES; SMITH, 2006).

Em síntese, considera-se que a longevidade aumentou durante o século XX pelos aspectos materiais, sociais e tecnológicos da cultura, mas não por mudanças no genoma. Assim, a Quarta Idade é altamente dependente do suporte cultural e mostra-se mais vulnerável e resistente à mudança porque o plano biocultural da ontogenia é considerado incompleto para as idades mais avançadas. Entretanto, o panorama é mais alentador quando são considerados os avanços que a ciência e as políticas sociais prometem, tais como a medicina genética e tecnológica, a proposta de estruturas de apoio amigáveis à velhice e políticas de saúde corretivas e preventivas que incluem estratégias psicológicas de manejo de vida, tais como a teoria de otimização seletiva SOC, mencionada anteriormente (BALTES; SMITH, 2006). Assim, a cultura pode oferecer aos idosos novas formas de seleção, otimização e compensação, abrindo espaço para maior cuidado ético ao avaliar as ressonâncias de estender a longevidade até os seus limites.

Diante desse panorama, refletir acerca dos problemas e desafios apresentados ao longo do envelhecimento nos aproxima do conceito de bem-estar subjetivo. Segundo Neri (2011), o conceito de bem-estar resulta significativo para a Psicologia do Desenvolvimento porque

A constituição do Eu na vida adulta e no envelhecimento **123**

dele se desprendem: possibilidades de intervenção, identificação de necessidades humanas básicas, sistematização das contribuições científicas sobre processos cognitivos e afetivos de autorregulação e o estudo da complexa relação entre os processos afetivos e as ações.

A Psicologia do Envelhecimento se enriquece com essas contribuições, especialmente no que diz respeito ao fenômeno de resiliência em idosos (o conceito de resiliência é abordado no Capítulo 18). Tal como apontado por Neri (2011), existem três elementos do bem-estar subjetivo: satisfação, afetos positivos e afetos negativos. As avaliações sobre satisfação são consideradas processos cognitivos mais estáveis em comparação com a avaliação de afetos positivos ou negativos. Preditores de bem-estar subjetivo no envelhecimento explicam a diversidade de reações diante dos mesmos eventos. Alguns deles são a extroversão, o neuroticismo e os mecanismos de autorregulação do *self*, considerados como estratégias de natureza afetivo-cognitiva aprendidas (NERI, 2011).

Em pesquisa brasileira realizada com 665 idosos de Campinas, São Paulo (NERI, 2011), indagou-se a respeito do que é ser feliz na velhice. Nas respostas, surgiram diversos grupos de representações: o viver bem e estar em paz com a família; a felicidade associada à saúde, à autonomia e à liberdade; as possibilidades de superação ainda nas limitações da velhice; e a valorização do convívio familiar (resposta recorrente nos participantes com idades mais avançadas). Algumas variáveis consideradas foram: gênero, idade, escolaridade e nível de vulnerabilidade social. Os idosos de maior escolaridade e menor vulnerabilidade ressaltaram condições como dignidade, companhia e renda, enquanto os de menor escolaridade e maior vulnerabilidade destacaram o trabalho e a fé. Mulheres escolheram mais elementos relacionados ao convívio familiar, e os homens, à valorização social, à questão financeira e ao convívio social.

Conforme Neri (2011), evidenciam-se ademais relações recíprocas entre bem-estar subjetivo e personalidade dos idosos. A personalidade pode ser definida como o conjunto de fatores de disposição estáveis, medida por variáveis psicofisiológicas e comportamentais, sendo os mecanismos de autorregulação do *self* (motivacionais, afetivos e cognitivos) os que permitem a adaptação às demandas internas ou externas. Estudos genéticos-comportamentais mostram que a variância das medidas de tendência a ser feliz resulta influenciada por genes compartilhados. Há também relações entre bem-estar subjetivo e traços de personalidade (tais como extroversão, amabilidade, escrupulosidade, abertura à experiência, confiança, dureza e defensividade). Os idosos que têm mais memórias positivas ao recordar estimulam a memória de outros eventos positivos e, assim, se sentem mais felizes. Existe a hipótese de que se os traços de personalidade são estáveis, também o seria o bem-estar subjetivo ao longo da vida. Correlatos psicofisiológicos e comportamentais mostram que idosos otimistas e bem-humorados têm menos risco cardiovascular e maior longevidade. Já os contextos de ameaça e incerteza diminuem afetos positivos e/ou intensificam afetos negativos (NERI, 2011).

Ao longo do envelhecimento, também manifestam-se relações recíprocas entre bem-estar subjetivo e saúde. Tal como apontado por Neri (2011), a "saúde percebida" prediz mortalidade e declínio funcional, constituindo um dos indicadores de qualidade de vida. A saúde é

124 Psicologia do Desenvolvimento

entendida pelos idosos como autonomia e capacidade de agir no ambiente (a renda domiciliar mensal baixa influencia negativamente essa avaliação). As discrepâncias entre avaliações de saúde objetiva e subjetiva são, em parte, explicadas pelos mecanismos de autorregulação do *self* e pelos traços de personalidade mencionados anteriormente. Pesquisas populacionais evidenciam que os idosos apresentam maior bem-estar subjetivo do que os jovens, e essas avaliações positivas contribuem para a resiliência e o autocuidado, sendo preditivas de funcionalidade e longevidade. Nesse sentido, as intervenções com idosos precisam focalizar o desenvolvimento de mecanismos cognitivo-afetivos que ajudem a compreender e atribuir sentido às suas experiências evolutivas e estados subjetivos (NERI, 2011).

Diante do exposto, o que significa, então, envelhecer "bem"? Segundo Teixeira e Neri (2008), longe de ser uma questão de longevidade, destaca-se a noção de bem-estar subjetivo. O conceito de envelhecimento bem-sucedido apareceu na Gerontologia em 1961, diferenciando-se do envelhecimento típico ao envolver características fisiológicas e psicossociais acima da média. Outros termos que se referem a esse estado são: velhice saudável, envelhecimento ativo, produtivo ou robusto (TEIXEIRA; NERI, 2008). A noção de "envelhecimento bem-sucedido" apresenta definições operacionais, critérios de medida, variáveis e fatores preditores diversos, predominando a função física e o déficit cognitivo. A escolha desses critérios e definições resulta significativa porque interferem nos procedimentos metodológicos das pesquisas sobre envelhecimento. Nesse sentido, um cuidado a levar em consideração é que a dicotomia sucesso-fracasso em termos objetivos pode acabar por responsabilizar os idosos por sua condição não ótima. Nas pesquisas sobre envelhecimento, associar dados objetivos de estudos psicométricos com informações subjetivas de entrevistas evidencia melhores valores preditivos. Nas perspectivas biomédica e psicossocial, por exemplo, costumam ser destacados três elementos: probabilidade baixa de doenças, alta capacidade funcional e engajamento ativo com a vida (TEIXEIRA; NERI, 2008).

Em síntese, conforme Teixeira e Neri (2008), o envelhecimento bem-sucedido envolve uma complexidade de fatores complementares, tais como capacidades física e mental, satisfação com a vida, participação social, recursos psicológicos e políticas públicas. Desse modo, idosos com doenças crônicas ou comorbidades podem se considerar bem-sucedidos, enquanto outros, considerados objetivamente bem-sucedidos, segundo escalas aplicadas, não se autoavaliam dessa forma. A fragilidade, no sentido oposto ao envelhecimento bem-sucedido, seria um estado caracterizado por problemas psicossociais e diminuição da saúde. Entretanto, entender o envelhecimento bem-sucedido exige considerar variações, valores e atributos culturais. A referência hegemônica à capacidade funcional pode gerar o equívoco de que doença e dependência representam, necessariamente, marcadores de fracasso. Assim, estabelecer metas de promoção da saúde envolve considerar que o processo de envelhecimento abrange múltiplos fatores, individuais, sociais e ambientais. Diferentemente, uma interpretação literal do envelhecimento bem-sucedido pode resultar simplista e conduzir à dicotomia em detrimento de uma perspectiva mais integrada que envolva valores e práticas socioculturais (TEIXEIRA; NERI, 2008).

A constituição do Eu na vida adulta e no envelhecimento   **125**

Relacionado com o tema da qualidade de vida e do envelhecimento, é importante também destacar alguns contextos específicos que colaboram para a qualidade do envelhecimento. Um deles é o vivido pelos avós. Deus e Dias (2016) realizaram uma revisão integrativa da literatura referente ao período entre 2005 e 2015 buscando identificar estudos nacionais sobre avós e seu papel no desenvolvimento de seus netos. Foram selecionados 14 estudos dos 139 encontrados e os resultados foram divididos em duas categorias: avós cuidadores dos netos e a influência dos avós nas práticas de amamentação. A experiência de ser avô ou avó como um processo de significação foi abordada em grande parte dos artigos encontrados, bem como os efeitos dessa experiência na vida dos avós, de seus filhos e netos. Foi muito frequente o destaque para a importância dos avós como suporte emocional, para seus filhos e netos, com especial importância em contextos de gravidez na adolescência, netos com deficiência e aleitamento materno. O artigo conclui que são necessárias políticas públicas voltadas para a saúde física e mental dos avós, pois eles participam intensamente dos contextos socioculturais e se transformam subjetivamente nas relações com os netos.

Outro contexto pesquisado junto ao envelhecimento é o do trabalho. Ribeiro, Almada, Souto e Lourenço (2018), em seu artigo sobre a permanência no mercado de trabalho e a qualidade de vida, analisaram as relações entre essa permanência e fatores sociodemográficos, clínicos e de satisfação com a vida em idosos. O artigo apresenta investigações sobre o envelhecimento e as consequências psicológicas quanto ao sentimento de bem-estar, assim como dados demográficos brasileiros sobre a população de idosos, divididos por nível socioeconômico, sexo, idade, ocupação, grau de escolaridade, entre outras categorias. Para a pesquisa, utilizaram uma base de dados de uma operadora de saúde e escolheram idosos de 65 anos ou mais, residentes na zona Norte do município do Rio de Janeiro. Dos 626 participantes, 13,1% mantinham atividade de trabalho remunerada. A intensidade de satisfação com a vida foi avaliada por meio de um questionário a respeito de domínios, como satisfação com a vida atual; satisfação com a vida atual, comparada com outras pessoas da mesma idade; satisfação com a memória; satisfação com a capacidade para fazer coisas de todo dia; satisfação com as amizades e relações familiares. Para cada domínio, o participante respondia: "pouco"; "mais ou menos"; ou "muito". A chance calculada de permanecerem no trabalho foi maior para homens idosos, sem condições clínicas crônicas ou incapacitantes, com alta renda, com nove ou mais anos de estudo e com maior satisfação com a vida. Foram observadas associações entre manutenção nas atividades de trabalho e a maior satisfação com a vida, independentemente das características socioeconômicas e clínicas na velhice.

Estudos contemporâneos têm se dedicado também a pesquisar como adultos jovens e de meia idade empreendem mudanças em sua vida profissional buscando melhorar a satisfação e a qualidade de suas vidas em termos de saúde física e mental. A qualidade de vida passou a focalizar a esfera profissional de modo particular, o que levou os pesquisadores a definirem um novo indicador: QVT (Qualidade de Vida no Trabalho), "a percepção de bem-estar pessoal no trabalho, composta de dimensões relativas às necessidades humanas, biológicas, psicológicas, sociais e organizacionais" (LIMONGI-FRANÇA, 2015, p. 550). Mas poderíamos perguntar: Qual a

126 Psicologia do Desenvolvimento

importância da QVT em termos do desenvolvimento psicológico e como os trabalhadores a mantêm? Um exemplo claro da expansão da qualidade de vida para a esfera profissional foi a cena do atleta Tom Daley, de 27 anos, medalhista olímpico de ouro no salto ornamental, que surgiu tricotando nas arquibancadas dos recentes jogos olímpicos de Tóquio. Entrevistado, relatou que já tricotava, mas que a atividade se intensificou após a doença do pai e no período de confinamento sanitário por conta da pandemia de Covid-19, como uma alternativa para manter o equilíbrio mental, suportar o estresse e se preparar profissionalmente para os jogos, mantendo o foco, a persistência e a disciplina. Seus trabalhos com fios não se limitam a poucas peças, tendo inclusive doado uma delas após os jogos, para que fosse sorteada e o valor revertido para uma instituição de caridade do Reino Unido, especializada em pesquisas sobre tumores cerebrais (doença que acometeu o pai). A atividade com fios ocupa lugar central na vida de Tom e, segundo seu testemunho, proporciona equilíbrio nos treinos e na dedicação profissional como atleta. Pesquisadores consideram que a expansão de atividades ligadas às manualidades (atividades com fios ultrapassa a ideia de representarem opções de lazer e relaxamento nos períodos de pausa ou descanso, ou, ao contrário, em momentos de estresse, mas configurando-se também como atividades profissionais executadas junto a outras ou mesmo substituindo-as. É possível observar adultos bem-sucedidos profissionalmente destinando um lugar central às manualidades, sendo que muitos realizaram transições de carreira, abandonando as originais (tradicionais), substituindo-as pelo trabalho regular com fios. Esse movimento se acentuou a partir de 2019 com o impacto da pandemia de Covid-19 na vida das pessoas, a necessidade de *home office*, o redimensionamento do uso do tempo e, sobretudo, o grau de satisfação com a atividade profissional. Do ponto de vista teórico, os estudos se baseiam na Psicologia Analítica de Jung e em conceitos de Arteterapia para compreender esse fenômeno recente.

Por último, mas não menos importante, é relevante discorrer sobre as relações dos adultos com as tecnologias, particularmente os mais velhos. É incontestável o fato de que hoje em dia a maioria das atividades podem ser realizadas com o uso de tecnologias de vários tipos e que o ritmo e a velocidade como as novas tecnologias surgem e são absorvidas é intenso e, muitas vezes, difícil de acompanhar. O exemplo mais simples é o do celular, o qual, quando surgiu, era muito mais limitado em suas funcionalidades do que os atuais; era um objeto grande, pesado e que rapidamente se transformou até chegar a modelos totalmente diferentes (leves, pequenos e tão complexos e sofisticados quanto computadores); a difusão no número de aplicativos, hoje, permite que atividades antes realizadas unicamente de modo presencial, possam ser realizadas a distância, com alguns toques na tela, por exemplo, serviços bancários. As redes sociais invadiram o cotidiano de pessoas de todas as idades, inclusive idosos, que se agrupam, fazem amizades virtuais, comentam e se sentem acompanhados (ainda que ilusoriamente). Muito se tem debatido sobre o efeito das tecnologias sobre as crianças, mas pouco se tem investigado sobre isso na vida adulta, especialmente nos idosos. Ao mesmo tempo em que as novas tecnologias aproximam as pessoas (haja vista sua valia nos tempos de isolamento social pela pandemia de Coronavírus), diversos perigos surgiram atingindo mais os idosos, como golpes, clonagem de números de WhatsApp etc. Foi necessário orientar os mais velhos e mesmo controlar seu acesso

A constituição do Eu na vida adulta e no envelhecimento **127**

às plataformas em alguns casos, para que sua exposição fosse protegida. Esse novo contexto interacional trazido com o avanço das tecnologias provocou a realização de pesquisas sobre a relação dessas e os adultos. Não é incomum encontrar adultos em um mesmo ambiente, cada um com seu celular, "interagindo" com mídias em vez de pessoas ao seu lado. Em uma interessante revisão de literatura, Miranda e Farias (2009) analisaram as contribuições da internet para idosos de acordo com três eixos: contribuições para o bem-estar; fonte informativa sobre atividades físicas e de saúde e formas de lazer. Os estudos mostraram que o uso da internet favorece o raciocínio e a sociabilidade dos idosos, prevenindo o isolamento social e mesmo a depressão, estimulando também a atividade cerebral. A conclusão foi que o uso apropriado da rede contribui para o bem-estar do idoso quanto a dimensão informativa e também na dimensão lúdica e de aprendizagem. No contexto específico da pandemia de Covid-19 no Brasil e no mundo, observou-se aumento do uso de redes sociais e plataformas de comunicação, compras e pesquisa *on-line*, por todas as pessoas, inclusive os mais velhos. Esse novo contexto de transformação de hábitos de relacionamento e de consumo já está sendo pesquisado e resultados futuros trarão informações relevantes sobre a inclusão tecnológica dos idosos.

Considerando o exposto neste capítulo, é possível concluir que o tema da qualidade de vida e a satisfação subjetiva está presente também na vida adulta, relacionando-se com ressignificações do Eu, transformações físicas e psicológicas, como também com contextos de vida. Assim, muito mais do que a idade, é importante levar em conta os processos físicos e subjetivos e suas consequências nesse momento do ciclo vital.

Esperamos ter demonstrado nesta Unidade que a constituição do Eu ao longo do ciclo vital é um processo permanente de mudança e estabilidade, o qual é marcado por influências genéticas, biológicas, sociais e culturais, expressando-se de diferentes maneiras nos diferentes contextos de desenvolvimento. É, assim, um belo exemplo de um processo de desenvolvimento psicológico.

PARA SABER MAIS

E Elaborar Atividades, Sugerimos os Seguintes Materiais Complementares:

1. Núcleo de Estudos de Saúde Pública e Envelhecimento (NESPE) – Instituto René Rachou – FIOCRUZ Minas. Disponível em: http://www.cpqrr.fiocruz.br/pg/pesquisa/grupos-de-pesquisa/18-2/. Acesso em: 29 set. 2022.

2. Núcleo de Estudo e Pesquisa do Envelhecimento (NEPE) – Pontifícia Universidade Católica de São Paulo (PUC-SP). Disponível em: http://dgp.cnpq.br/dgp/espelhogrupo/7110. Acesso em: 29 set. 2022.

3. Núcleo de Estudos do Envelhecimento – Universidade Estadual de Santa Cruz (UESC), Bahia. Disponível em: http://www.uesc.br/nucleos/envelhecimento/. Acesso em: 29 set. 2022.

128 Psicologia do Desenvolvimento

4. Núcleo de Estudos em Epidemiologia do Envelhecimento – Universidade Estadual do Sudoeste da Bahia (UESB). Disponível em: https://nepe.webnode.com.br/. Acesso em: 29 set. 2022.

5. Núcleo de Pesquisa Estudos do Envelhecimento – Universidade de Caxias do Sul (UCS), Rio Grande do Sul. Disponível em: https://www.ucs.br/site/nucleos-de-pesquisa/estudos-do-envelhecimento/. Acesso em: 29 set. 2022.

6. Núcleo de Estudos Interdisciplinares sobre o Envelhecimento (NEIE) – Universidade Federal do Rio Grande do Sul (UFRGS). Disponível em: http://www.ufrgs.br/deds/nucleos/neie. Acesso em: 29 set. 2022.

7. Núcleo de Estudo e Pesquisa sobre Envelhecimento (NEPE) – Universidade Federal do Vale do Jequitinhonha e Mucuri (UFVJM). Disponível em: http://www.ufvjm.edu.br/noticias/9197-2019-06-18-18-26-25.html. Acesso em: 29 set. 2022.

8. Núcleo de Estudos e Pesquisas em Envelhecimento Humano (NEPesqEH) – Universidade Federal do Amapá (UNIFAP). Disponível em: https://www.facebook.com/NEPesqEH/. Acesso em: 29 set. 2022.

9. Envelhecimento, Sociedade e Saúde (NPD) – Universidade de São Paulo (USP). Disponível em: http://www5.each.usp.br/web/prof/npds/envelhecimento-sociedade-e-saude/. Acesso em: 29 set. 2022.

REFERÊNCIAS BIBLIOGRÁFICAS

BALTES, P. B.; SMITH, J. Novas fronteiras para o futuro do envelhecimento: da velhice bem-sucedida do idoso jovem aos dilemas da Quarta Idade. **A Terceira Idade**, v. 17, n. 36, p. 7-31, 2006. Original publicado em inglês em 2003.

DEUS, M. D.; DIAS, A. C. G. Avós cuidadores e suas funções: uma revisão integrativa da literatura. **Pensando Famílias**, v. 20, n. 2, p. 56-69, dez. 2016.

ERIKSON, E. **Infância e sociedade**. Trad. Gildásio Amado. Rio de Janeiro: Zahar, 1971. Original publicado em 1950.

FUNDAÇÃO MARIA CECÍLIA SOUTO VIDIGAL (FMCSV). **Primeiríssima Infância** – Interações na pandemia: comportamentos de pais e cuidadores de crianças de 0 a 3 anos em tempos de Covid-19. 2021. Disponível em: https://www.fmcsv.org.br/pt-BR/biblioteca/primeirissima-infancia-interacoes-pandemia-comportamentos-cuidadores-criancas-0-3-anos-covid-19/. Acesso em: 20 ago. 2021.

LIMONGI-FRANÇA, A. C. Qualidade de vida no trabalho. In: BENDASSOLI, P. F.; BORGES-ANDRADE, J. E. (orgs.). **Dicionário de Psicologia do Trabalho e das Organizações**. São Paulo: Casa do Psicólogo, 2015.

MIRANDA, L. M.; FARIAS, S. F. As contribuições da internet para o idoso: uma revisão de literatura. **Interface – Comunicação, Saúde, Educação**, v. 13, n. 29, p. 383-394, abr./jun. 2009.

NERI, A. L. O legado de Paul B. Baltes à Psicologia do Desenvolvimento e do Envelhecimento. **Temas em Psicologia**, v. 14, n. 1, p. 17-34, 2006.

NERI, A. L. Bem-estar subjetivo, personalidade e saúde na velhice. In: FREITAS, E. V. *et al.* (orgs.). **Tratado de Geriatria e Gerontologia**. 3. ed. Rio de Janeiro: Guanabara Koogan, 2011.

OLIVEIRA, M. K. Ciclos de vida: algumas questões sobre a psicologia do adulto. **Educação e Pesquisa**, São Paulo, v. 30, n. 2, p. 211-229, maio/ago. 2004.

RIBEIRO, P. C. C., ALMADA, D. S. Q., SOUTO, J. F.; LOURENÇO, R. A. Permanência no mercado de trabalho e satisfação com a velhice. **Ciência e Saúde Coletiva**, v. 23, n. 8, p. 2683-2692, 2018.

SANTOS, J. V.; VIZZOTTO, M. M.; GONÇALVES, G. Trabalho e família: conflitos e desafios. In: REZENDE, M.; HELENO, M. (orgs.). **Psicologia e promoção de saúde em cenários contemporâneos**. São Paulo: Vetor, 2016.

SILVA-JUNIOR, J. S.; FISCHER, F. M. Afastamento do trabalho por transtornos mentais e estressores psicossociais ocupacionais. **Revista Brasileira de Epidemiologia**, v. 18, n. 4, 2015.

TEIXEIRA, I. N. A. O.; NERI, A. L. Envelhecimento bem-sucedido: uma meta no curso de vida. **Psicologia USP**, v. 19, n. 1, p. 81-94, 2008.

TÓPICOS E DEBATES CONTEMPORÂNEOS EM PSICOLOGIA DO DESENVOLVIMENTO

132 Psicologia do Desenvolvimento

Esta Unidade traz eixos de saberes/campos de pesquisa que atualmente são importantes na Psicologia do Desenvolvimento, por serem temáticas que têm impacto nas trajetórias de desenvolvimento dos indivíduos e nas transformações sociais e culturais. Aqui, exemplos de estudos, especialmente brasileiros, ilustrarão as discussões mencionadas.

A Psicologia do Desenvolvimento contém uma multiplicidade de desdobramentos e temáticas, e não se pretende esgotá-las nesta apresentação, e sim apenas ilustrar a atualidade do campo e sua importância para a discussão das mudanças e de problemas que têm efeitos sobre a sociedade. Para isso, nos capítulos desta Unidade, elegemos temáticas que consideramos importantes para o campo, como gênero e sexualidade (Capítulo 16), família e parentalidade (Capítulo 17), desigualdades e vulnerabilidades (Capítulo 18), e promoção de saúde e qualidade de vida (Capítulo 19).

16 Gênero e sexualidade

Este capítulo apresentará dois eixos de reflexão acerca da construção da identidade de gênero e do desenvolvimento psicossexual ao longo do ciclo vital. Conforme a proposta do livro, serão abordados seguindo uma lógica interacionista e dialética da relação sujeito-contexto. Para isso, em um primeiro momento, focalizaremos questões do contexto cultural, especialmente no que diz respeito à realidade brasileira, que oferece possibilidades e avanços a partir de novas concepções, direitos e marcos jurídicos, mas também limites pela perpetuação de tabus e representações estereotipadas sobre o gênero e a sexualidade. Em um segundo momento, centraremos-nos nas tendências e na variabilidade do desenvolvimento psicossexual, tomando especial subsídio em um recorte conceitual da teoria psicanalítica.

134 Psicologia do Desenvolvimento

IDENTIDADES DE GÊNERO E SEXUALIDADE

A primeira nomeação que todo ser humano recebe desde o útero encontra, na maioria dos casos, duas possibilidades: é menino ou é menina. Tanta é a expectativa dos genitores em poder "nomear" seu bebê e classificá-lo em um subconjunto identitário, que atualmente existe um mercado específico para "celebrar" essa nomeação primordial, expressado em termos como *"baby showers"* ou "chá de revelação". São eventos emblemáticos do início da imersão cultural em estereótipos de gênero quando identificam essa distinção a partir das cores rosa para menina e azul para menino. Proporcionalmente, essa primeira nomeação é tensionada no caso de um bebê intersexo, cuja genitália "ambígua" não permite definir essa primeira catalogação, gerando angústias para os pais na impossibilidade de responder à pergunta inicial do desenvolvimento humano: é menino ou menina?

"Identidade de gênero", "orientação sexual" e "corpo sexuado" são termos que se entrelaçam dinamicamente na abordagem do desenvolvimento. Diferentemente das outras espécies animais, a sexualidade humana não se reduz ao funcionamento do organismo biológico, nem à reprodução. Entende-se a sexualidade como um construto complexo que envolve a afetividade e as representações socioculturais acerca do que um corpo sexuado evoca em determinado momento histórico.

O conceito de gênero nasce justamente para se distanciar de uma perspectiva biologizante da sexualidade e evidenciar seu estatuto cultural ao enfatizar a dimensão subjetiva da vivência dos papéis sociais que a cultura adjudica, de maneira binária, aos universos "feminino" e "masculino". Na década de 1970, Simone de Beauvoir foi pioneira na abertura do campo dos estudos de gênero postulando que "não se nasce mulher, torna-se mulher", máxima consagrada no campo do feminismo. A partir de então, pesquisadores contemporâneos, como Judith Butler, vêm trazendo novas visões do campo do gênero e da sexualidade, contribuindo para a multiplicação de terminologias (*queer*, cisgênero, transgênero, transsexual etc.) que referem a formas de se posicionar para além do binarismo feminino-masculino.

As possibilidades de mudança de sexo a partir de intervenções cirúrgicas e hormonais também possibilitaram essa quebra radical com as concepções binárias do gênero e com a heteronormatividade hegemônica. O termo "transgênero" contempla esse estatuto não fixo da identidade de gênero e a sua contingente correspondência com a genitália e as características sexuais que se expressam ao nascer. Assim, as identidades de gênero e as orientações sexuais, por serem construções subjetivas, resultam dinâmicas e envolvem possíveis transformações ao longo do desenvolvimento.

Talvez nunca na história se falou tanto de sexualidade e gênero e, em parte, isto ocorre graças às lutas de diversos coletivos e movimentos sociais. Por um lado, evidencia-se o fortalecimento da reivindicação dos direitos da população LGBTQI+, e por outro lado, dos coletivos feministas que há décadas vêm promovendo lutas para exigir direitos iguais entre homens e mulheres e para denunciar o feminicídio e a violência contra a mulher. Esses movimentos são caros à Psicologia do Desenvolvimento porque promovem a desconstrução de duas grandes tendências históricas: a patologização e a criminalização da homossexualidade. Um caso histórico famoso que ilustra esse último fenômeno foi o encarceramento do escritor Oscar Wilde, na Inglaterra, em função de sua orientação sexual. A respeito da patologização, no contexto brasileiro, o projeto de lei de "cura gay" para o tratamento psicológico da homossexualidade (contra a qual lutaram várias instituições, entre elas o Conselho Federal de Psicologia), exemplifica a atualidade da rejeição a qualquer expressão que coloque em risco a normativa heterossexual.[1]

Entretanto, atualmente, estamos diante de um paradoxo. Embora a temática esteja presente nas redes sociais e nas mídias, observa-se a perpetuação da homofobia (estima-se que no Brasil há uma morte por homofobia a cada 23 horas), da violência contra a mulher e do feminicídio (em 2020, foram registrados cinco casos por dia). Entre crianças e adolescentes, essa preocupação não é menor, e os dados sobre situações de violência relacionadas com preconceitos sexuais na escola continuam sendo alarmantes: a Pesquisa Nacional sobre o Ambiente Educacional no Brasil (2016) verificou que 73% dos estudantes LGBTQI+ já foram atacados verbalmente e 36%, agredidos fisicamente (TOKARNIA, 2016).

Entender o desenvolvimento psicossexual e a constituição da identidade de gênero é uma tarefa social urgente, pois sua abordagem ou omissão traz impactos na agenda política brasileira geral e nas políticas educacionais desde a primeira infância. Na carência ou rejeição de fundamentos e pesquisas científicas para entender essas transformações, pode-se sustentar, por exemplo, que a educação sexual "perverte" as crianças e as "torna" homossexuais. Esse tipo de pressuposto leva a modificações nos programas educacionais brasileiros, tais como as acontecidas na Base Nacional Comum Curricular (BNCC) de 2019, em que se optou por suprimir o termo "orientação sexual" e omitir a abordagem da temática como tema transversal do currículo escolar.

Em contrapartida a esses eventos que fortalecem o tabu da sexualidade e da diversidade de gênero na infância, há uma florescente produção de literatura infantil brasileira e internacional, denominada "não sexista" ou "novos contos de fadas", que desconstrói os estereótipos de gênero, problematizam o sexismo e abrem espaço para que esses temas possam circular desde cedo, tanto na escola quanto no contexto familiar. Nessa linha, outras produções abordam a origem dos bebês de maneira clara e sem preconceitos, incluindo, de maneira sutil e cuidadosa, os riscos do abuso sexual infantil.

Assim, a escolha da orientação sexual, a relação do sujeito com seu corpo sexuado e o desenvolvimento da sua identidade de gênero são fruto de uma complexa e progressiva interação de elementos intrapsíquicos e culturais que foge de qualquer possibilidade simplista de doutrinamento comportamental.

Os avanços dos estudos de gênero e de sexualidade humana mencionados anteriormente permitiram a crescente produção de pesquisas que abordam seu desenvolvimento desde o útero até a velhice. Estudos mostram que bebês entre 18 e 24 meses já manifestam preferências e conhecimentos de padrões de gênero (LE MANER, 1997). Essas escolhas não

---

[1] Vale lembrar os debates e as controvérsias acerca dos chamados "transtornos/disforia de gênero" no DSM.

136 Psicologia do Desenvolvimento

dependem de predisposições orgânicas (ainda que há elementos biológicos em jogo), mas são fomentadas pelos objetos ofertados no ambiente e pelas condutas aprovadas ou desaprovadas pelos adultos e cuidadores do entorno. Assim, há um universo de cores, brinquedos e atitudes que são esperados, exigidos e perpetuados conforme a categoria "de meninas" ou "de meninos". São exemplos os clássicos brinquedos como carrinhos, bonecas, objetos de cozinha e limpeza, blocos e/ou ferramentas separadamente ofertados para uns ou outros. Entrar em uma loja de brinquedos já nos posiciona em um universo feminino rosa, que destaca valores referidos à beleza e ao perfil de dona de casa, e um universo masculino azul, que enaltece valores de violência física, força, luta e riscos. Para além dos objetos, há condutas e manifestações de sentimentos que são legitimadas, celebradas ou censuradas conforme sejam observadas em um ou outro grupo, tais como sentar com as pernas cruzadas, gritar, bater, chorar ou expressar sentimentos amorosos para colegas do mesmo sexo.

Os modos de interação dos adultos cuidadores, o tom de voz, a qualidade e quantidade de fala e conversa propiciadas, são diferentes de acordo com o sexo da criança. Diversos estudos verificaram que, desde o nascimento, esse processo psicogenético toma as marcas das atitudes comunicativas e afetivas desiguais dos educadores primários (familiares ou professores) conforme sejam direcionadas aos meninos ou às meninas (MORENO, 1999; MADUREIRA; BRANCO, 2015). Nesse sentido, as escolhas infantis de jogos e brinquedos também são geradas pelas experiências lúdicas diferenciais oferecidas pelos adultos (intencionalmente ou não) e que, na maioria das vezes, respondem a estereótipos de gênero (BROUGÈRE, 1999; REIS; MAIA, 2009).

Assim, o público infantil continua sendo o destinatário desses clichês fomentados pela mídia e pela indústria dos brinquedos que fortalece os lugares comuns do sexismo com a clássica divisão de brinquedos para meninas e para meninos. Os primeiros continuam relacionados com temáticas domésticas, de cuidados maternos e estéticos (MORENO, 1999). O império rosa e banal de Barbie e outras bonecas similares permanece sendo um fenômeno crescente em vendas, promovendo o culto à vaidade, à riqueza e ao corpo perfeito branco, loiro, magro e ocidental (CECHIN; SILVA, 2012). A respeito das meninas, vários autores contemporâneos vêm assinalando sua sexualização precoce, que traz como efeito o abandono de brincadeiras e jogos para usar maquiagem, roupa adulta e começar a se interessar por meninos cada vez mais cedo (URRIBARRI, 2012). Esse fenômeno se acrescenta pela sua presença midiática exacerbada. No caso dos brinquedos "para meninos", proliferam carrinhos, armas e bonecos lutadores que evocam aparatos militares de guerra, fomentando o estereótipo da agressividade (BROUGÈRE, 1999). Em suma, os modelos de masculinidade costumam ser ligados à agressividade e aos riscos, enquanto os femininos estão mais relacionados com o âmbito doméstico e ao "ser bela", via controle do peso e cuidado do corpo, das unhas e do cabelo (MORGADE, 2016).

A partir do campo das neurociências, pesquisas apontam que, mesmo havendo leves diferenças anatômicas endócrinas e cerebrais, o papel do entorno é capital no desenvolvimento de certas habilidades mediante ofertas seletivas de objetos segundo o gênero. O ambiente reforça, por exemplo, o desenvolvimento desigual das habilidades espaciais, sendo uma capacidade levemente diferenciada em favor dos homens no plano genético, mas altamente exacerbada na oferta de brinquedos e jogos "de meninos e de meninas". Em resumo, é a experiência que muda o cérebro pelo mecanismo de plasticidade cognitiva e pelo modo de criação do indivíduo que constitui uma "infusão de gênero cultural" (CAHILL, 2012). Assim, de modo explícito ou dissimulado, durante a vida toda, diversas instâncias sociais e culturais demandam responder às identidades de gênero hegemônicas (LOURO, 2008).

DESENVOLVIMENTO PSICOSSEXUAL AO LONGO DO CICLO VITAL

A partir do panorama elencado, como entender o desenvolvimento psicossexual dos sujeitos? O que faz com que cada trajetória desse desenvolvimento seja única e, ao mesmo tempo, estruturada em mecanismos funcionais similares? De que dependem os diversos modos de nos relacionarmos, desde a infância, com um corpo sexuado, com as representações e imaginários que ele suscita e com a demanda cultural de optar pela escolha de um parceiro e de definir a nossa orientação sexual? De que modo a sexualidade infantil ressoa nessas tarefas demandadas na adolescência e na vida adulta? Ao falar de desenvolvimento psicossexual e de orientação sexual, a Psicanálise constitui uma teoria incontornável por ser um sistema de pensamento que se organizou em torno da sexualidade humana, suas transformações, complexidade e conflitos inerentes.

Na perspectiva da Psicanálise, a eleição de objeto sexual não se define até depois da puberdade. E mesmo quando aparenta estar "definida", essa orientação pode mudar: por exemplo, mulheres e homens que formaram famílias nos moldes heteronormativos e que, posteriormente, acabam optando por novos casamentos e/ou famílias homoafetivas. Freud não utiliza o conceito de gênero, porém assegura que "todos os indivíduos humanos, à consequência de sua disposição bissexual, e da herança cruzada, reúnem em si caracteres masculinos e femininos, de modo que a masculinidade e feminilidade puras seguem sendo construções teóricas de conteúdo incerto" (FREUD, 1925/1996, p. 286).

Essa bissexualidade constitutiva, postulada por Freud, é uma possível explicação para uma dimensão da homofobia e da violência contra a população LGBTQI+. Seriam essas inclinações bissexuais, constitutivas de todo ser humano, que ao estarem em conflito, mal elaboradas ou serem intoleráveis para alguns sujeitos, acabam sendo projetadas na forma de violência contra aqueles sujeitos que assumem uma posição diferente da heteronormativa.

O desenvolvimento psicossexual para a Psicanálise, tal como seu nome indica, envolve transformações que são, simultaneamente, psíquicas e sexuais. Portanto, diferentemente de como costuma ser abordada no senso comum, no contexto da Psicanálise, a sexualidade não é sinônimo de genitalidade, nem se circunscreve à biologia. O conceito é amplo e envolve todos os construtos conceituais apontados na Unidade 2 (Capítulo 7), tais como o prazer, o tempo lógico (e não só cronológico), o Inconsciente, as fantasias, o estatuto de infantil e o desejo, entre outros. Tal como aprofundaremos a seguir, nessa ótica, a sexualidade envolve e

138 Psicologia do Desenvolvimento

entrelaça um modo de vivenciar vínculos, de construir saberes e narrativas acerca das diferenças sexuais e das origens, de se posicionar diante dos ditados sociais de gênero, de desfrutar da atividade sexual e de encontrar formas de prazer.

O processo que Freud denomina como "desenvolvimento psicossexual da criança" se caracteriza por ser gradativo e envolver, simultaneamente, aspectos psíquicos e biológicos, como as fontes somáticas das zonas erógenas. O estudo freudiano desse desenvolvimento e dos processos psicogenéticos típicos a ele atrelados foi necessário para entender a etiologia das neuroses. Sua filha, Anna Freud, foi uma das autoras que mais avançou, didática e sistematicamente, com a evolução teórica do desenvolvimento psicossexual, especialmente na infância, dando um lugar central ao Eu e à detecção precoce de fatores patogênicos do ambiente e da educação.

Vale lembrar (tal como comentado anteriormente, no Capítulo 7) que o interesse da Psicanálise pela Psicologia do Desenvolvimento se circunscreve a investigar a mente infantil como um objeto de interesse para a clínica. Na perspectiva psicanalítica, as impressões da infância influenciam o curso da evolução psicossexual posterior, sendo constantemente ressignificadas. Os desejos, impulsos e atitudes infantis não são destruídos, mas se sobrepõem ao que se originou deles. Destarte, o infantil, como tempo lógico originário da sexualidade, persiste ao longo do ciclo vital, expressando-se, de maneira deformada, transformada e implícita, nas escolhas de objeto sexual, nas relações com o próprio corpo e na construção das identidades de gênero.

Ao abordar a sexualidade para além da reprodução da espécie e do binarismo macho-fêmea, a Psicanálise concebe o desenvolvimento psicossexual no registro das pulsões, e não dos instintos. Esse desenvolvimento psicossexual é marcado pelas transformações da libido. Segundo Freud, assim como a fome é a força da pulsão de nutrição, a libido pode ser definida como a manifestação da força ou do *quantum* energético da pulsão sexual. A teoria freudiana das pulsões sempre foi dualista e dialética, comportando pulsões sexuais e pulsões do Eu (ou de autoconservação), e a partir de 1920, foram acrescentadas as pulsões de vida e as pulsões de morte. O objeto da pulsão é contingente e variável para cada indivíduo. À diferença da dimensão do instinto, o objeto de satisfação não está previsto de antemão. A fome não se sacia com um objeto específico e as pulsões sexuais não tendem unicamente à reprodução da espécie. Isso constitui, ao mesmo tempo, a plenitude e a angústia do ser humano.

O desenvolvimento da libido não emerge como algo pronto, mas passa por uma série de fases progressivas (e, muitas vezes, sobrepostas) que se apoiam em funções somáticas vitais. Os processos que levam de determinado nível de organização a um subsequente e mais elevado são variados. Portanto, o desenvolvimento psicossexual não se constitui a partir de bases inatas orgânicas ou de um percurso predeterminado. Essa distinção é crucial para entender a distinção do campo humano de outras espécies animais não humanas. A pulsão (*trieb*, em alemão) foi definida como uma noção energética constante que se situa na fronteira "entre" o psíquico e o somático (por isso o desenvolvimento é psicossexual), sendo o representante psíquico dos estímulos do organismo que "alcançam a mente". Assim, a mente é exigida pelo

Gênero e sexualidade **139**

corpo, pela excitação interna da pulsão que busca satisfação e constitui a mola do funcionamento do aparelho psíquico.

Dessa forma, a relação entre a dimensão biológica e a psíquica se instaura na prevalência da mediação do outro, do símbolo e da cultura. Com base nessa visão ampla de sexualidade, o desenvolvimento psicossexual inicia-se no nascimento. Diferentemente do campo instintual, o objeto de satisfação da pulsão não é específico e, desse modo, o choro do bebê, por exemplo, não se acalma com uma resposta unívoca e predefinida. Ele é interpretado pela mãe ou pelo pai, que oferece um significado possível, tais como fome, dor, frio etc. Essa mediação do outro é crucial para o ser humano porque a bagagem do inato não é suficiente para a sobrevivência, o que demarca uma infância extremamente prolongada em comparação a outras espécies. Alguns autores contemporâneos, como Bernard Golse (2010), denominam as fases da sexualidade infantil como "estádios psicoafetivos", salientando sua construção no encontro do sistema pulsional da criança e do adulto.

O dinamismo do desenvolvimento psicossexual se manifesta em transformações libidinais e modos de organização psíquica denominadas fases. Essas fases se correspondem com a prevalência de zonas erógenas e de tarefas e conquistas psíquicas que são acompanhadas, acolhidas e fomentadas pelo contexto sociocultural, pelas suas relações de poder e pela linguagem. Cada fase da sexualidade pré-genital infantil tem uma base somática preponderante denominada "zona erógena" (oral, anal, fálica). Ainda que ligada a essas zonas, a sexualidade é plástica e variável em cada indivíduo, porque tanto as fontes somáticas de excitação quanto os objetos de satisfação são extremamente diversos. Por esse motivo, Freud chamou a sexualidade infantil de polimorfa.

As fases do desenvolvimento psicossexual pré-genital da primeira infância são: oral, anal e fálica.[2] Entre a fase fálica e a fase genital adulta, Freud situa o "período de latência". Essa sequência oral, anal, fálica e genital não é fixa, nem puramente endógena, mas se estrutura na dialética continuidade/descontinuidade com base em uma matriz de organização própria a cada uma delas. A fase oral é a forma de organização mais precoce durante a qual a principal zona erógena é a boca e a sua atividade sexual é a sucção ou o chupar. São atividades fundantes dessa fase a ingestão do leite (via aleitamento materno ou mamadeira), a dentição e a amenização das suas dores e da chamada "angústia oral" via sucção dos dedos, mãos ou objetos diversos.

A fase sádico-anal corresponde ao processo do controle de esfíncteres. Nessa etapa, a criança precisa se adaptar às exigências da educação para aprender a reter suas fezes e destinar um lugar adequado para elas. Essa tarefa será acompanhada por afetos de prazer-desprazer, tanto pela retenção das fezes quanto pelo seu valor simbólico de "presente" ofertado aos cuidadores e recebido com elogios. As pulsões de domínio dessa tarefa podem se transformar, segundo Freud, em crueldade, manifestada por muitas crianças que começam a morder, gritar

---

[2]O desenvolvimento psicossexual está intrinsecamente articulado e contextualizado com as dinâmicas e conceitos apresentados em momentos anteriores da presente obra, especialmente no Capítulo 7 e ao longo da Unidade 4.

140 Psicologia do Desenvolvimento

ou bater. Essa excitação libidinal, progressivamente controlada e regulada via mediação do outro representante da cultura (que incentiva a mediação do símbolo em detrimento da força física), tem como fonte somática a zona erógena do orifício anal e sua função dinâmica de retenção-expulsão.

A partir dos três anos, aproximadamente, inicia-se uma nova fase denominada fálica que, conforme Freud, mostra muita semelhança com a vida sexual do adulto. Essa etapa é o momento das primeiras manifestações da curiosidade sexual das crianças a partir da construção de hipóteses que tentam resolver os enigmas do corpo e da origem. Os educadores, familiares e escolares começam a observar que as crianças brincam explorando seu corpo e o corpo dos colegas, sendo frequentes as situações de masturbação infantil. É também a etapa de ebulição da pulsão de olhar e de adquirir conhecimento, denominada "escopofílica e epistemológica", que envolve a dinâmica da pulsão de saber.

O conceito de fase fálica[3] emerge da ideia freudiana de que durante essa organização da libido só se considera um órgão genital (o masculino) e, portanto, a primazia erógena é do falo. Falo não é sinônimo de pênis, mas aponta a uma posição subjetiva diante da dialética "ter ou não ter" (completude fálica-castração). Essa posição simbólica diante da diferença anatômica dos sexos será elaborada, metaforizada e ressignificada ao longo do ciclo vital, da infância até a velhice. Em meninas e meninos da fase fálica, essa distinção biológica dos sexos e sua elaboração psíquica concomitante correspondem, respectivamente, à diferença entre uma castração (simbólica) executada e outra ameaçada (angústia e ameaça de castração).

No campo simbólico e da fantasia, configurado pelas relações entre processos primários e secundários (apontadas no Capítulo 7), os corpos sexuados são objeto de narrativas construídas pelas crianças. Uma dessas narrativas típicas é a negação da ausência de pênis ou o desconhecimento da vagina, contradições que podem ser encobertas com a crença de que há um pênis pequeno, mas que ainda vai crescer (por exemplo, quando um menino afirma que a sua mãe tem pênis). A antítese que se apresenta entre órgão genital masculino ou castrado funciona como um dos grandes enigmas que interrogam a criança. Esses enigmas são permeados pelos símbolos e pelas representações dos contextos culturais que explicam a origem dos bebês e as diferenças sexuais a partir de determinadas narrativas.

A fase fálica é o momento estrutural da construção de teorias sexuais infantis. Essas teorias construídas ao longo da infância são caras aos estudos do desenvolvimento humano porque elas reverberam, de forma sutil ou manifesta, ao longo do ciclo vital, em escolhas, preferências, fantasias, sonhos e sintomas. Elas referem à relação do sujeito com o saber, especialmente com o saber sobre a origem e a sexualidade, que surge durante o período edipiano, mas que o extrapola. A complexidade da sua construção não responde a uma interpretação racionalista, lógica e consciente, mas à legalidade do inconsciente e das pulsões (FREUD, 1908/1996).

---

[3]O termo "fase fálica" aparece na obra freudiana em 1923, de modo tardio com relação às demais, que já surgiam em 1905.

Gênero e sexualidade **141**

Conforme Freud, as teorias sexuais infantis respondem a três modelos paradigmáticos relacionados com: as diferenças sexuais, o nascimento e as relações sexuais.[4]

A primeira teoria, denominada falocêntrica, deriva da observação das diferenças entre os sexos. A criança atribui a todos, inclusive às mulheres e até aos objetos, a posse de um pênis. Entre os três e cinco anos, o pênis convoca os olhares, atiça a curiosidade dos meninos e das meninas e lhes inspira fábulas, ficções e teorias infantis (NASIO, 2007). No menino, a teoria é consequência do que sabe a partir de seu próprio corpo. As meninas também compartilham esse interesse, que logo será seguido pela inveja, sendo o clitóris um órgão homólogo que durante a infância funciona como um pequeno pênis. O pênis é a principal zona erógena e objeto sexual autoerótico da fase fálica.

A ignorância da vagina leva a uma segunda teoria: a cloacal. A criança acredita que o bebê é expelido em uma evacuação, tal como acontece com a comida que ela ingere. A terceira teoria sexual é a concepção sádica do coito, que pode ser produto da testemunha indireta de uma relação sexual dos pais (barulho, posições etc.). É sádica pela percepção incompleta da criança que a entende como um ato de violência em que um participante mais forte (no caso o pai) se impõe ao mais fraco (FREUD, 1908/1996). Essa teoria envolve um retorno aos comportamentos cruéis impulsionados pelas excitações físicas das crianças na reflexão sobre a origem dos bebês, agressividade também observada em algumas formas infantis de interação com brinquedos, irmãos ou colegas.

O momento de transição entre a primeira infância e o ingresso na instituição escolar é um passo crucial do desenvolvimento psicossexual, não só para a Psicanálise, mas para outras abordagens teóricas. Desde uma perspectiva piagetiana, a organização da fase fálica converge com o auge das perguntas e da curiosidade acerca das diferenças sexuais e da origem dos bebês (PIAGET, 1926/2005; 1945/2010). Nessa ótica, estudos mostraram que antes dos seis anos, a classificação bipolar menina-menino é relativa e instável. Com base na pesquisa de crenças de crianças entre quatro e seis anos, verificou-se que a construção da identidade sexuada é também o resultado de uma construção interna nascida da atividade própria do sujeito determinada pela evolução das suas capacidades intelectuais (KOHLBERG, 1966; JAGSTAIDT, 1987). A expressão de condutas sexuadas e a aquisição da identidade sexuada se desenvolvem por estágios e o conhecimento de que a criança é menino ou menina de maneira estável é uma construção cognitiva progressiva que não está dada desde a origem.[5]

As diferenças sexuais são um tema de especial interesse nas brincadeiras das crianças pequenas e é possível, por exemplo, "observar meninos que escondem seu pênis até atrás e dizem 'agora sou uma menina'; ou meninas pondo-se algum objeto" (DELVAL, 1994, p. 437). Em uma dimensão da linguagem verbal, as crianças menores de 5/6 anos ainda não têm segurança na

---

[4] Essas três matrizes de teorias sexuais infantis típicas da infância foram descritas por Freud em 1908, no texto *Sobre as teorias sexuais infantis.*

[5] Não adentramos no escopo das atualmente chamadas "crianças trans", nem na possibilidade de intervenções cirúrgicas de mudança de sexo, temáticas que não foram ainda pesquisadas com crianças a partir de uma perspectiva cognitiva.

142 Psicologia do Desenvolvimento

identificação da constância das diferenças sexuais, o que leva meninos de quatro anos a afirmar que quando crescerem serão mães, ou que uma menina pode se transformar em um menino se ela o desejasse, se brincasse com carrinhos ou se vestisse roupas de meninos e cortasse seu cabelo. Assim, para as crianças desse período, a diferença genital não é um critério básico ou definitivo da classificação sexual, é uma etiqueta que varia e que define o "ser homem" ou "ser mulher" a partir de elementos contingentes e culturais (KOHLBERG, 1966; JAGSTAIDT, 1987).

O desenvolvimento psicossexual ao longo do ciclo vital não pode ser pensado sem o Complexo de Édipo, matriz da identidade sexual do sujeito e do modo de se relacionar com os outros, consigo mesmo e com o seu corpo. É um conceito primordial da Psicanálise para abordar a constituição subjetiva sexuada e a escolha de objeto sexual (hetero, homo ou outros). O Complexo de Édipo é um dos conflitos universais dos seres humanos e nenhuma criança escapa dele pelo extenso período de filhote humano dependente de seus pais. Configura uma "chama de sexualidade" vivida pela criança no cerne dessa relação com os pais, uma fantasia sexual modelada no inconsciente e a matriz de nossa identidade sexual (NASIO, 2007). O Complexo de Édipo tem um estatuto universal porque todas as crianças transitam um intenso conflito que emerge de desejos incestuosos com o progenitor do sexo contrário e de sentimentos hostis com o do mesmo sexo. Seu desenlace traz a constituição do Supereu, instância representante das normas sociais e morais. Tal como abordado no Capítulo 7, o fim da fase fálica marca o paulatino ingresso a outro modo de organizar o pensamento, diferente do pensamento da primeira infância: o princípio do prazer e o narcisismo infantil vão dando lugar a um modo de pensar e se relacionar com os outros organizado pelo princípio de realidade, em uma modalidade cognitiva e afetiva mais socializada e convencional.

A progressiva declinação desses processos edipianos marca o ingresso ao período de latência. Essa etapa não leva o nome de fase porque ainda que possam ser observadas manifestações sexuais não é, a rigor, uma nova organização da sexualidade (LAPLANCHE; PONTALIS, 1967/2009). Os trabalhos da latência não significam uma interrupção da atividade e interesses sexuais, porém essas experiências e impulsos mentais anteriores sucumbem na amnésia infantil. Durante esse período, as teorias sexuais não conservam o caráter típico e original da primeira infância, quando os componentes sexuais eram expressos com menos inibições. A diversidade dos esforços intelectuais da latência depende dos esclarecimentos que a criança recebe dos educadores familiares e escolares.

A Psicanálise contemporânea vem desconstruindo algumas ideias distorcidas acerca do que usualmente se entende por desenvolvimento psicossexual. Podemos mencionar, por um lado, as supostas "pausas" do desenvolvimento, tal como no período de latência, e por outro lado, o caráter cronológico e ordenado das suas transformações. Nesse sentido, há um destaque ao valor positivo das tarefas e operações de cada etapa. Fantasias sobre a origem gestadas na fase fálica ou fixações da fase oral podem acompanhar o sujeito e exigir trabalhos psíquicos de elaboração, de maneira mais ou menos intensa conforme as circunstâncias, as exigências e os contextos de interação. É o que vai conformar a realidade psíquica de cada sujeito com seu corpo, atividade e posição sexuada.

Com a chegada da puberdade e das dinâmicas adolescentes, há uma reedição do Complexo de Édipo que envolve, segundo Winnicott (1972), processos simbólicos ligados ao vínculo com os cuidadores primários. A adolescência configura atos de ruptura geracional, que são saudáveis e esperados, e que abrigam, em maior ou menor medida, um registro de agressividade e fantasias inconscientes que conformam o que o autor denomina como um "assassinato simbólico dos pais". Esse processo alberga rupturas com relação a representações de gênero das gerações anteriores (pode-se pensar na estética adolescente "contestatária" com relação ao vestuário, cabelo, maquiagem etc.), mas também, atualmente, em relação a novas posições sexuadas, nas quais a bissexualidade e a homossexualidade (entre outras possibilidades) podem ser vivenciadas de modo mais livre, o que pode levar a sentimentos de confusão e desorientação por parte dos adultos próximos. Para Winnicott (1972), esse tipo de conflito é incontornável pela sua função de dinamizar o estreito vínculo entre pensamento e posições edipianas. Uma saudável rebelião dos filhos em relação aos pais resulta correspondente à liberdade que se outorga ao adolescente quando é educado admitindo sua existência por direito próprio, incluindo, nessa liberdade, a sua identidade sexual e de gênero.

A puberdade não constitui um ponto de chegada da evolução da libido, que continua se transformando até na velhice, tanto no escopo da atividade sexual quanto das relações do sujeito com o próprio corpo e com sua identidade de gênero. A chamada "fase genital adulta", que se inicia na puberdade, também não é um nível de normalidade a ser atingido, assim como, diferentemente do que acontecia há algumas décadas, a escolha de objeto homossexual não é uma patologia psiquiátrica. Esse pressuposto do desenvolvimento psicossexual ficou ilustrado na ampla e aparentemente simples definição de saúde dada por Freud: para a Psicanálise, saúde é a capacidade de amar e trabalhar. Amar, independentemente de a escolha do objeto amado ser hetero ou homossexual.

Assim, saúde e desenvolvimento psicossexual são processos interdependentes constantes e complexos, engendrados em trabalhos psíquicos sofisticados, que não envolvem a necessidade de uma escolha de objeto heterossexual, nem a reprodução da espécie. São conquistas dinâmicas e até transitórias, porque não são atingidas de uma vez e para sempre. Esse é o espírito do que poderíamos chamar de desenvolvimento psicossexual para a psicanálise. Nenhuma das fases é suprimida ou totalmente superada, havendo sempre resíduos que permanecem na vida adulta e que são ressignificados ao longo do ciclo vital.

144 Psicologia do Desenvolvimento

PARA SABER MAIS

E Elaborar Atividades, Sugerimos os Seguintes Materiais Complementares:

1. *Links*
   - Núcleo de Estudos de Gênero – Pagu – Universidade Estadual de Campinas (Unicamp). Disponível em: https://www.pagu.unicamp.br/es/node/1. Acesso em: 02 out. 2022.
   - Laboratório de Estudos da Família, Relação de Gênero e Sexualidade (LEFAM) – Instituto de Psicologia – Universidade de São Paulo (IPUSP). Disponível em: www.ip.usp.br/site/laboratorio-de-estudos-da-familia-relacao-de-genero-e-sexualidade-lefam-3/. Acesso em: 02 out. 2022.
   - Núcleo de Pesquisa em Sexualidade e Relações de Gênero (NUPSEX) – Universidade Federal do Rio Grande do Sul (UFRGS). Disponível em: https://www.ufrgs.br/nupsex/index.html. Acesso em: 02 out. 2022.
   - Laboratório Saúde e Gênero – Programa de Pós-graduação em Psicologia da Saúde – Universidade Metodista de São Paulo (UMESP). Disponível em: https://metodista.br/stricto-sensu/psicologia-da-saude/pesquisa/saude-e-genero. Acesso em: 02 out. 2022.

2. Filmes e documentários
   - Documentário *O silêncio dos homens* (2019). Direção: Ian Leite. Produção: Papo de homem. Disponível no YouTube, no canal "Papo de Homem", em: https://www.youtube.com/watch?v=NRom49UVXCE. Acesso em: 02 out. 2022.
   - Filme *Girl* (2018). Direção: Lukas Dhont.
   - Filme *Eu não sou um homem fácil* (2018). Direção: Éléonore Pourriat.

3. Cartilha de orientação para atuação do psicólogo
   - CONSELHO FEDERAL DE PSICOLOGIA. **Psicologia e diversidade sexual:** desafios para uma sociedade de direitos. Brasília: CFP, 2011. 244p. Disponível em: https://site.cfp.org.br/wp-content/uploads/2011/05/Diversidade_Sexual_-_Final.pdf. Acesso em: 25 out. 2021.

REFERÊNCIAS BIBLIOGRÁFICAS

BROUGÈRE, G. Les expériences ludiques des filles et des garçons. In: LEMEL, Y.; ROUDET, B. (orgs.). **Filles et garçons jusqu'a l'adolescence**. Paris: L'Harmattan, 1999. p. 199-222.

CAHILL, L. His brain, her brain. **Scientific American Mind, Special Editions**, v. 21, n. 2, p. 4-11, May 2012.

CECHIN, M. B. C.; SILVA, T. Assim falava Barbie: uma boneca para todos e para ninguém. **Fractal: Revista de Psicologia**, v. 24, n. 3, p. 623-638, Dec. 2012. Disponível em: http://dx.doi.org/10.1590/S1984-02922012000300012. Acesso em: 02 out. 2022.

DELVAL, J. **El desarollo humano**. Madrid: Siglo XXI de España, 1994.

FREUD, S. **Algumas consequências psíquicas da diferença anatômica entre os sexos**. Edição Standard Brasileira das Obras Psicológicas Completas de Sigmund Freud. Rio de Janeiro: Imago, 1996. Original publicado em 1925.

FREUD, S. **Sobre as teorias sexuais das crianças**. Edição Standard Brasileira das Obras Psicológicas Completas de Sigmund Freud. Rio de Janeiro: Imago, 1996. Original publicado em 1908.

GOLSE, B. **Les destins du développement chez l'enfant**. Toulouse: Eres, 2010.

JAGSTAIDT, V. **A sexualidade e a criança**. São Paulo: Manole, 1987.

KOHLBERG, L. A cognitive developemental analysis of children's sex role concepts and attitudes. In: MACCOBY (org.). **The development of sex differences**. Stanford: Stanford University Press, 1966. p. 82-173.

LAPLANCHE, J.; PONTALIS, J. B. **Diccionario de Psicoanálisis**. Buenos Aires: Paidós, 2009. Original publicado em 1967.

LE MANER, G. I. **L'identité sexuée**. Paris: Dunod, 1997.

LOURO, G. L. Gênero e sexualidade: pedagogias contemporâneas. **Pro-Posições**, v. 19, n. 2, p. 17-23, 2008. Disponível em: https://doi.org/10.1590/S0103-73072008000200003. Acesso em: 02 out. 2022.

MADUREIRA, A. F. A.; BRANCO, A. U. Gênero, sexualidade e diversidade na escola a partir da perspectiva de professores/as. **Temas em Psicologia**, v. 23, n. 3, p. 577-591, 2015. Disponível em: http://dx.doi.org/10.9788/TP2015.3-05. Acesso em: 02 out. 2022.

MORENO, M. **Como se ensina a ser menina**: o sexismo na escola. São Paulo: Moderna, 1999.

MORGADE, G. Toda educación es sexual. In: MERCHÁN, C.; FINK, N. (comp.). **Ni una menos desde los primeros años**: educación en géneros para infancias más libres. Buenos Aires: Las Juanas Editoras, 2016.

NASIO, J. D. **Édipo**: o complexo do qual nenhuma criança escapa. Rio de Janeiro: Zahar, 2007.

PESQUISA NACIONAL SOBRE O AMBIENTE EDUCACIONAL NO BRASIL. Relatório da Secretaria de Educação da Associação Brasileira de Lésbicas, Gays, Bissexuais, Travestis e Transexuais – ABGLT. Curitiba/PR, 2016. Disponível em: https://static.congressoemfoco.uol.com.br/2016/08/IAE-Brasil-Web-3-1.pdf. Acesso em: 02 out. 2022.

PIAGET, J. **A formação do símbolo na criança**. 4. ed. Rio de Janeiro: LTC, 2010. Original publicado em 1945.

146 Psicologia do Desenvolvimento

PIAGET, J. **A representação do mundo na criança**. São Paulo: Ideias&Letras, 2005. Original publicado em 1926.

REIS, K. C. F.; MAIA, A. C. B. Estereótipos sexuais e a educação sexista no discurso de mães. In: VALLE, T. G. M. (orgs.). **Aprendizagem e desenvolvimento humano**: avaliações e intervenções. São Paulo: Cultura Acadêmica, 2009. p. 137-154.

TOKARNIA, M. Mais de um terço de alunos LGBT sofreram agressão física na escola, diz pesquisa. Agência Brasil. Disponível em: https://agenciabrasil.ebc.com.br/educacao/noticia/2016-11/mais-de-um-terco-de-estudantes-lgbt-ja-foram-agredidos-fisicamente-diz#:~:text=Estudantes%20l%C3%A9sbi-cas%2C%20gays%2C%20bissexuais%2C,vida%20por%20causa%20das%20agress%C3%B5es. Publicado em 22 nov. 2016. Acesso em: 03 out. 2022.

URRIBARRI, R. **Estruturação psíquica e subjetivação da criança em idade escolar**. São Paulo: Escuta, 2012.

WINNICOTT, D. **Realidad y juego**. Barcelona: Gedisa, 1972. Original publicado em 1971.

17 Família, parentalidade e suas repercussões no desenvolvimento humano

Os modelos familiares têm mudado de forma explícita nas últimas décadas. A estrutura heterossexual hegemônica conhecida como "família tipo", configurada por mãe, pai e filhos, é, hoje, uma possibilidade entre várias. Como vimos no capítulo anterior, um dos grandes avanços em matéria de diversidade encontra-se no reconhecimento dos direitos da população LGBTQI+, que permite que em vários países os casais homoafetivos possam adotar filhos. Mas para além dos modelos hetero e homoparentais, encontramos uma amplitude de configurações familiares, tais como as monoparentais ou as famílias ampliadas que incluem avós, tios, filhos de casamentos anteriores etc. Cabe destacar que, embora essas estruturas familiares não sejam

148 Psicologia do Desenvolvimento

novas, atualmente o modo de enxergá-las, acolhê-las e dar-lhes legitimidade no estatuto de "família" tem mudado. Coexistem estruturas que já estavam presentes, mas que eram escondidas ou desvalorizadas, sendo consideradas como de "segunda categoria", tais como a família formada por uma mãe solo (nomenclatura atual que substitui o antigo termo "mãe-solteira").

Assim, o conceito de família sempre esteve permeado por valorizações histórico-culturais que precisam ser consideradas extrapolando, inclusive, a perspectiva monogâmica ocidental. Além disso, e tal como abordado no capítulo anterior, as representações e as expectativas de gênero, como a mãe dona de casa e o pai provedor, estão sendo cada vez mais desconstruídas, portanto não há modelos *a priori* sobre atitudes, atividades e comportamentos próprios de homens ou mulheres na hora de criar seus filhos. As lutas feministas vêm democratizando esses papéis fixos, salientando que não é o pai que tem que "ajudar" a mãe, mas ambos, em parceria, podem cumprir diferentes funções conforme suas possibilidades, perfis e desejos.

A complexidade da estrutura familiar da espécie humana reflete no desenvolvimento de cada sujeito, é estruturada e estruturante de cada um de seus membros. Diante dessa complexidade conjuntural, cabe então perguntar como definir uma família desde uma perspectiva do desenvolvimento humano. Para responder a essa pergunta, vamos nos referir à tensão permanência-variabilidade que já foi apresentada ao longo do livro a partir de diversos prismas. Podemos incluir essa categoria dialética para pensar que, se os modelos e configurações familiares mudam ao longo do tempo e das geografias, há algo que as une, algo que todas compartilham e têm em comum para serem definidas como família: são os laços afetivos estáveis. A afetividade que mantém unido um grupo de pessoas que se autodenomina como família pode ter presença simbólica ou concreta. A pandemia que assola o nosso planeta no momento da escrita deste livro é testemunho disso. Mesmo no contexto de isolamento físico, milhares de famílias continuaram mantendo e fortalecendo seus vínculos, por exemplo, graças ao uso de plataformas virtuais de comunicação. Para além dessa conjuntura hodierna, podemos também pensar na força da presença simbólica de familiares já falecidos na dinâmica e nos valores de cada instituição familiar a partir de narrativas, fotos e anedotas que são transmitidas de forma oral ou escrita, de geração em geração.

A respeito do conceito de parentalidade (que não deve ser confundido com paternidade), cabe destacar que é um neologismo que se refere a funções e, portanto, vai além das figuras de pai e de mãe. Para Erikson, a vida adulta corresponde ao sétimo estágio do desenvolvimento nomeado como "generatividade × estagnação", considerando o adulto de meia-idade (estágio já abordado no Capítulo 15). A parentalidade é só uma possibilidade no contexto do que o autor entende por generatividade, possibilidade que não se reduz ao fato de criar filhos (adotados ou biológicos), mas à capacidade de cuidar de alguém em uma perspectiva de contribuição para o futuro que traz bem-estar e sentimento de produtividade (CARVALHO-BARRETO, 2013).

ESTILOS PARENTAIS E LAÇOS AFETIVOS

O caráter diverso das famílias não fica circunscrito apenas às suas configurações formais. A partir da década de 1960, vários estudos vêm tentando apontar relações entre a diversidade de estilos parentais e os comportamentos e atitudes filiais. Os estilos referem-se ao conjunto de práticas educativas familiares relacionadas com a disciplina, o estabelecimento de limites e a regulação de comportamentos, assim como os impactos que essas modalidades propiciam nas ações, habilidades sociais e comunicacionais dos filhos. Tendem a ser considerados três estilos parentais: autoritativo (cooperativo e democrático), autoritário (controlador e totalitário) e permissivo (indulgente ou negligente) (FALCKE; STEIGLEDER, 2012). Cabe ressaltar que esses estilos não são receitas ou fórmulas, e que não geram consequências predeterminadas em uma causalidade behaviorista de esquema estímulo-resposta, mas contribuem oferecendo indícios de modalidades educativas parentais que podem resultar benéficas ou prejudiciais para o desenvolvimento de crianças e adolescentes.

Avanços em matéria de legislação brasileira vêm mostrando a gama de políticas públicas no foro tido como "íntimo" ou "privado" do âmbito familiar. Documentos como o Estatuto da Criança e do Adolescente (ECA), aprovado em 1990, propaga que "Nenhuma criança ou adolescente será objeto de qualquer forma de negligência, discriminação, exploração, violência, crueldade e opressão". Em sintonia com esse documento, marco histórico da defesa dos direitos de crianças e adolescentes no Brasil, pesquisadores do campo da Psicologia do Desenvolvimento advertem sobre os impactos negativos dos castigos corporais, tais como raiva e vergonha, e reprodução de comportamentos violentos. Em contraposição a essas estratégias educativas, salienta-se a força dos exemplos e das atitudes pacientes para explicar o certo e o errado, assim como a importância de criar um tempo para refletir e conversar com os filhos, mostrando que a violência física não é um bom modo de resolver conflitos (CAETANO, 2013).

Também a partir de um prisma não determinista da educação familiar, a chamada "clínica da parentalidade" realiza intervenções considerando os processos psicoafetivos de se tornar pai e mãe, em sintonia com uma abordagem dinâmica e processual da subjetivação precoce dos filhos. Desse modo, focaliza as relações intersubjetivas pais-filhos e a construção das funções paterna e materna levando em conta a estrutura desiderativa da árvore genealógica e as fantasias e expectativas intergeracionais. Assim, essa abordagem procura fortalecer a construção da parentalidade e vislumbrar conflitos que, por serem abordados de maneira precoce, ainda não estão "cristalizados" (CAMPANA; GOMES; LERNER, 2014). Também a partir de uma perspectiva piagetiana, entende-se que o sucesso e o fracasso nas experiências da infância favoreçam a construção de esquemas afetivos móveis e dinâmicos. As crianças são agentes ativos que interpretam, significam e processam informação relevante, aceitando ou rejeitando ideias em diferentes situações. Elas podem impor seus marcos de assimilação, às vezes, inclusive, desconstruindo ou rejeitando a influência parental (GRUSEC, 2011).

Destarte, hoje, tende-se a pensar as relações paterno-filiais a partir de uma matriz de mútua interferência, evitando os determinismos verticais fechado. Segundo o psicanalista Bernard Golse (2010), o objetivo das intervenções terapêuticas familiares, especialmente das precoces, é de driblar o fechamento em repetições com valor de fatalidade ou destino. Fazendo apelação aos esquemas de apego, o autor propõe conceber a transmissão intergeracional não só como

150 Psicologia do Desenvolvimento

um processo linear, monótono e descendente, mas também na sua direção ascendente. Assim, também um bebê pode gerar, no adulto cuidador, esquemas de apego seguros ou inseguros. Essa perspectiva do desenvolvimento na dialética do *aprés-coup* envolve um duplo direcionamento: dos efeitos do passado na organização do presente, mas também como uma revisão, releitura e reconstrução do passado. Essa ressignificação pode então trazer novas repercussões em uma transmissão intergeracional que não é estática, mas recíproca e mútua (GOLSE, 2010).

As repercussões da dinâmica familiar na constituição subjetiva de seus membros são pensadas pela Psicanálise a partir do construto do Complexo de Édipo (abordado nos Capítulos 7 e 16). Jacques Lacan foi um autor que permitiu ampliar e dinamizar o conceito familiar edipiano ao instaurar as ideias de "função materna" e "função paterna", que podem ser exercidas por diferentes sujeitos (femininos ou masculinos) e instâncias simbólicas. A noção de "contrato narcisista" de Piera Aulagnier (1977), conceito pouco conhecido da Psicanálise, entende os laços afetivos e as expectativas familiares à luz da construção da identidade infantil e dos modos de se vincular com objetos de conhecimento em instâncias simbólicas diversas. O contrato narcisista organiza a família simbolicamente cumprindo três funções: assinala uma origem, modela o vínculo de continuidade com as gerações precedentes e garante ao bebê o direito de ocupar um lugar em um grupo social mais amplo dos pais (MONTI, 2008). Dois tipos de vínculos filiais estão em jogo nesse contrato: a filiação narcisista com os pais e a filiação instituída que remete ao grupo social. Ambas oferecem enunciados para a constituição do psiquismo, sendo a filiação instituída um discurso ideológico que permeia as funções materna e paterna com referências de um meio social determinado. A criança se apropria desses enunciados repetindo-os ou modificando-os na enunciação de um projeto identificatório singular.

Desse modo, cada grupo social está permeado por valorizações culturais e cada contexto institucional de aprendizagem, familiar e escolar, pode apresentar elementos contraditórios com as demandas que são dirigidas às crianças, podendo coexistir mandatos de obediência e respeito, expressões adultas de pouca valorização da palavra, regras confusas e manifestações de estresse e agressão por parte de pais e professores (JANIN, 2004). Durante a infância e a adolescência, essas valorizações e enunciados oriundos de educadores significativos, tanto parentais quanto escolares, repercutem de modo enfático na constituição psíquica. Nesse sentido, cabe salientar que, ao longo dos últimos anos, a socialização primária (familiar) e secundária (escolar) acontecem de maneira quase simultânea, visto que a escola tem uma presença cada vez mais precoce na criação dos filhos e que, conforme o Plano Nacional de Educação (PNE), o Brasil objetiva expandir a oferta da educação infantil para crianças de 0 a 3 anos.

DIVERSIDADE E FAMÍLIAS

A variabilidade das configurações familiares mostra que ela transcende a biologia e é constituída com base em funções de cuidado e afeto que perduram ao longo do tempo. Frequentemente, essa diversidade de configurações possíveis apresenta-se em debates da mídia e nos discursos escolares tomando certo tom pejorativo do fenômeno na expressão de

Família, parentalidade e suas repercussões no desenvolvimento humano **151**

"famílias desestruturadas". Partindo da complexidade dos atuais modelos familiares, esse termo leva a refletir sobre o que se entende por "desestruturada": é aquela família que não consegue garantir um mínimo de estabilidade, cuidado e respeito no entramado dos seus laços afetivos, ou acaba sendo a denominação que recebem aquelas configurações que não "espelham" o tradicional modelo heteronormativo perpetuado pelo patriarcado? A questão envolve aspectos éticos e epistêmicos na hora de fazer pesquisa sobre desenvolvimento, mas também no posicionamento profissional na clínica ou na educação.

No âmbito acadêmico brasileiro, a homoparentalidade é um tema de pesquisa incipiente e rodeado de estigmas, o que torna necessária a realização de mais estudos (BLANKENHEIM; OLIVEIRA-MENEGOTTO; SILVA, 2018). A união homoparental é ainda uma estrutura rejeitada em seu estatuto de família, o que corresponde com a ausência do tema no contexto escolar (CADETE; FERREIRA; SILVA, 2012). Na escola, onde crianças e adolescentes poderiam ter contato com configurações familiares diversas, predomina o modelo de família nuclear heterossexual que se apresenta nos discursos do professorado, nas propostas pedagógicas e no material didático (GALÁN, 2011). Entretanto, como foi mencionado no Capítulo 16, nos últimos anos emergiu uma vasta produção literária infanto-juvenil que aborda a temática de gênero e da homoparentalidade. Essa literatura questiona os modelos tradicionais de família, apresentando as homoparentais e interrogando os clássicos papéis de gênero (SILVEIRA; KAERCHER, 2013). Mas sua incorporação no mercado editorial e na escola não é sem dificuldades, objeções e controvérsias.

A rejeição da homoparentalidade acaba fortalecendo a ideia de que são famílias subalternas, secundárias ou "anormais". Pesquisas verificam que, entre as maiores preocupações das famílias homoparentais, está a possibilidade de os filhos serem rejeitados ou discriminados no contexto escolar por preconceitos e atitudes homofóbicas (GALÁN, 2011). Vários fatores explicam essa rejeição, entre eles, o fato de que a legitimação das uniões homoafetivas é recente (CARDEIRA, 2013; FRIAS-NAVARRO; MONTERDE-I-BORT, 2012; SILVA; UZIEL, 2011).

No Brasil, a união homoafetiva foi legalizada em 2011 e a possibilidade de adoção homoparental só foi reconhecida em 2015, mas ainda apresenta empecilhos, preconceitos e provoca intensa resistência. A cultura da família dita "homoparental" é, conforme Roudinesco (2003), uma ferida infligida à ordem simbólica humana ao carregar o desejo de normatividade porque os casais homoafetivos não desejam rejeitar a ordem familiar estabelecida, mas adotá-la e se integrar a uma norma, "daí esse terror a um fim do pai, de um naufrágio da autoridade ou de um poder ilimitado do materno" (ROUDINESCO, 2003, p. 10).

Pesquisas mostram que, embora as famílias estejam tomando formas variadas, a estrutura familiar não é determinante do sucesso de criação. A qualidade da educação parental independe do sexo dos cuidadores e está associada aos recursos familiares, ao suporte social, aos tipos de interações entre pais e filhos, ao clima emocional e à estabilidade da família (GRUSEC, 2011). Estudos longitudinais vêm comprovando esses assinalamentos a partir do acompanhamento de casais homossexuais que adotaram ou conceberam um filho por métodos diversos de reprodução (GOLDBERG, 2010).

152 Psicologia do Desenvolvimento

Para terminar, gostaríamos de salientar um ponto de articulação entre a parentalidade e o tema da constituição do Eu na vida adulta (abordado no Capítulo 15). Talvez não seja por acaso a convergência de que tanto o estudo da vida adulta quanto o da parentalidade sejam recentes e pouco pesquisados com relação aos outros eventos e períodos do ciclo vital. Outro ponto de diálogo situa-se no fato de que, assim como o conceito de adulto é polissêmico na Psicologia do Desenvolvimento, as pesquisas brasileiras sobre parentalidade mostram maior interesse pelo assunto dentro do desenvolvimento não normativo (CARVALHO-BARRETO, 2013).

Essa constatação nos leva a refletir sobre a complexidade de seu estudo por ser a parentalidade um fenômeno multicausal e sobredeterminado. O levantamento de Carvalho-Barreto (2013) apontou que as pesquisas brasileiras sobre parentalidade abordam a temática nas suas relações com: adoção, contextos adversos (violência, doença, pobreza etc.), homoafetividade, relações de gênero (atributos e papéis) e transição da vida (relações pai-mãe-filho, experiências, conflitos, redes de apoio etc.). As pesquisas também evidenciam, por um lado, a ampliação da compreensão da parentalidade como um fenômeno ligado a mais de uma fase do desenvolvimento, incluindo idosos, adolescentes e cuidadores, e por outro lado, salientam a necessidade de instituições de apoio do poder público, educativas, de saúde da família e de proteção infanto-juvenil (CARVALHO-BARRETO, 2013). Essa importância das políticas públicas e das instituições de apoio para a promoção da saúde e do desenvolvimento será aprofundada no Capítulo 19.

PARA SABER MAIS

E Elaborar Atividades, Sugerimos os Seguintes Materiais Complementares:

1. *Links*
   - Laboratório de Casal e Família: clínica e estudos psicossociais (LABCAFAM) – Universidade de São Paulo (USP). Disponível em: https://www.ip.usp.br/site/laboratorio-casal-e-familia-clinica-e-estudos-psicossociais-2/. Acesso em: 04 out. 2022.
   - Laboratório de Psicologia da Saúde, Família e Comunidade (LABSFAC) – Universidade Federal de Santa Catarina (UFSC). Disponível em: https://labsfac.ufsc.br. Acesso em: 04 out. 2022.
   - COMITÊ CIENTÍFICO DO NÚCLEO CIÊNCIA PELA INFÂNCIA. **Importância dos vínculos familiares na primeira infância**: estudo II. Disponível em: https://ncpi.org.br/publicacoes/importancias-vinculos-familiares/. Acesso em: 04 out. 2022.
   - **Situação da paternidade no Brasil 2019**: tempo de agir. Instituto Promundo, 2019. Disponível em: https://www.fmcsv.org.br/pt-BR/biblioteca/situacao-paternidade-brasil-2019/. Acesso em: 25 ago. 2021.

Família, parentalidade e suas repercussões no desenvolvimento humano **153**

2. Filme *Que horas ela volta?* (2015). Direção: Anna Muylaert. O filme retrata a situação de duas famílias de diferentes origens sociais e conformação, que estão unidas pelo trabalho de babá e empregada doméstica da protagonista.

3. Livro sobre alienação parental, produzido pelo Conselho Federal de Psicologia

- CONSELHO FEDERAL DE PSICOLOGIA. **Debatendo sobre alienação parental**: diferentes perspectivas. 1. ed. CFP, 2019. Disponível em: https://site.cfp.org.br/wp-content/uploads/2019/11/Livro-Debatendo-sobre-Alienacao-Parental-Diferentes-Perspectivas.pdf. Acesso em: 25 out. 2021.

REFERÊNCIAS BIBLIOGRÁFICAS

AULAGNIER, P. **La violencia de la interpretación:** del pictograma al enunciado. Buenos Aires: Amorrortu, 1977. (Original publicado em 1975).

BLANKENHEIM, T.; OLIVEIRA-MENEGOTTO, L. M.; SILVA, D. R. Q. Homoparentalidade: um diálogo com a produção acadêmica no Brasil. **Fractal: Revista de Psicologia**, v. 30, n. 2, p. 243-249, 2018. Disponível em: https://doi.org/10.22409/1984-0292/v30i2/5560. Acesso em: 04 out. 2022.

CADETE, V. G.; FERREIRA, S. P. A.; SILVA, D. B. Os sentidos e os significados produzidos pela escola em relação à família homoparental: um estudo de caso. **Interação em Psicologia**, v. 16, n. 1, p. 101-112, 2012.

CAETANO, L. **É possível educar sem palmadas?** São Paulo: Paulinas 2013.

CAMPANA, N. T. C.; GOMES, I. C.; LERNER, R. Contribuições da clínica da parentalidade no atendimento de um caso de obesidade infantil. **Psicologia Clínica**, v. 26, n. 2, p. 105-119, 2014.

CARDEIRA, H. Attitudes towards the adoption of children for homosexual couples. International Journal of Developmental and Educational Psychology. **INFAD Revista de Psicología**, v. 1, n. 1, p. 135-142, 2013.

CARVALHO-BARRETO, A. A parentalidade no ciclo de vida. **Psicologia em Estudo**, v. 18, n. 1, p. 147-156, 2013.

FALCKE, D. R. L. W.; STEIGLEDER, V. A. T. Estilos parentais em famílias com filhos em idade escolar. **Gerais: Revista Interinstitucional de Psicologia**, v. 5, n. 2, p. 282-293, 2012.

FRIAS-NAVARRO, D.; MONTERDE-I-BORT, H. A Scale on beliefs about children's adjustment in same-sex families: reliability and validity. **Journal of Homosexuality**, v. 59, n. 9, p. 1273-1288, 2012.

GALÁN, J. I. P. Diversidad familiar, homoparentalidad y educación. **Cuadernos de pedagogía**, n. 414, p. 41-44, 2011.

GOLDBERG, A. **Lesbian and gay parents and their children**: research on the family life cycle. Washington, DC: American Psychological Association, 2010.

GOLSE, B. **Les destins du développement chez l'enfant**. Toulouse: Eres, 2010.

GRUSEC, J. Socialization processes in the family: social and emotional development. **Annual Review of Psychology**, v. 62, p. 243-269, 2011.

JANIN, B. **Niños desatentos e hiperactivos**. Reflexiones críticas acerca del Trastorno por Déficit de Atención con o sin hiperactividad. Buenos Aires: Novedades Educativas, 2004.

154 Psicologia do Desenvolvimento

MONTI, M. R. Contrato narcisista e clínica do vazio. **Revista Latinoamericana de Psicopatologia Fundamental**, v. 11, n. 2, p. 239-253, 2008.

ROUDINESCO, E. **A família em desordem**. Rio de Janeiro: Zahar, 2003.

SILVA, D.; UZIEL, A. Esta é uma casa de família! A homoparentalidade sob o olhar de duas diferentes gerações. In: SEMINÁRIO INTERNACIONAL ENLAÇANDO SEXUALIDADES, 2011, Salvador. **Anais** [...] Salvador, 2011.

SILVEIRA, R. M. H.; KAERCHER, G. E. S. Dois papais, duas mamães: novas famílias na literatura infantil. **Educação & Realidade**, v. 38, n. 4, p. 1191-1206, 2013. Disponível em: http://dx.doi.org/10.1590/S2175-62362013000400010. Acesso em: 04 out. 2022.

18 Desenvolvimento humano, desigualdades e vulnerabilidades

Até agora, vimos como se dá o desenvolvimento psicológico ao longo do ciclo vital, do ponto de vista de várias e diferentes abordagens teóricas. Vimos também que, na pesquisa, é possível aproximar perspectivas para contemplar as perguntas ou problemas que buscamos responder e solucionar. Contextos de desenvolvimento gerais, como variáveis importantes para a evolução psicológica (momentos etários, estruturações globais, por exemplo), e contextos específicos, como o país, a família, a escola, a comunidade e a sociedade, demonstram que mesmo apresentando tendências universais, o desenvolvimento humano é também particular, tanto em termos ontogenéticos quanto socioculturais. As trajetórias gerais e individuais se interpenetram ao longo da vida.

156 Psicologia do Desenvolvimento

Ao considerarmos as peculiaridades dos contextos, é importante destacar os que reúnem desigualdades e vulnerabilidades, as quais podem impactar negativamente o desenvolvimento, especialmente na primeira infância. Definimos desigualdade neste livro como qualquer situação que leve à diminuição ou ausência de condições favoráveis para o desenvolvimento psicológico integral, levando, assim, a vulnerabilidades provisórias ou permanentes. As desigualdades podem ser de vários tipos: econômicas, sociais, de gênero, de etnia, físicas, mentais e de acesso a formas de comunicação/tecnologia, e podem se apresentar juntas na vida de um mesmo indivíduo. As vulnerabilidades, por sua vez, podem ser de âmbito social, estrutural, físico ou psicológico. A Psicologia do Desenvolvimento Humano deve considerar as desigualdades e as vulnerabilidades para melhor compreender os processos e as trajetórias individuais e grupais. É importante apontar quanto a esse tema as diferenças entre igualdade e equidade e sua importância para o desenvolvimento humano: a primeira usa um critério quantitativo e a segunda articula quantidade e necessidade. Esses dois conceitos se relacionam ao de justiça, são ligados às questões das igualdades e desigualdades e são muito estudados no campo do desenvolvimento humano. Assim, oferecer as mesmas intervenções para todos ou diferenciá-las considerando as necessidades? Ao longo da vida, como as igualdades e as desigualdades se apresentam e influenciam o desenvolvimento? Qual seu grau, intensidade e regularidade? Considerar o momento do ciclo vital e o contexto (em todas as suas dimensões) permite entender o que se passa, de modo menos abstrato, e planejar boas intervenções.

Ao abordar o tema das políticas públicas frente às desigualdades, concordamos com a ideia de que os modos de enfrentamento e a resiliência não são unicamente individuais, mas também coletivos, traduzidos em redes de apoio sociais e emocionais. Assim, concordamos com o princípio de que as desigualdades devem ser enfrentadas e diminuídas de modo coletivo por meio de ações sociais, para a melhor qualidade dos desenvolvimentos físico e mental. É altamente desejável que todos os indivíduos compartilhem contextos igualitários de oportunidades, os quais propiciem que as vulnerabilidades sejam atendidas de modo individual e coletivo. A caracterização do conceito de resiliência que será exposta em seguida nos auxilia a discutir a questão das desigualdades e das vulnerabilidades.

Mas como é definida a resiliência na Psicologia? Segundo Pinheiro (2004) e Munist *et al.* (1998), a resiliência, para a Psicologia, é uma capacidade que se desenvolve ao longo da vida, que permite ao ser humano se recuperar quando é submetido às adversidades, violências e catástrofes em sua vida. Além disso, pode ser interpretada como um fator que protege os indivíduos de desequilíbrios psicológicos, desde a infância, diante de situações de vulnerabilidade, tais como a provocada pela exposição à violência intrafamiliar, escolar e urbana, pela perda de entes queridos e pelas separações. No mesmo artigo, os autores comentam os sete fatores envolvidos na resiliência: **administração das emoções**, ou seja, a habilidade de se manter calmo sob pressão; **controle dos impulsos**, isto é, a habilidade de não agir impulsivamente; **otimismo para a vida**, que é a habilidade de ter a firme convicção de que as situações adversas irão manter a esperança de um futuro melhor, baseada na crença, na capacidade para gerenciar a adversidade que venha a surgir no amanhã; **análise do ambiente**, ou seja, a habilidade de identificar

Desenvolvimento humano, desigualdades e vulnerabilidades **157**

precisamente um problema ou adversidade e suas causas; **autoeficácia**, que é a convicção de ser eficaz nas ações, a partir do poder de encontrar soluções para os problemas; **empatia**, entendida como uma habilidade de reconhecer os estados emocionais e psicológicos de outras pessoas; e, por fim, o fator **alcançar pessoas**, habilidade de se conectar a outras pessoas para viabilizar soluções para as adversidades da vida. Essses sete fatores podem ser desenvolvidos com o auxílio de redes de apoio ao longo da vida, formadas por pessoas com as quais podemos compartilhar livremente os sentimentos, as conquistas, as alegrias e as aflições.

Sobre o tema da resiliência, Martins *et al.* (2016) discutem o conceito de um ponto de vista histórico, indicam as diferentes teorias que o sustentam, como é pesquisado, com quais outros conceitos está relacionado e dos quais se diferencia, e, por último, como é medido. É importante destacar dessa revisão a ideia de resiliência não como traço, mas como um processo que resulta do desenvolvimento do indivíduo e de aspectos ambientais. Pensar a resiliência como um processo dinâmico nos parece mais condizente com a visão dialética de desenvolvimento aqui apresentada, uma vez que considera, para além de ferramentas psicológicas ou traços, os modos de relação entre essas e os contextos. Assim, coloca a resiliência como algo que se desenvolve ao longo da vida, dinamicamente, a partir do jogo entre desadaptações e adaptações, com altos e baixos, avanços e recuos, dependendo das dinâmicas interacionais entre o indivíduo e os ambientes físicos, sociais e as emoções por eles despertadas. Desse modo, a proteção trazida pela resiliência não é um fator separado, mas um processo que se modifica ao longo da vida e que pode se beneficiar de intervenções de todos os tipos, incluindo políticas públicas de assistência, saúde e educação. Muitas vezes, as mudanças nas circunstâncias de vida são suficientes para que o indivíduo se adapte melhor ao que antes promovia desequilíbrios.

Algumas situações de desigualdades e vulnerabilidades, se compensadas e atendidas por intervenções de assistência e apoio, modificam as vidas das pessoas, auxiliando-as a enfrentar essas situações de modo integrado, eficaz e transformador, sendo a transformação também uma característica da resiliência. Trata-se, portanto, de compensar as desigualdades diminuindo as vulnerabilidades, abrindo espaço para que os recursos subjetivos possam ser amplamente usados para o desenvolvimento de qualidade. Esta seria a função principal das políticas públicas ao potencializarem as transformações e as superações.

De acordo com Brandão e Nascimento (2019), apesar de o termo "resiliência" já ser usado na língua inglesa há séculos (*resilience*), foi apenas na década de 1980, como assinalado anteriormente, que passou a ser um construto psicológico, fundamentado em investigações com populações submetidas a adversidades crônicas. Foi a partir dessa época que o conceito de **estressores** passou a ser usado, definido como algo que altera o equilíbrio homeostático do indivíduo, podendo ser provisório ou permanente, sendo o **estresse** o indicador do tipo de enfrentamento observado para que o equilíbrio seja restaurado. No referido artigo, as autoras comentam que, normalmente, é entendido como estressor aquele estímulo percebido como uma ameaça (real ou subjetiva) pelo sujeito e que é capaz de eliciar respostas fisiológicas ou comportamentais.

Associado ao tema da resiliência e das políticas públicas, muito se tem falado sobre **estresse tóxico** para expressar e explicar situações regulares de tensão e agressão, que invadem as

158 Psicologia do Desenvolvimento

fronteiras do desenvolvimento saudável, trazendo consequências para toda a vida de um indivíduo. São exemplos dessas situações as que configuram como abandono, violência doméstica e/ou sexual, negligência parental e/ou familiar e descuido ou estigmatização escolar.

Os estudos sobre *coping* são fecundos em apontar as estratégias e esforços cognitivos e comportamentais que as pessoas constroem para lidar com as adversidades da vida, buscando superá-las, minimizá-las ou suportá-las. Essas estratégias podem não gerar resiliência e podem ser bem-sucedidas ou não (ASSIS *et al.*, 2006). Segundo Bonanno, Romero e Klein (2015), as pesquisas sobre resiliência devem explicitar o estado dos sujeitos antes das adversidades ou seu modo de "funcionamento" pré-adversidade; as reais circunstâncias estressantes; os resultados resilientes pós-adversidades; e os preditores desses resultados. Esse tipo de análise permite concluir como o processo de resiliência se dá para os indivíduos. As políticas públicas de assistência à saúde e à educação podem, então, favorecer o desenvolvimento da resiliência oferecendo redes de apoio às pessoas em situações adversas (vulneráveis) decorrentes de desigualdades. No momento em que este livro é escrito, a pandemia de Covid-19 continua a assolar o Brasil, revelando as desigualdades sociais, de acesso à saúde, à educação, à tecnologia e uma gama ampla de vulnerabilidades. Vamos destacar, entre as citadas, uma que se relaciona diretamente com o desenvolvimento psicológico: as desigualdades de acesso à tecnologia, ponte para a continuidade das atividades (pessoais e profissionais) quando o melhor a fazer ainda é ficar em casa. Desde o início da pandemia, em março de 2020, a recomendação foi trabalhar e estudar em casa, por meio de tecnologia. Aulas *on-line*, *home office*, fechamento de escolas e mudanças e desequilíbrios nas atividades econômicas foram fatores que transformaram a vida de todas as pessoas. As que permaneceram com boas condições para uso de tecnologias ganharam a chance de desenvolverem resiliência no sentido descrito anteriormente, para enfrentar a crise sanitária. As que não puderam manter ou ter acesso regular e de qualidade às ferramentas digitais, para estudar ou trabalhar remotamente, viram seus pilares de estabilidade e enfrentamento da crise desmoronarem. Em alguns municípios brasileiros, *kits* de internet foram distribuídos, atenuando a exclusão digital, mas um descompasso já estava criado. As escolas reabriram, em 2020, para uma percentagem de alunos, com alternância de dias da semana e, em muitos locais, apenas para os "mais vulneráveis", ou seja, os que não têm acesso à tecnologia, além de necessitarem de merenda. Índices dramáticos ligados às vulnerabilidades aumentaram enormemente, tais como os de violência doméstica e abandono da escola. Com o andamento da vacinação da população e, particularmente, dos profissionais da Educação, as aulas presenciais foram retomadas em agosto de 2021, mais de um ano depois do início da quarentena. A Educação passou a ser concebida como atividade essencial e as escolas passaram a ser vistas como importantes contextos de socialização e desenvolvimento, além de *locus* de aprendizagem. Estudos recentes já demonstraram os efeitos das perdas trazidas pela impossibilidade de ir à escola, com danos maiores para os que tiveram menor acesso às tecnologias. Talvez em nenhum outro momento da história recente tenha ficado tão evidente a importância do acesso igualitário ao ensino como meio de apoio à aprendizagem e ao desenvolvimento de alunos, de todos os níveis acadêmicos.

Em documento publicado em abril de 2021, o Fundo das Nações Unidas para a Infância (UNICEF, 2021) apresentou um estudo sobre os efeitos da exclusão escolar de crianças de seis a dez anos na pandemia, comparando a exclusão antes e durante a pandemia, afirmando que o Brasil corre o risco de regredir duas décadas no acesso à educação a partir da exclusão ocorrida na pandemia.

Considerando o exposto até aqui, vimos que desigualdades e vulnerabilidades influenciam, sobremaneira, o desenvolvimento de crianças, adolescentes e adultos, demandando deles resiliência, bem como políticas públicas que, ao tomarem como referência a ciência do desenvolvimento humano, objetivam atender a todos, incluindo os mais vulneráveis, contribuindo, portanto, para o enfrentamento "resiliente" e igualitário das dificuldades.

Estudos conduzidos por economistas indicam que a falta ou baixa oferta de assistência na primeira infância, em termos de saúde e educação, compromete não somente o desenvolvimento da criança, mas também impacta a economia de um país. Políticas públicas de saúde e educação, quando existentes e bem aplicadas, reduzem os gastos futuros com medicamentos e recuperação escolar. Além disso, contribuem para um desenvolvimento físico e psicológico de qualidade. Assim, não cuidar das vulnerabilidades das pessoas e das desigualdades não é apenas um problema social e político, mas também econômico.

Como já mencionado, no momento em que este livro está sendo escrito, no Brasil, vivemos a dura realidade do peso das desigualdades sociais no combate à pandemia de Covid-19, iniciada em 2020 e que persiste em 2021, exaurindo total ou parcialmente as forças de enfrentamento e demandando o desenvolvimento e o fortalecimento da resiliência. Mesmo após a vacinação, hábitos de higiene, distanciamento e o uso de máscaras devem permanecer até que a situação de contaminação esteja controlada. Mas como manter distanciamento social e hábitos de higiene em locais/moradias que abrigam pessoas aglomeradas, as quais necessitam trabalhar para prover sustento a famílias numerosas? Lamentavelmente, depoimentos de mães e pais que perderam o emprego sobre como reservam a pouca comida para as crianças enquanto permanecem com fome, retratam um dos efeitos das desigualdades (social, econômica e emocional) sobre a vida, as relações e o desenvolvimento psicológico dessas pessoas. Estão vulneráveis e constroem tenazmente estratégias para sobreviver, revelando alto grau de resiliência. Levam consigo a inscrição psíquica da falta de condições mínimas para ter trajetórias saudáveis no seu ciclo de vida. Como se suspeitava desde o início, quando a contaminação atingisse as comunidades menos favorecidas socialmente, se ampliaria demasiadamente pela impossibilidade de que pudesse haver distanciamento entre as pessoas, isolamento dos doentes, higiene regular das mãos, enfim, o seguimento das recomendações sanitárias. O Brasil acompanha o crescente aumento de casos, internações e mortes, especialmente de pessoas com menos recursos econômicos e sociais, ainda que alguma assistência à saúde esteja presente em todo o Brasil por meio do Sistema Único de Saúde (SUS). Essas desigualdades interferem, portanto, na vivência de uma situação totalmente nova e desafiadora, que deixará marcas profundas no desenvolvimento de adultos, jovens e crianças. Pode-se dizer que a situação pandêmica criou um contexto de estresse tóxico especialmente forte para as pessoas vulneráveis socialmente, na medida em que intensificou os efeitos da pobreza, da fome e das perdas de familiares, empregos e sustento. Desigualdades de vários

160 Psicologia do Desenvolvimento

tipos e vulnerabilidades de toda ordem se misturam nesse caso, impactando severamente o desenvolvimento das pessoas, especialmente as crianças. Estudos foram realizados desde o início da pandemia no Brasil e indicam os efeitos, no bem-estar subjetivo e na qualidade de vida, da longa permanência em casa, do medo da doença e da falta de liberdade para estudar nas escolas, encontrar amigos e parentes. A continuidade de investigações após a pandemia certamente trará muitos indicadores dos prejuízos e das construções emocionais realizadas nesses tempos difíceis. Ainda a respeito do tema das desigualdades e das vulnerabilidades, cremos que uma vulnerabilidade em particular deverá ser estudada após esse contexto sanitário melhorar: a trazida pelo luto em famílias nas quais vários membros morreram por Covid-19 e, portanto, em que várias fontes de renda e referências emocionais deixaram de existir; ou, ainda, o luto por ter que fechar um negócio em função das restrições sanitárias, ou por não ter ido à escola por um ano. Evidentemente, o luto também entrou em famílias que não vivem situações de vulnerabilidade social, mas, nesse caso, as possibilidades de redes de apoio são mais acessíveis. Novamente, as desigualdades não somente econômicas terão influência nos caminhos e nas estratégias para atenuar os efeitos negativos desse contexto específico na vida das pessoas.

No próximo capítulo, trataremos do tema das políticas públicas, necessárias para o desenvolvimento humano, assim como para o enfrentamento das desigualdades e a atenuação do estado de vulnerabilidade de adultos e crianças.

PARA SABER MAIS

E Elaborar Atividades, Sugerimos os Seguintes Materiais Complementares:

1. Núcleo Ciência Pela Infância (NCPI) – Publicações-Vídeos.

   Disponível em: https://ncpi.org.br. Acesso em: 02 out. 2022.

2. Fundo das Nações Unidas para a Infância (UNICEF) – Crianças de 6 a 10 anos são as mais afetadas pela exclusão escolar na pandemia.

   Disponível em: https://www.unicef.org/brazil/comunicados-de-imprensa/criancas-de-6-10-anos-sao-mais-afetadas-pela-exclusao-escolar-na-pandemia. Acesso em: 04 out. 2022.

3. Documentário *Ser Criança – um olhar para a infância e a juventude diante do trabalho no Brasil*. Direção: André Costantin e Nivaldo Pereira. Produção: Daniel Herrera, MPT e Canal Futura. Disponível no YouTube, no canal "Transe filmes". Disponível em: https://www.youtube.com/watch?v=yZnNN71rs2s. Acesso em: 04 out. 2022.

4. Documentário *Menino 23 – Infâncias Perdidas no Brasil* (2016). Direção: Belisario Franca. Trata sobre o racismo e o trabalho infantil no contexto brasileiro. Disponível no YouTube, no canal "Icones Negros". Disponível em: https://www.youtube.com/watch?v=rYSspBodYSQ. Acesso em: 04 out. 2022.

REFERÊNCIAS BIBLIOGRÁFICAS

ASSIS, S. G. *et al*. **Superação de dificuldades na infância e adolescência**: conversando com profissionais de saúde sobre resiliência e promoção de saúde. Rio de Janeiro: FIOCRUZ/ENSP/CLAVES/CNPq, 2006.

BONANNO, G. A.; ROMERO, S. A.; KLEIN, S. I. The temporal elements of psychological resilience: an integrative framework for the study of individuals, families, and communities. **Psychological Inquiry**, v. 26, n. 2, p. 139-169, April 2015.

BRANDÃO, J. M.; NASCIMENTO, E. Resiliência psicológica: da primeira fase às abordagens baseadas em trajetória. **Memorandum**, v. 36, 2019. Belo Horizonte: UFMG.

FUNDO DAS NAÇÕES UNIDAS PARA A INFÂNCIA (UNICEF). Crianças de 6 a 10 anos são as mais afetadas pela exclusão escolar na pandemia, alertam UNICEF e Cenpec Educação. **Comunicado de Imprensa Brasília**, 29 de abril de 2021. Disponível em: https://www.unicef.org/brazil/comunicados-de-imprensa/criancas-de-6-10-anos-sao-mais-afetadas-pela-exclusao-escolar-na-pandemia. Acesso em: 04 out. 2022.

MARTINS, M. C. F. *et al*. Resiliência: uma breve revisão teórica do conceito. In: REZENDE, M. M.; HELENO, M. G. V. (orgs.). **Psicologia e promoção de saúde em cenários contemporâneos**. São Paulo: Vetor, 2016.

MUNIST, M. *et al*. **Manual de identificación y promoción de la resiliencia en niños y adolescentes**. Washington, DC: Organización Panamericana de la Salud, 1998. Disponível em: https://www.academia.edu/7204970/Manual_de_identificaci%C3%B3n_y_promoci%C3%B3n_de_la_resiliencia_en_ni%C3%B1os_y_adolescentes_ORGANIZACI%C3%93N_PANAMERICANA_DE_LA_SALUD. Acesso em: 04 out. 2022.

PINHEIRO, D. P. N. A resiliência em discussão. **Psicologia em Estudo**, Maringá, v. 9, n. 1, p. 67-75, 2004.

19 Promoção de saúde, qualidade de vida e sua interface no desenvolvimento

Como mencionado no capítulo anterior, no final do ano de 2019, a humanidade iniciou uma dura batalha contra o vírus SARS-CoV-2. A pandemia do século XXI escancarou a questão prioritária de cuidado à saúde como elemento fundamental para o funcionamento social e o bem-estar individual e coletivo. Ao promover uma transformação radical nas relações sociais, nos hábitos e nas relações econômicas e de trabalho, a pandemia de Covid-19 trouxe a intensificação de dilemas e, frequentemente, escolhas individuais e coletivas foram tomadas no intuito de compreender a preservação da saúde como valor humanitário primordial.

164 Psicologia do Desenvolvimento

A partir dessa experiência, aqui brevemente exposta, pretende-se ilustrar que o conceito de saúde é atravessado por elementos científicos, culturais e sociais de diferentes tempos e épocas. Assim, mais do que pensar saúde em termos estáticos ou organísmicos, essa definição sofre mudanças ao longo do tempo, regulando interações que os indivíduos e as sociedades estabelecem entre si, com seus corpos e ambientes ao longo de suas trajetórias. Portanto, compreender o conceito de saúde é tarefa bastante cara à Psicologia do Desenvolvimento, pois revela também as possibilidades e as transformações que a saúde, enquanto condição de desenvolvimento, possibilita em termos individuais e coletivos para os seres humanos.

A história do conceito de saúde frequentemente é localizada como tendo seu início no século XVII, com a Medicina de Hipócrates. De acordo com Ribeiro (2011), essa história pode ser subdividida em cinco etapas e três grandes revoluções. Em um primeiro período, no século XVII, a saúde era compreendida a partir de uma visão holística, influenciada por elementos religiosos e pouco científicos. Já na Renascença, a noção de saúde se constitui a partir de um modelo biomédico, centrado no corpo, ideia amplamente influenciada pela filosofia cartesiana. Assim, a saúde situa-se no corpo físico e é sinônimo de ausência de doenças. Esse pensamento perdurou na Medicina durante muito tempo, e até hoje, concepções mecanicistas sobre, ou uma dicotomia entre corpo e mente, ainda perduram no discurso acerca da noção de saúde e de práticas a ela relacionadas.

A primeira revolução de saúde ocorreu em um período entre o início do século XIX e a década de 1950, cenário das grandes guerras mundiais e surgimento de diversas epidemias (RIBEIRO, 2011). Não por acaso, em um contexto em que a população adoece, pensa-se em saúde em um sentido mais amplo, para além da ausência e da remediação de doenças. A partir das situações epidêmicas, torna-se clara a necessidade de não somente curar doenças, mas de prevenir e controlar, em âmbito coletivo, fatores que interferem na saúde coletiva, como a não disseminação de doenças virais, por exemplo. Ao final da Segunda Guerra Mundial, a recém-criada Organização Mundial da Saúde (OMS) define saúde como uma condição que não envolve somente ausência de doenças, mas uma situação de bem-estar físico, mental e social (WHO, 1948 *apud* REZENDE, 2016a).

A criação da OMS consolidou a possibilidade de se pensar a saúde em uma perspectiva mais plural, o que influenciou as práticas e as pesquisas que foram progressivamente se voltando a compreender como prevenir doenças. Boa parte desses estudos passaram a evidenciar que há uma correlação importante entre o comportamento humano e a morbidade, ou seja, que alguns hábitos e atitudes aumentam ou diminuem chances de desenvolver doenças ou impactam na expectativa de vida. O *Relatório Lalonde*, produzido em 1974 no Canadá, é uma referência marcante desse período, pois trouxe evidências de que questões culturais e sociais, e hábitos comportamentais produzem impactos significativos na saúde das pessoas. O tabagismo, a alimentação inadequada e condições de vulnerabilidade social produzem danos à saúde, e, do mesmo modo, certos hábitos estão associados a melhores condições de vida. Esse período é delimitado como a segunda revolução em saúde, pois passa-se

Promoção de saúde, qualidade de vida e sua interface no desenvolvimento **165**

a compreender esse conceito como um processo e não como condição estática, ou antônimo de doença. A carta de Otawa, surgida a partir da Primeira Conferência Mundial em Saúde, em 1986, define pela primeira vez o termo "promoção de saúde", enfatizando que ter saúde não é evitar doença, mas promover condições e situações que garantam o bem-estar (físico, mental e social) dos indivíduos, garantindo melhores condições de desenvolvimento. Com o conceito de promoção de saúde relacionado com o bem-estar e os aspectos emocionais das pessoas, a Psicologia da Saúde surge como área do conhecimento, tentando pensar nas transformações desse conceito e suas repercussões para os indivíduos e a sociedade (RIBEIRO, 2011; REZENDE, 2016a).

Na atualidade, presencia-se a terceira revolução da saúde, com o avanço das tecnologias e da ciência produzindo recursos para o diagnóstico precoce, tratamentos farmacogenéticos, entre outros. A força dessa união entre tecnologia e saúde foi demonstrada no ano de 2020, quando, em um momento de pandemia, o uso das tecnologias e da ciência possibilitou a formulação de diversas vacinas, em um intervalo médio de um ano, fato notável e histórico. Por outro lado, é necessário ter em mente que tais avanços promovidos pela terceira revolução em saúde devem ser considerados em um contexto mais amplo e sistêmico, uma vez que, à primeira vista, pode-se produzir a impressão errônea de que as tecnologias avançam sob o corpo físico e a ciência observável, promovendo avanços na saúde, o que representaria um retrocesso do próprio conceito.

A promoção de saúde, ampliando a concepção de saúde como processo, necessariamente inclui outros campos, além da área da Medicina e ciências afins, como contextos primordiais para garantir condições de vida favoráveis durante todo o ciclo vital. Com base nessa perspectiva, a OMS reconhece a função social da escola como ambiente fundamental para a construção de práticas transformadoras na sociedade, a partir da caracterização da "Escola Promotora da Saúde" (BRASIL, 2007). Uma escola promotora de saúde transcende a ideia da disseminação de conhecimento sobre prevenção à doenças e cuidados com o corpo, incluindo práticas que envolvam a comunidade escolar e a sociedade em projetos e estratégias que tornem a escola um lugar saudável para se viver, aprender e trabalhar (WHO, 2008 *apud* REZENDE, 2016b). Assim, a escola promotora da saúde possui ações convergentes que vão desde a criação de um ambiente saudável para se estudar e trabalhar até projetos que envolvam conhecimento, prevenção de doenças e promoção de saúde física e mental, baseados na interdisciplinaridade e no envolvimento da comunidade. No Brasil, há experiências bem-sucedidas de projetos de construção de redes de escolas promotoras de saúde em diversos municípios, pautadas em projetos com diversas temáticas, como prevenção à violência, meio ambiente e sustentabilidade, atividade física, alimentação, entre outras (BRASIL, 2007). Tornar a escola promotora de saúde certamente fortalece ainda mais os ambientes educacionais como contextos de desenvolvimento enriquecedores para alunos e professores.

A terceira revolução em saúde gradativamente proporcionou melhor entendimento dos processos saúde/doença e da complexa inter-relação entre aspectos biológicos, psíquicos e culturais na saúde humana. Com o aumento da expectativa de vida ocorrido também como

166 Psicologia do Desenvolvimento

consequência dos processos de promoção de saúde, atualmente, a saúde ocupa lugar central também no campo das políticas públicas e do planejamento econômico. Gastos com saúde representam grande parte do orçamento das nações e das famílias. Assim, pensar em alternativas de intervenção que minimizem custos, como novas tecnologias, hábitos saudáveis, educação no trânsito, entre outras, tem sido uma preocupação social importante, que revela como o conceito de saúde tem se ampliado para além dos muros das clínicas e dos hospitais. A saúde torna-se, assim, um recurso para a vida cotidiana, promoção de bem-estar individual e coletivo (REZENDE, 2016b).

Entretanto, apesar dos avanços tanto no conceito quanto nos recursos destinados aos cuidados em saúde, atualmente, há grandes desafios no cenário contemporâneo para efetivamente garantir promoção de saúde para a população. Os índices de mortalidade entre jovens, a violência, o abuso de substâncias, o avanço de doenças crônicas, o estresse ocupacional e a psicossomática são problemáticas recorrentes na vida moderna e que contribuem para condições desfavoráveis de saúde e qualidade de vida da população (RIBEIRO, 2011).

A fim de lidar com essas questões, frequentemente encontramos iniciativas válidas, porém ainda objetivando a evitação de patologias ou o controle dos corpos e mentes, em detrimento de uma verdadeira promoção de saúde, que só pode ser efetivada ao pensar as questões subjetivas e coletivas como necessárias e imbricadas. Nesse sentido, Heleno, Vizzotto e Bonfim (2008) afirmam que, para romper com o raciocínio unicausal na compreensão dos processos de saúde humana, é necessário considerar os aspectos psíquicos do ser humano, tanto em sua constituição quanto em seu desenvolvimento. Assim, a Psicologia do Desenvolvimento é também uma ciência fundamental na promoção de saúde, na medida em que estuda os seres humanos em suas transformações, reunindo um conjunto de evidências que permite compreender e intervir no sentido de garantir condições para um desenvolvimento favorável, bem-estar e qualidade de vida.

O desenvolvimento humano está intrinsecamente relacionado com o conceito moderno de saúde, que pode ser compreendido como uma forma de adaptação e enfrentamento dos eventos ao longo do ciclo vital. Nesse contexto, Rezende (2016a) afirma que a saúde contém a presença inalienável da doença, no sentido de que a saúde estaria muito mais relacionada com um processo de superação de adversidades inevitáveis e busca de equilíbrio físico e psíquico, resultando em uma experiência subjetiva significativa.

Embora a noção de saúde tenha evoluído no sentido de englobar, para além dos aspectos físicos, elementos psíquicos e sociais dos indivíduos em seus contextos, na modernidade, há um modo paradoxal de lidar com a saúde, pois ao mesmo tempo em que se destacam práticas promotoras de bem-estar e qualidade de vida, há um crescente aumento das doenças psicossomáticas e do uso de medicamentos. O avanço da tecnologia, associado à área médica, permite saber, antecipar e intervir em processos que comprometem a saúde física, mas há processos de adoecimento, que a despeito de tantos recursos, persistem em razão dessa dissociação entre doença e indivíduo adoecido, muitas vezes impedido de buscar o conhecimento que poderia reconduzi-lo a uma condição mais saudável (REZENDE, 2016a).

Promoção de saúde, qualidade de vida e sua interface no desenvolvimento **167**

A ampliação da noção de saúde, integrando os elementos físico, social e psíquico, abriu espaço para a discussão de um conceito bastante importante para o desenvolvimento humano saudável: a qualidade de vida. A OMS define qualidade de vida como uma percepção subjetiva de um indivíduo acerca de sua posição na vida, seu contexto cultural e sistema de valores e a relação destes com suas expectativas, objetivos, padrões e preocupações, envolvendo assim saúde física, mental, nível de independência, relações sociais e crenças pessoais, na relação indivíduo/ambiente (WHO, 2012).

O termo "qualidade de vida" não possui uma definição única, e na literatura foi utilizado, inicialmente, no início do século XX, para se referir às condições de trabalho e suas consequências ao bem-estar dos funcionários, porém foi a partir da década de 1970, com a evolução do conceito de saúde, que os estudos sobre qualidade de vida avançaram (RIBEIRO, 2016). Hermann (1993 *apud* RIBEIRO, 2016) afirma que a qualidade de vida pode ser compreendida como um constructo, tal qual a inteligência, que a partir de múltiplas abordagens e referenciais teóricos, tem uma definição múltipla e variada, e, por vezes, pouco precisa. Além disso, o termo também é frequentemente utilizado corriqueiramente, no dia a dia, de modo que, muitas vezes, as referências conceituais se perdem em abordagens mais leigas (RIBEIRO, 2016). Ainda que a definição de qualidade de vida seja difícil e complexa, seu estudo é fundamental para compreender os processos de desenvolvimento dos seres humanos em seus meios, e como, em contextos específicos, há condições determinantes de uma melhor ou pior qualidade de vida, que, por sua vez, afeta a saúde dos indivíduos e da sociedade como um todo.

Na literatura, Ribeiro (2016) afirma que os estudos sobre qualidade de vida, conceitualmente, podem ser agrupados a partir de quatro eixos principais: os que se aproximam mais da sensação de bem-estar subjetivo; aqueles que pensam a qualidade de vida a partir da satisfação pessoal em domínios específicos da experiência; estudos sobre a diferença entre a experiência e as expectativas individuais; e aspectos associados à funcionalidade na vida diária. Esses domínios são agrupados por Fleck *et al.* (2000) em dois modelos: o modelo da satisfação e o modelo funcionalista de qualidade de vida. Com diferentes ênfases e objetivos, as pesquisas em qualidade de vida parecem compartilhar da ideia de um conceito aberto, dependente de múltiplos fatores, e da necessidade de novas pesquisas para melhor definição (PREBIANCHI, 2003; PREBIANCHI; BARBARINI, 2009; SOARES *et al.*, 2011; RIBEIRO, 2016). Essa multiplicidade de concepções também produz reflexos com relação às metodologias utilizadas, que geralmente se baseiam no autorrelato, no uso de questionários específicos e entrevistas (FLECK *et al.*, 2000).

Atualmente, o termo "qualidade de vida" é utilizado em diversas áreas do conhecimento, e especificamente na Psicologia, tem sido objeto de reflexões tanto sobre a possibilidade de compreender a satisfação, o bem-estar e a funcionalidade dos indivíduos com relação à própria vida, efeitos de intervenções psicoterápicas, quanto para verificar impactos de condições favoráveis ou desfavoráveis no desenvolvimento (PREBIANCHI; BARBARINI, 2009). São mais frequentes estudos com populações que apresentam algum tipo de doença ou hospitalização, embora as pesquisas com população adulta em condições típicas tenham avançado (PREBIANCHI, 2003).

168 Psicologia do Desenvolvimento

Um ponto que merece destaque é a escassez de estudos sobre qualidade de vida na infância (PREBIANCHI, 2003; PREBIANCHI; BARBARINI, 2009; SOARES *et al.*, 2011). Partindo do princípio de que a qualidade de vida corresponde a uma construção que envolve um elemento subjetivo de autoavaliação de um indivíduo sobre sua trajetória de vida, em diferentes domínios e dentro de seu contexto, a adoção de medidas que promovam intervenções e pesquisas sobre qualidade de vida infantil tem bastante relevância não somente para a evolução acadêmica desse conceito, mas, sobretudo, para evidenciar a qualidade de vida como uma condição de desenvolvimento e promoção de saúde. Algumas dificuldades relatadas nos estudos sobre qualidade de vida e infância são a ausência de instrumentos adequados e a adaptação destes para cada etapa do desenvolvimento na infância e na adolescência (SOARES *et al.*, 2011).

Não menos importante são as condições materiais, culturais e sociais que são oferecidas aos indivíduos em suas trajetórias de desenvolvimento, impactando diretamente a qualidade de vida. Ainda que esse conceito dependa também de elementos subjetivos e de autopercepção da própria vivência, as adversidades sociais, as vulnerabilidades e as privações de todos os gêneros são condições nas quais dificilmente é possível ter qualidade de vida ou resiliência a fim de enfrentar tantos obstáculos. Mesmo que individualmente essas condições afetem os indivíduos de modo muito particular, há um elemento coletivo na promoção de qualidade de vida que frequentemente é negligenciado.

No contexto brasileiro, essas adversidades são obstáculos importantes para a promoção de saúde e qualidade de vida, somadas às desigualdades sociais, econômicas e raciais que não colocam todos os brasileiros em equidade de condições para uma vida de qualidade. O Programa das Nações Unidas para o Desenvolvimento (PNUD) promove uma série de iniciativas para a erradicação da pobreza e a promoção de desenvolvimento em países com situações de vulnerabilidade. Entre essas iniciativas, o índice de desenvolvimento humano (IDH) é um fator numérico que pretende refletir as condições gerais de desenvolvimento humano em determinados países, englobando contextos sanitários, acesso à educação, renda, entre outros fatores. No ano de 2020, o IDH brasileiro caiu cinco posições no *ranking* mundial (PNUD, 2020), dado que ilustra a pouca efetividade das políticas públicas em garantir condições para a saúde e a qualidade de vida da população no Brasil.

A evolução do conceito de saúde e a adoção da perspectiva da qualidade de vida mostram as complexas inter-relações entre indivíduo, sociedade e cultura no desenvolvimento humano, seja em âmbito coletivo, seja em âmbito individual. Respeitando-se as individualidades e as subjetividades com que cada indivíduo expressa suas possibilidades de viver com saúde e bem-estar, a promoção de saúde e qualidade de vida deve ser um compromisso coletivo que garanta condições mínimas de desenvolvimento saudável para todos.

Assim, este capítulo buscou demonstrar como a promoção de saúde se relaciona com o desenvolvimento humano e o quanto as pesquisas brasileiras apresentam dados a respeito das relações entre saúde, bem-estar, desenvolvimento e condições de vida.

Promoção de saúde, qualidade de vida e sua interface no desenvolvimento **169**

PARA SABER MAIS

E Elaborar Atividades, Sugerimos os Seguintes Materiais Complementares:

1. Publicações da Organização Mundial de Saúde (OMS)
   - Relatórios e orientações para promoção de saúde em diversos contextos. Disponível em: https://www.who.int/eportuguese/publications/pt/. Acesso em: 04 out. 2022.
   - Programa das Nações Unidas para o Desenvolvimento (PNUD) e atuação no Brasil. Disponível em: https://www.br.undp.org/content/brazil/pt/home.html. Acesso em: 04 out. 2022.
2. Para acesso a projetos implementados em escolas brasileiras para promoção de saúde
   - BRASIL. Ministério da Educação. **Escolas promotoras de saúde:** experiências do Brasil. Brasília: Ministério da Saúde, 2007. 304p. (Série Promoção da Saúde; n. 6.) Disponível em: http://bvsms.saude.gov.br/bvs/publicacoes/escolas_promotoras_saude_experiencias_brasil_p1.pdf. Acesso em: 04 out. 2022.
   - Dicas de saúde da Biblioteca Virtual em Saúde (BVS). Disponível em: https://bvsms.saude.gov.br/bvs/dicas/260_qualidade_de_vida.html#:~:text=De%20acordo%20com%20a%20Organiza%C3%A7%C3%A3o,expectativas%2C%20padr%C3%B5es%20e%20preocupa%C3%A7%C3%B5es%E2%80%9D. Acesso em: 04 out. 2022.
3. Documentário *Criança, a alma do negócio*, dirigido por Estela Renner. Retrata de que forma a publicidade produz impactos diversos na saúde e na qualidade de vida das crianças ao serem público-alvo para fomentar vendas e consumo. Disponível no YouTube, no canal "Maria Farinha Filmes", em: https://www.youtube.com/watch?v=ur9lIf4RaZ4. Acesso em: 04 out. 2022.

REFERÊNCIAS BIBLIOGRÁFICAS

BRASIL. Ministério da Saúde. Organização Pan-Americana da Saúde. **Escolas promotoras de saúde**: experiências do Brasil. Brasília: Ministério da Saúde, 2007. 304p. (Série Promoção da Saúde; n. 6.) Disponível em: http://bvsms.saude.gov.br/bvs/publicacoes/escolas_promotoras_saude_experiencias_brasil_p1.pdf. Acesso em: 27 jan. 2018.

FLECK, M. *et al.* **Avaliação da qualidade de vida**: guia para profissionais de saúde. Porto Alegre: ArtMed, 2000.

HELENO, M. G. V.; VIZZOTTO, M. M.; BONFIM, T. Da cura à psicohigiene: a importância da compreensão da eficácia adaptativa em Psicologia da Saúde. In: SIQUEIRA, M.; JESUS, S.; OLIVEIRA, V. B. **Psicologia da Saúde**: teoria e pesquisa. 2. ed. São Bernardo do Campo/SP: Universidade Metodista de São Paulo, 2008.

PREBIANCHI, H. Medidas de qualidade de vida para crianças: aspectos conceituais e metodológicos. **Psicologia: Teoria e Prática**, v. 5, n. 1, p. 57-69, 2003.

170 Psicologia do Desenvolvimento

PREBIANCHI, H.; BARBARINI, E. Qualidade de vida infantil: limites e possibilidades das questões teóricos metodológicas. **Psico USF**, v. 14, n. 3, 2009.

PROGRAMA DAS NAÇÕES UNIDAS PARA O DESENVOLVIMENTO (PNUD). **Relatório do Desenvolvimento Humano 2020**: a próxima fronteira. Nova Iorque: ONU, 2020. Disponível em: https://hdr.undp.org/system/files/documents/global-report-document/hdr2020overviewportuguesepdf.pdf. Acesso em: 04 out. 2022.

REZENDE, M. M. Grupalidade e promoção de saúde. In: REZENDE, M.; HELENO, M. (orgs.). **Psicologia e Promoção de Saúde em cenários contemporâneos**. São Paulo: Vetor, 2016a.

REZENDE, M. M. Pathos e promoção de saúde In: REZENDE, M.; HELENO, M. (orgs.). **Psicologia e Promoção de Saúde em cenários contemporâneos**. São Paulo: Vetor, 2016b.

RIBEIRO, J. A Psicologia da Saúde. In: ALVES, R. (org.). **Psicologia da Saúde**: teoria, intervenção e pesquisa. Campina Grande: EDUEPB, 2011. 345p. Disponível em: https://books.scielo.org/id/z7ytj. Acesso em: 27 nov. 2022.

RIBEIRO, J. A qualidade de vida e pessoas com doenças crônicas. In: REZENDE, M.; HELENO, M. (orgs.). **Psicologia e Promoção de Saúde em cenários contemporâneos**. São Paulo: Vetor, 2016.

SOARES, A. *et al*. Qualidade de vida em crianças e adolescentes: uma revisão bibliográfica. **Ciência & Saúde Coletiva**, v. 16, n. 7, 2011.

WORLD HEALTH ORGANIZATION (WHO). **WHOQOL User Manual**. 2012. Disponível em: https://www.who.int/tools/whoqol. Acesso em: 15 jun. 2021.

Considerações finais

É chegado o momento de reunir as principais considerações desta obra, esperando que tenhamos tido êxito em demonstrar que a ciência do desenvolvimento humano é complexa, multidisciplinar, dinâmica e sensível aos muitos contextos que entremeiam o ciclo vital. A expectativa, ao final da escrita de qualquer obra, é a de ter conseguido expressar, a partir dos recortes apresentados, a visão das autoras sobre a área de conhecimento quanto ao percurso histórico e princípios, principais modelos teóricos, métodos de pesquisa, um núcleo conceitual central, temas e debates atuais, que ensejem novas reflexões, estudos e discussões baseadas em evidências. A ótica aqui focalizada pretendeu ser dialética e interdependente, para enfrentar o desafio de combater uma visão linear, dicotômica ou fragmentada a respeito do ciclo vital, com suas transformações e permanências quanto as muitas dimensões do desenvolvimento. Isso constituiu uma empreitada constante de descentração, ao longo do período de um ano e meio de escrita a seis mãos. O exercício de reflexão conjunta e escrita compartilhada foi muito rico e produtivo, características que, esperamos, se transfiram para a leitura e a utilização deste livro. A apresentação das teorias e dos temas não substitui a leitura dos textos originais, que fundamentaram os destaques intencionais aqui enfatizados, assim como a visão das autoras sobre os campos teórico e empírico.

Tivemos como propósito apresentar alguns núcleos, grupos e laboratórios de pesquisa brasileiros, que constroem sem cessar a pesquisa sobre o desenvolvimento humano no país, contribuindo para a formação de pesquisadores, práticas profissionais, elaboração de políticas públicas em saúde, assistência e educação, para crianças, adolescentes, adultos e idosos.

Sabemos que a leitura do livro será realizada de modo diverso, cabendo quase tantas leituras como leitores. Existe a possibilidade de que seja realizada a leitura tanto de capítulos específicos quanto da obra em seu conjunto. Procuramos cuidar então das partes e do todo, mostrando convergências e articulações a partir de uma perspectiva interacionista do desenvolvimento que percorre seus diferentes capítulos. Tal como comentamos na Apresentação, defendemos neste livro o caráter individual e coletivo, social e interacionista do desenvolvimento humano. Esse prisma foi o eixo condutor e articulador da obra, opondo-se aos reducionismos e fragmentações frequentes em nossa época.

Cada capítulo, então, enfrentou os desafios propostos na Apresentação do livro, e foi construído a partir de escolhas e recortes que tentaram, ao mesmo tempo, realizar uma exposição didática para facilitar sua leitura e, simultaneamente, evidenciar que as cinco Unidades, com seus respectivos capítulos, estão articuladas em relações recíprocas que refletem essa perspectiva aqui defendida. Cada capítulo, e a obra no geral, é um convite à leitura e ao aprofundamento das ideias apresentadas, que o leitor poderá também complementar a partir das sugestões de materiais (textos, filmes, literatura etc.) e dos *links* expostos nos boxes.

172 Psicologia do Desenvolvimento

Cabe destacar, ademais, que ao longo da escrita procuramos uma reflexão constante acerca do nosso trabalho de autoria, incontornável na elaboração de todo o livro, que reflete não só um modo de entender a Psicologia do Desenvolvimento (compartilhado com tantos colegas e pesquisadores), bem como um trabalho de seleção e síntese de autores, textos, conceitos, debates e pesquisas. Cada uma dessas escolhas, tanto as mais estruturais quanto os pequenos detalhes, sempre foi sustentada por autores, pesquisas e produções clássicas e contemporâneas. Assim, cada parágrafo da presente obra foi pensado em função de poder contribuir com novas pesquisas, reflexões, desafios contemporâneos e, muito especialmente, com a formação dos leitores nesse complexo e apaixonante campo de estudos que é a Psicologia do Desenvolvimento. Buscamos abrir debates e não fechá-los, indicando o ponto em que estão na atualidade em termos de estudos brasileiros, oportunizando ao leitor pensar em continuidade ao exposto, o que consideramos recomendável do ponto de vista científico. Qualquer ciência se faz em movimento e de modo dinâmico.

Finalmente, como retrato de uma ciência interdisciplinar e em constante evolução, um livro sobre a Ciência do Desenvolvimento Humano não pretende esgotar o tema. Nossa intenção foi desenhar com clareza um percurso histórico desse campo, ressaltando os elementos dialéticos a ele inerentes, suas interfaces e interações que fazem do desenvolvimento humano uma trama complexa e multidimensional. A produção científica do campo, em termos de teorias clássicas ou pesquisas contemporâneas, produz conhecimento fundamental para a formação profissional em áreas afins ao desenvolvimento humano e, sobretudo, permite fazer boas perguntas sobre os dilemas e os desafios que os indivíduos, a partir de sua natureza humana, vivenciam em diferentes contextos e trajetórias de vida.

PARA SABER MAIS

E Elaborar Atividades, Sugerimos os Seguintes Materiais Complementares:

1. *Links*
   - Jean Piaget Society. Disponível em: https://piaget.org/. Acesso em: 03 out. 2022.
   - Archives Jean Piaget. Disponível em: https://archivespiaget.ch. Acesso em: 03 out. 2022.
   - Associação Europeia de Psicologia do Desenvolvimento. Disponível em: https://www.eadp.info/. Acesso em: 03 out. 2022.
   - Laboratório de Psicologia do Desenvolvimento e da Educação da criança (Paris-Sorbonne, dirigido por Olivier Houdé). Disponível em: https://www.lapsyde.com/le-laboratoire. Acesso em: 03 out. 2022.
   - Associação Brasileira de Psicologia do Desenvolvimento. Disponível em: https://www.abpd.psc.br/. Acesso em: 03 out. 2022.

2. Vídeos

- Univesp. Disponível em: http://univesp.tv.br. (1) Introdução à Psicologia do Desenvolvimento; (2) A Psicologia do Desenvolvimento, Entrevista com Yves de La Taille (Instituto de Psicologia – USP). Acesso em: 03 out. 2022.
- Fundação Maria Cecília Souto Vidigal. Disponível em: https://www.fmcsv.org.br/. Acesso em: 03 out. 2022.
- Núcleo Ciência pela Infância (NCPI). Disponível em: https://ncpi.org.br/. Acesso em: 03 out. 2022.

Índice Alfabético

A

Ação, 34
Administração das emoções, 156
Adolescência, 5, 45, 76, 105–114
    Adultescência, 110, 111
Adulto, 117–132
    adulto-jovem (idade), 108
    e a parentalidade, 152
    e sobrecarga causada pela
      pandemia de Covid-19, 119
    fase genital adulta, 143
    generatividade ×
      estagnação, 148
Afetividade, 33, 34, 44–46
Aprendizagem social, 10
Ariès, Philippe, 6
Assassinato simbólico dos
    pais, 143
Ato motor, 44, 46
Atos falhos, 50
Aulagnier, Piera, 24, 95, 150
Autoeficácia, 157
Autoerotismo, 56
Autonomia moral, 99

B

Baldwin, James Mark, 7, 8
Baltes, Paul, 11, 60, 63
Bandura, Albert, 10
Beauvoir, Simone de, 134
Bebês, 25, 64, 91–95, 102,
    134–136
Behaviorismo, 8, 10
Bem-estar subjetivo, 122–124,
    165, 167
Bettelheim, Bruno, 25
Binarismo feminino-
    masculino, 134
Binet, Alfred, 7
Biologia × cultura, 22

Birras, 95
Bowlby, John, 12
Bronfenbrenner, Urie, 11, 12, 17,
    61–63, 107
Burnout, síndrome de, 120

C

Carta de Otawa, 165
Cérebro humano, 23, 24
Ciclo vital, 7, 10, 11, 16, 18, 23,
    25, 46, 56, 60, 62, 63, 75, 77, 82,
    98, 108, 117
Cisgênero, 134
Clínica da parentalidade, 149
Complexo de Édipo, 51, 55, 56,
    100, 142, 143, 150
Consciente, 52, 53, 55
Construtivismo (proposta
    pedagógica), 22, 34
Contrato narcisista, 95, 150
Controle dos impulsos, 156
Coping, 158
Covid-19, pandemia de, 61, 119,
    158, 159
Crianças, 6, 10, 32, 44, 46, 70, 77,
    91–95, 99, 100, 138, 139, 159
    Cronossistema, 12
Cultura, 3, 22–25, 39, 63, 70,
    83, 98
Cura pela palavra, 50

D

Darwin, Charles, 12
Deficiência visual ou física, 84, 85
Depressão pós-parto, 12
Descartes, René, 32
Desenvolvimento, 5, 8, 11, 12,
    23, 32, 34, 43, 47, 50, 55, 62, 76,
    77, 82, 84, 137–143, 166, 168
Desigualdade, 156, 157, 159

Determinismo orgânico, 23
Diversidade, 76
Dolto, Françoise, 24, 94

E

Empatia, 157
Empirismo, 6, 22
Envelhecimento, 117–132
Epistemologia genética, 8, 9, 69
Erikson, Erik, 8, 101, 106, 109,
    137–143, 148
Espinosa, Baruch de, 32
Estabilidade, processos de, 4
Estádios psicoafetivos, 139
Estatuto da Criança e do
    Adolescente (ECA), 77
Estresse, 157
Etologia, 12
Eu, 54, 91–95, 93, 97–102,
    105–114, 117 –132

F

Fainblum, Alicia, 26
Família, 77, 147–151
Fase fálica, desenvolvimento
    psicossexual, 139, 140, 141
Fase genital adulta, 143
Fator infantil, 8
Feminismo, 134, 148
Fragilidade, 124
Freud, Anna, 138
Freud, Sigmund, 8, 50, 54,
    55, 82, 100, 137, 138, 142,
    143, 150
Funções mentais
    superiores, 40

G

Gêmeos, estudos com, 23
Generatividade, 119

176 Psicologia do Desenvolvimento

Gênero (conceito), 134
Genética e cultura, 39
Geração Z, 102
Gesell, Arnold, 7

H

Hall, Granville Stanley, 7
Homofobia, 137, 151
Homoparentalidade, 151
Homossexualidade, 134, 143
Houdé, Olivier, 23, 102
Hume, David, 32

I

"influencer", 110
Idade Média, 6, 7
Identidade, 109
Igualdade e equidade, 156
Iluminismo, 6
Imprinting, experimento, 12
Inadequação, sentimento
  de, 101
Inatismo, 6, 22
Inclusão, 85
Inconsciente, 8, 47, 50, 51, 52,
  53, 55 e 56
Índice de desenvolvimento
  humano (IDH), 168
Indivíduos, 6, 16, 17, 84, 85, 137
Infância, 5, 6, 50, 51, 55, 56, 98,
  100, 137–143, 150
Inferioridade, sentimento de, 101
Infusão de gênero cultural, 137
Inhelder, Barbel, 32
Inteligência, 24, 34
Interacionismo, 22, 34
Isso (Id), 54–56

J

James, Willian, 7
Juventude, 108

K

Kanner, Leo, 25
Kant, Immanuel, 32

L

La Taille, Yves de, 35, 68,
  99, 100
Lacan, Jacques, 51, 94, 150
Leibniz, Gottfried Wilhelm, 32
LGBTQI+, 134, 137, 147
Linguagem
  como obstáculo (Wallon), 44
  consequência do
    pensamento (Piaget), 40
  e raízes genéticas
    (Vygotsky), 40
  função da, 40
  manhês, 24
  protoconversação, 24
Locke, John, 6, 22, 32
Lorenz, Konrad, 12

M

Manhês, 24
Mecanismos de
  autorregulação, 122
Metapsicologia, 52
Método, 16, 17, 60
Microssistema, ambientes
  como, 11, 62, 77
Modelo biopsicossocial, 23
Moratória social, 109

N

"nem-nem", termo, 113
"Neopiagetianos", estudos, 23
Narcisismo, 56, 95, 150
Natureza, 6, 25
Necessidades educativas
  especiais (NEE), 85
Neurônios espelhos, 25
Neuroses, etiologia das, 8, 138

O

Obesidade, 24
Ontogênese, 24, 40, 44, 75, 107
Organização Mundial da Saúde
  (OMS), 164, 165
Otimismo para a vida, 156

P

Parentalidade, 148, 149
Pensamento, 40, 55, 56
Período crítico, 12
Período de latência, fase
  do desenvolvimento
  psicossexual, 139, 142
Período pós-edipiano, 101
Período pré-operatório, 25
Período sensório-motor, 25
Personalidade, 108, 123
Personalismo, 44
Piaget, Jean, 9, 17, 31, 32, 34,
  68, 78, 92, 98, 99, 107, 108,
  109, 100
Plasticidade cerebral, 23, 137
Políticas públicas, 156, 157,
  159, 166
Pré-consciente, 52
Primeiríssima infância, 94
Processo proximal, 62, 63
Psicanálise, 8, 47, 49, 50, 54, 55,
  95, 142, 150
Psicologia, 4, 32, 92
Psiquismo, 51, 52
Puberdade, 5, 106, 107, 108, 143
Pulsão, 101, 138, 139, 140

Q

Qualidade de vida, 167
Queer, 134

R

Redes de significações, 41
Redes sociais e mudanças nas
  conexões neuronais, 102
Relatório Lalonde, 164, 165
Resiliência, 113, 156, 157, 158
Revolução Industrial, 6
Rousseau, Jean Jacques, 6

S

SARS-CoV-2, vírus, 163
Saúde, 124, 164
Self, 98, 99

Índice Alfabético **177**

Sexualidade, 8, 47, 55, 56, 133–143
Signos e símbolos, 9
Skinner, B. F., 10
Sócio-histórica, teoria, 8
Sociointeracionista, teoria, 8
Spitz, René, 8
Sublimação, 100
Sujeito epistêmico e psicológico, 78
Supereu (Superego), 54, 55, 142

T

Tábula rasa, 6
Telas e mudanças nas conexões neuronais, 102
Tomada de consciência, 33

Topografia psíquica, 52
Transformações psicológicas, 4, 5, 7
Transformações ontogenéticas, 107
Transgênero, 134
Transsexual, 134
Transtorno de Atenção e Hiperatividade (TDAH), 69, 83
Transtorno do espectro autista (TEA), 25, 83

U

União homoparental, 151

V

Vergonha, 99

Videogame e mudanças nas conexões neuronais, 102
Vulnerabilidades, 156, 157
Vygotsky, Lev, 9, 22, 39, 40, 41, 64, 68, 107

W

Wallon, Henri, 9, 43, 44, 46, 68, 70, 98, 107
Watson, J. B., 10
Wilde, Oscar, 134
Winnicott, Donald, 8, 143
Wundt, Wilhelm, 7

Z

Zona erógena, 139